KB272842

물어보기 부끄러워
묻지 못한

경제상식

초판 1쇄 인쇄	2026년 3월 23일
초판 1쇄 발행	2026년 3월 30일

지은이	스노우볼(이성민)
펴낸이	이종두
펴낸곳	(주)새로운 제안

책임편집	엄진영
디자인	김보라
영업	문성빈, 김남권
경영지원	이정민, 김효선
주소	경기도 부천시 조마루로385번길 122 삼보테크노타워 2002호
홈페이지	www.jean.co.kr
쇼핑몰	www.baek2.kr(백두도서쇼핑몰)
SNS	인스타그램(@newjeanbook), 페이스북(@srwjean)
이메일	newjeanbook@naver.com
전화	032) 719-8041
팩스	032) 719-8042
등록	2005년 12월 22일 제386-3010000251002005000320호
ISBN	978-89-5533-678-8 03320

● 이 책은 저작권법에 따라 보호를 받는 저작물이므로 무단 전재 및 복제를 금하며, 이 책의 전부 또는 일부 내용을 이용하려면 반드시 저작권자와 (주)새로운제안의 동의를 받아야 합니다.

● 잘못 만들어진 책은 구입하신 서점에서 바꾸어드립니다.

● 책값은 뒤표지에 있습니다.

재테크 상식부터 경제학 용어까지
누구나 이해하기 쉬운 경제상식 A to Z

물어보기 부끄러워
묻지 못한

경제상식

경제 공부, 뭐부터 시작해야 할까?
알아두면 평생 써먹을 수 있는 필수 경제상식

스노우볼(이성민) 지음

새로운제안

머리말

　나는 경제 공부를 늦게 시작했다. 필요하다는 건 알고 있었지만, 늘 다음으로 미뤘다. 직장생활을 시작하고 한참이 지나 아이가 태어난 뒤에야 '이대로는 안 되겠다'는 절박함이 찾아왔고, 그제야 겨우 첫걸음을 뗐다.

　그때 나는 코스피와 코스닥의 차이도 몰랐고, 예금과 적금 정도만 해본 사람이었다. 그래서 무작정 책을 읽고 영상을 찾아봤다. 하지만 공부해야 할 내용은 끝이 없었고, 초보에게 친절한 설명은 생각보다 드물었다. 무엇보다 힘들었던 건 '경제 용어를 설명하는 용어'를 몰라 문장 자체가 읽히지 않는 순간들이었다.

　그래도 포기하고 싶지는 않았다. 조금씩 아는 단어가 늘어나자 세상이 달라 보이기 시작했다. 같은 기사인데도, '단어를 아는 만큼' 문장이 열렸고, 문장이 열리니 흐름이 보였다.

　그 경험이 『경제 기사 처음 읽기』로 이어졌고, 나와 비슷한 사람들에게 작은 디딤돌이 되고 싶어 경제 용어 스터디도 시작했다.

　'경제용어 100개 반'은 4년 동안 4000명 넘는 분들과 함께했다. 많은 분들이 "경제 기사읽기가 더는 겁나지 않다"고 말해주었다. 그럴 때마다 확신이 생겼다. 경제 용어를 확실하게 이해하면 경제 공부의 든든한 발판이 된다는 것 말이다. 그래서 『경제용어 365』도 집필했다.

　다만 스터디를 운영하며 아쉬운 점도 있었다. 가나다 순으로 용어를 익히다보니 개념들 사이의 연결고리가 잘 잡히지 않았다. 금리와 자산 가격, 통화량과 물가처럼 함께 움직이는 개념은 '연결' 속에서 이해되어야 비로소 내 것이 된다.

　그래서 이 책을 쓰게 됐다. 따로따로 외우는 용어가 아니라, 함께 등장하고 함께 움직이는 용어들을 한 덩어리로 묶어 '물 흐르듯' 이해할 수 있는

책을 만들고 싶었다. 그리고 경제 공부를 시작할 때 누구나 겪는 막막함을 조금이라도 줄이고 싶었다.

경제는 멀리 있지 않다. 우리가 모두 지나온 코로나의 시간 속에도 금리, 물가, 자산 가격, 환율 같은 경제가 생생하게 들어 있었다. 이 책은 그 익숙한 장면을 출발점으로, "왜 경제를 봐야 하는지"와 "무엇부터 보면 되는지"를 초보의 눈높이에서 정리했다.

1장에서는 코로나 이후 짧은 기간에 우리가 겪은 폭락과 폭등, 인플레이션의 체감 경험을 바탕으로 경제가 반복해온 큰 패턴을 살펴본다.

2장에서는 금리·환율·인플레이션 같은 기초 개념이 내 지갑 속 돈의 가치와 어떻게 연결되는지 확인한다.

3장부터 7장까지는 주식·코인·금융기관·자산·부동산·시장·거시경제로 범위를 넓히며, 뉴스를 읽고 판단하는 데 필요한 기본 뼈대를 세워간다.

이 책은 각잡고 공부하는 책이 아니다. 처음부터 완벽하게 이해하려 하지 않아도 괜찮다. 오늘은 금리가 궁금하면 그 장부터, 내 집 마련이 마음에 걸리면 부동산부터 읽으면 된다.

이 책이 나오도록 많은 도움 주신 새로운제안 관계자분들께 감사드린다.

늘 같은 자리에서 나를 믿어준 아내 혜정 그리고 딸 채린에게도 고마움을 전한다. 채린이가 자랐을 때 이 책을 펼쳐두고 함께 경제 이야기를 나누는 날을 꿈꿔본다. 그리고 아빠보다는 조금 더 일찍, 경제를 삶의 언어로 만나길 바란다.

경제 공부가 필수인 시대, 이 책이 당신의 시작을 조금 더 가볍게 만들어줄 수 있다면 큰 보람으로 남을 것 같다.

2026년 스노우볼

목차

1장 | 역사
: 코로나19로 시작하는 경제 공부

2장 | 기초
: 내 지갑과 연결되는 경제 원리

7장 | 거시경제

: 경제의 사계절과 지휘자의 시선

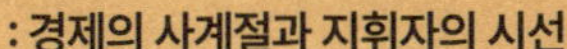

GOLD

1장

역사

: 코로나19로 시작하는 경제 공부

2020년 3월을 기억하는가? 코로나19가 세상을 멈춰 세웠고, 주식 시장은 한 달 만에 35% 폭락했다. 거리에는 사람이 사라졌고, 뉴스는 온통 비관적인 전망 뿐이었다. 하지만 그로부터 1년 후인 2021년, 동네 카페에서는 주식과 코인 이야기가 끊이지 않았다. 스무 살 대학생도, 오십 대 자영업자도 주식 창을 들여다보며 웃었다. 비트코인은 8,000만 원을 찍었고, 아파트 가격은 천정부지로 치솟았다. 그런데 2022년이 되자 분위기가 또 바뀌었다. 물가는 하늘 높은 줄 모르고 올랐고, 주식과 코인은 반 토막이 났다.

불과 3년 만에 우리는 폭락, 폭등, 인플레이션을 모두 겪었다. 이것이 우연일까? 아니다. 이것은 400년 전부터 반복되어 온 경제의 '패턴'이다. 우리가 직접 겪은 이 생생한 경험이야말로 경제를 배우기에 가장 좋은 교과서다. 막연한 이론이 아니라 내가 느낀 공포와 흥분, 그 감정의 실체를 이해하면 다음에 같은 상황이 왔을 때 다르게 행동할 수 있다.

1장에서는 코로나 위기를 시작으로 기술 혁신, 버블의 역사 그리고 위기 후 회복의 패턴을 살펴본다. 그리고 이 모든 현상을 설명하는 네 가지 핵심 도구, 즉 시장, 정부, 돈, 심리를 만날 것이다. 이 네 가지 도구의 정체를 알고 나면 세상이 다르게 보일 것이다.

 물어보기 부끄러워 묻지 못한 **경제상식**

코로나19로 시작하는 경제 공부

1

경제학이 복잡한 그래프와 숫자로 가득한 지루한 학문처럼 느껴지는가? 그래서 시작을 망설이는 사람이 많다. 하지만 우리가 매일 겪는 일상 속에 그 어떤 드라마보다 생생한 경제 이야기가 숨어 있다. 2020년부터 약 3년간 우리가 겪은 코로나19 팬데믹(세계적 대유행)이 대표적이다. 이 시기는 경제가 어떻게 움직이는지를 압축해서 보여준 살아있는 교과서였다.

위기의 시작과 시장의 반응

2020년 초, 코로나19라는 전염병이 세상을 덮쳤다. 사람들은 아팠고, 도시 전체가 멈춰 섰다. 비행기가 날지 않았고, 가게는 문을 닫았다. 경제가 완전히 마비될 거라는 공포가 전 세계를 휩쓸었다.

자산 시장은 즉각 반응했다. 2020년 3월, 코스피는 한 달 만에 2,200선에서 1,400선까지 추락했다. 35% 넘게 떨어진 것이다. 미국 다우지수는 3월 16일 하루에만 13% 폭락했다. 주식 거래를 강제로 중단하는 서킷브레이커가 발동됐다. 코인, 부동산 등 모든 자산 가격이 순식간에 무너졌다. 많은 이들이 경제 위기가 시작될 거라 예상했다.

위기 극복을 위해 돈을 풀다

경제가 무너지는 걸 막으려고 각 나라의 정부와 중앙은행이 나섰다. 중앙은행은 한 나라의 돈을 관리하는 가장 중요한 은행이다. 이들은 시장에 돈을 공급하기로 결정했다. 이걸 유동성 공급이라고 부른다.

중앙은행은 이자를 거의 0에 가깝게 낮췄다. 그리고 기계로 돈을 찍어내는 것과 같은 양적완화 정책을 사용했다. 시장에 돈이 넘쳐흐르도록 만들었다. 이 돈은 당장 수입이 끊긴 사람들과 망해가는 기업들을 살리기 위한 응급 처방이었다.

★ **유동성이란?**

유동성(Liquidity)은 '돈이 얼마나 쉽게 흐르는가'를 나타내는 지표다. 물이 막힘없이 흐르듯이 돈이 잘 흐르면 '유동성이 풍부하다'고 표현한다.

구체적으로 유동성은 두 가지 의미를 갖는다. 첫째, 자산을 현금으로 바꾸기 쉬운 정도를 뜻한다. 은행 예금은 ATM에서 바로 뽑을 수 있으니 유동성이 높다. 반면 부동산은 팔려면 시간이 오래 걸리므로 유동성이 낮다. 둘째, 시장 전체에 돈이 얼마나 풍부한지를 나타낸다. 중앙은행이 금리를 낮추고 돈을 시장에 공급하면 '유동성을 늘렸다'고 표현한다.

유동성이 만든 자산 폭등

시장에 풀린 막대한 돈은 사람들의 주머니와 기업의 계좌로 흘러들었다. 바이러스 확산이 주춤해지자 이 돈은 자산 시장으로 향했다. 은행 이자는 0에 가까운데 돈은 많아졌기 때문이다.

사람들은 이 돈으로 주식을 샀다. 집을 샀다. 코인을 사들였다. 그 결과 2021년은 역사상 유례없는 '자산 폭등'의 시기가 됐다. 위기를 막으려고 푼 돈이 오히려 자산 가격을 거품처럼 밀어 올린 것이다. 2021년 주변에서 주식으로 돈 벌었다는 이야기가 끊이지 않았다. 비트코인은 8,000만 원을 찍었다. 강남 아파트 가격은 천정부지로 치솟았다.

인플레이션으로 모든 가격이 오르다

자산 가격만 올랐다면 좋았을 것이다. 하지만 세상에 공짜는 없다. 무제한으로 풀린 유동성은 반드시 인플레이션이라는 청구서를 들고 온다.

인플레이션(Inflation)은 '물가 상승'을 의미한다. 더 정확히는 시장에 돈이 너무 많아져서 돈의 가치가 떨어지고 반대로 물건 가격이 오르는 현상이다.

예를 들어보자. 과자는 100개로 그대로인데 사람들 손에 쥔 돈이 두 배가 되면 어떻게 될까? 사람들은 1천 원 하던 과자를 2천 원에라도 사려 한다. 과자의 가치가 오른 게 아니다. 과자 1개를 사는 데 필요한 돈이 더 많아진 것이다. 즉, 돈의 가치가 떨어진 것이다.

2022년, "월급 빼고 다 오른다"는 말이 현실이 됐다. 인플레이션을 막는 게 정부와 중앙은행의 중요한 임무가 됐다.

급격히 올라간 기준금리

인플레이션이 계속되면 특히 돈을 모으기 힘든 사람들의 삶이 가장 먼저 무너진다. 생필품 가격이 오르면 기본적인 생활도 유지하기 어렵기 때문이다. 물가가 너무 오르면 사회가 혼란에 빠진다.

중앙은행은 이 무시운 인플레이션을 잡아야만 했다. 그들이 가진 가장 강력한 무기는 '금리 인상'이다. 금리는 '돈의 가격(이자)'이다. 금리를 올린다는 건 돈을 빌리는 대가를 비싸게 만들고 은행 예금 이자를 높여준다는 뜻이다.

금리가 오르자 시장은 즉시 얼어붙었다. 사람들은 비싼 이자를 내면서까지 돈을 빌려 주식이나 부동산을 사지 않았다. 오히려 이자가 높아진 은행에 돈을 저금하기 시작했다. 시장에 넘치던 돈이 다시 중앙은행과 은행으로 빨려들어갔다. 돈줄이 마르기 시작했다.

다시 시작된 자산 시장 폭락

돈줄이 마르자 그동안 돈의 힘으로 올랐던 자산 시장은 다시 폭락하기 시작했다. 2022년은 2021년과 정반대로 주식, 부동산, 코인 모든 것이 떨어지는 자산 시장 폭락의 해가 됐다. 불과 1년 만에 천국과 지옥이 바뀐 것이다.

우리는 불과 3년 만에 이 모든 과정을 목격했다.

위기 → 자산 폭락 → 유동성 공급(돈 풀기) → 자산 폭등 → 인플레이션 → 금리 인상(긴축) → 자산 시장 폭락

이건 압축적으로 나타난 경제 순환(Cycle)이다. 중요한 사실은 이 패턴이 이번이 처음이 아니라는 점이다. 역사를 돌이켜보면 이런 경제 순환은 이름과 모습만 바꾼 채 계속 반복되어 왔다.

역사를 공부하면 이 거대한 '패턴'이 눈에 보이기 시작한다. 이 패턴을 머리 속에 넣고 주변을 관찰하면 경제공부가 더 즐거워진다. 마트의 물가, 은행의 이자, 뉴스에 나오는 중앙은행 발표가 더 친근하게 느껴진다. 그리고 이 관찰과 공부가 쌓이면 나만의 기준을 만들 수 있다.

1. 한국

2020년 : 코로나 충격으로 급락(1.25% → 0.50%)

2021년 : 점진적 인상 시작(0.50% → 1.00%)

2022년 : 7회 연속 인상으로 급등(1.00% → 3.25%)

2023년 : 3.50%까지 인상

2. 미국

2020년 3월 : 비상 인하(1.00% → 0.00~0.25%)

2021년 : 제로금리 유지(약 12개월)

2022년 : 9회 인상으로 급등(0.00~0.25% → 4.25~4.50%)

2023년: 4회 추가 인상으로 5.25~5.50%에 도달

두 나라 모두 2020년 위기 대응으로 금리를 급락시켰다가, 2021-2023년에 걸쳐 인플레이션을 잡기 위해 빠르게 인상했다.

기술 혁신의 역사

경제의 큰 흐름과 패턴을 알아보는 가장 쉬운 방법 중 하나는 기술 발전에 따라 기업들이 어떻게 변하는지 살펴보는 것이다. 시대마다 세상을 이끄는 기술이 달라진다. 그 기술을 주도하는 기업이 세계에서 가장 큰 부를 차지한다.

시가총액이란?

어떤 기업이 '세계에서 가장 부유한 기업'인지는 어떤 기준으로 판단할까? 그 기준이 바로 '시가총액(Market Capitalization)'이다. 시가총액은 시장에서 평가하는 그 기업의 총 가치다. 기업의 가격표라고 보면 된다.

계산 방법은 간단하다. 그 기업이 발행한 주식 총 개수에 현재 주식 1주 가격을 곱한 값이다. 삼성전자 주식이 5만 원일 때, 발행 주식 약 60억 주를 곱하면 300조 원. 이게 시가총액이다. 우리가 "세계 1위 기업"이라고 말할 때는 바로 이 시가총액이 전 세계에서 가장 높다는 뜻이다. 투자자들이 그 기업의 미래 가치를 가장 높게 평가한다는 의미다.

시대에 따른 기술의 발전

역사적으로 가장 큰 부는 새로운 기술이 세상을 바꿀 때 탄생했다. 시가총액 1위 기업의 목록은 그 시대에 가장 중요한 기업이 어디였는지를 보여준다.

19세기 산업혁명 시기에는 '철도'가 세상을 바꾼 신기술이었다. 나라를 연결하고 물자를 실어 나르는 철도 기업들이 당시 세계 최고의 부자 기업이었다. 그 후 자동차와 공장이 중요해지자 '석유'가 세상의 중심이 됐다. 석유 없이는 공장을 돌리거나 자동차를 움직일 수 없었다. 20세기 내내 엑손모빌 같은 거대 석유 기업들이 시가총액 최상위 자리를 지켰다. 부의 중심이 철도에서 석유로 이동한 것이다.

인터넷 혁명과 플랫폼의 시대

20세기 말, 또 한 번의 거대한 변화가 시작됐다. 바로 인터넷 혁명이다. 컴퓨터가 보급되고 전 세계가 인터넷이라는 거대한 망으로 연결됐다. 사람들은 새로운 정보와 데이터를 필요로 했다.

새로운 강자들이 나타났다. 컴퓨터 운영체제(윈도우)를 만든 '마이크로소프트', 전 세계 정보를 정리한 '구글(알파벳)', 온라인에서 모든 것을 파는 '아마존' 같은 IT 기업과 플랫폼 기업들이다. 이들은 땅에서 기름을 파는 대신, 보이지 않는 소프트웨어와 데이터로 훨씬 더 큰 부를 만들었다. 부의 지도가 물리적 에너지에서 디지털 정보로 완전히 바뀐 순간이다.

한국도 이 흐름을 탔다. 삼성전자는 반도체와 스마트폰으로 시가총액 500조 원을 넘어섰다. 네이버와 카카오는 포털과 메신저로 각각 30조 원대 기업이 됐다. 1990년대만 해도 상상할 수 없던 일이다.

스마트폰에서 인공지능으로

이 변화는 여기서 멈추지 않았다. 인터넷 혁명 이후 가장 큰 변화는 '스마트폰'이 가져왔다. 인터넷을 주머니 속에 넣고 다니게 되자, '애플(아이폰)'은 오랫동안 세계 시가총액 1위 자리를 지켰다.

하지만 2024년, 이 순위는 다시 한번 바뀐다. '인공지능(AI)'이라는 새로운 기술이 세상을 뒤흔들기 시작했다. 그리고 이 인공지능을 구현하는 데 꼭 필요한 핵심 부품(반도체 칩)을 만드는 '엔비디아'가 애플을 제치고 시가총액 1위에 올랐다.

이는 중요한 패턴을 보여준다. 부는 영원히 한곳에 머무르지 않는다. 스마트폰 시대에서 인공지능 시대로, 기술의 중심이 이동하자 부의 중심도 정확히 그곳으로 따라 이동했다.

경제의 거대한 패턴은 기술 혁신이 주도한다. 따라서 지금 세상을 바꾸는 기술이 무엇인지 그리고 다음 세상을 바꿀 기술은 무엇인지 관찰하는 것이 중요하다.

버블의
역사

물어보기 부끄러워 묻지 못한 **경제상식**

새로운 기술이 부의 지도를 바꾼다고 했다. 인공지능(AI) 같은 혁신적 기술이 등장하면 그 기술을 가진 기업은 엄청난 부를 이룬다. 하지만 기술 혁신을 그저 따라간다고 해서 모두가 돈을 버는 건 아니다. 오히려 많은 사람이 이 과정에서 큰돈을 잃는다.

혁신이 부르는 탐욕

기술 발전으로 위대한 혁신이 일어나면 사람들은 그 기술이 세상을 바꿀 거라 믿는다. 그 믿음은 곧 '돈'이 된다. 투자자들은 "이번 기차를 놓치면 안 된다"는 생각에 너도나도 돈을 들고 혁신이 일어나는 곳으로 몰려든다.

처음에는 합리적인 투자로 시작한다. 하지만 돈이 몰려 자산 가격이 오르기 시작하면 사람들 마음속에 탐욕이 자라난다. 탐욕은 더 큰 이익을 얻고 싶은 맹렬한 욕심이다. 이 탐욕은 합리적 이성을 마비시킨다. 사람들은 그 기술의 본질적 가치보다 '앞으로 가격이 더 오를 것'이라는 기대 하나만 보고 투자한다.

버블이란?

어떤 자산의 가격이 그 본래 가치(내재가치)보다 훨씬 더 비정상적으로 부풀어 오른 상태를 '버블(Bubble)', 즉 '거품'이라고 부른다. 거품은 비눗방울처럼 금방이라도 터질 듯이 부풀어 오르지만 그 안은 텅 비어있다.

버블이 형성되면 가격은 논리적으로 설명할 수 없는 수준까지 치솟는다. 사람들은 "이번에는 다르다"고 외친다. 이 새로운 기술은 인류 역사를 바꿀 것이기 때문에 지금 가격은 비싼 게 아니라고 스스로를 설득한다. 이성이 마비된 시장은 오직 더 비싸게 사줄 다음 사람을 찾을 뿐이다.

역사상 최초의 버블, 튤립

이런 버블 현상은 현대 자본주의만의 특징이 아니다. 역사를 거슬러 올라가면 17세기 네덜란드에서 발생한 '튤립 파동'을 만날 수 있다. 기록으로 남은 최초의 자본주의적 버블이자, 인간의 탐욕이 얼마나 비이성적인지 보여주는 대표적 사례다.

17세기 당시 네덜란드는 동인도 회사를 앞세운 무역으로 부자 나라가 됐다. 돈이 넘쳐나자 부유층 사이에서는 아름다운 정원을 꾸미는 게 유행이었고, 특히 터키에서 들어온 '튤립'은 부의 상징으로 통했다. 그러던 중 바이러스에 감염되어 꽃잎에 독특하고 화려한 무늬가 생긴

희귀 튤립이 등장하자 사람들은 열광했다.

튤립 가격은 하루가 다르게 올랐다. 가격 상승세가 가파르자, 나중에는 꽃을 감상하려는 귀족이 아니라 오직 되팔아 시세 차익을 남기려는 투기꾼들이 시장을 점령했다. 귀족뿐 아니라 하인, 굴뚝 청소부, 상인 등 신분을 가리지 않고 튤립 시장에 뛰어들었다.

광기는 1637년 1월에 극에 달했다. 당시 기록에 따르면 '황제'라는 이름이 붙은 최상급 튤립 구근(뿌리) 하나가 2,500플로린에 거래됐다. 당시 숙련 노동자 연봉이 250플로린이었으니 10년 치 월급이다. 지금으로 치면 튤립 뿌리 하나가 3억 원 정도 한 셈이다.

하지만 튤립은 결국 시들면 사라지는 꽃일 뿐이다. 어느 날 누군가 "이 가격은 말이 안 된다"고 생각하며 튤립을 팔기 시작하자 불안감은 전염병처럼 퍼졌다. 모두가 팔려고만 할 뿐 사려는 사람이 사라지자 가격은 며칠 만에 90% 이상 폭락했다. 집을 팔고 평생 모은 돈을 털어 튤립 뿌리를 샀던 사람들 손에는 썩어가는 양파 같은 구근만 남았다.

2000년내 닷컴 버블

시간이 흘러 2000년대 초반, 튤립은 '인터넷'이라는 새로운 옷을 입고 다시 나타났다. 1990년대 말은 '인터넷 혁명'의 시기였다. 사람들은 인터넷이 세상을 바꿀 거라 확신했다.

이때 수많은 '닷컴(.com)' 기업이 탄생했다. 이름 뒤에 '닷컴'만 붙으면 그 기업이 무얼 하는지, 돈을 버는지 따위는 중요하지 않았다. 투자자들은 그저 '인터넷 기업'이라는 이유만으로 돈을 쏟아부었다. 수익은 커녕 제대로 된 사무실조차 없는 수많은 닷컴 기업들의 주가는 하늘 높은 줄 모르고 폭등했다.

"이번에는 다르다. 인터넷은 튤립이 아니다"라고 모두가 믿었다. 하지만 버블은 버블이다. 2000년, 거품은 터졌다. 실제로 수익을 내지 못하던 수많은 닷컴 기업이 파산했고, 나스닥 지수는 78% 폭락하며 많은 주식의 가치가 급락했다.

초보자가 버블에 갇히는 이유

경제 공부를 처음 시작하는 사람들이 버블에 가장 취약하다. 이들은 보통 시장이 가장 뜨거울 때, 즉 버블의 정점에서 투자를 시작한다. 그 이유는 '소외감(FOMO, Fear Of Missing Out)' 때문이다.

주변에서 주식이나 코인으로 돈을 벌었다는 이야기가 들려온다. "나만 이 기회를 놓치고 있다"는 초조함이 이성을 마비시킨다. 그들은 "더는 늦으면 안 된다"는 생각에 자신이 무얼 사는지조차 제대로 공부하지 않고 시장에 뛰어든다.

2021년 비트코인이 8,000만 원을 찍었을 때, 주변 사람들이 "너 아직도 안 샀어?"라고 물었던 순간. 그때 산 사람들은 2022년 2,000만 원

대까지 떨어지는 걸 지켜봐야 했다.

충분한 준비 없이 시작한 투자의 결과는 정해져 있다. 그들이 산 가격은 이미 거품이 잔뜩 낀 가격이며, 그들이 사고 난 후 버블은 터지고 만다. 결국 인간의 탐욕은 400년 전 튤립에서나, 20년 전 닷컴 기업에서나 그리고 오늘날 우리가 마주하는 또 다른 버블에서나 똑같이 반복된다.

최근에는 AI, 양자 컴퓨터, 소형 원자로 같은 기술이 주목받고 있다. 관련 회사들의 가치가 올라가는 만큼 버블에 대한 우려도 커진다. 앞선 역사적 사건에서 어떤 사람들이 큰 피해를 입었는지, 어떤 투자 방법이 잘못됐는지를 살펴보는 건 꼭 필요한 공부다. 이를 기반으로 나만의 기준을 세울 수 있기 때문이다.

폭락 후 회복의 역사

주식 시장이 폭락하고 뉴스가 온통 비관적인 전망으로 도배될 때 사람들은 본능적인 공포를 느낀다. 자신이 힘들게 모은 돈이 순식간에 사라질 것 같고, 다시는 경제가 좋아지지 않을 것 같은 두려움에 휩싸인다. 파란색으로 뒤덮인 주식 창을 보며 사람들은 "이제 끝났다"고 말한다. 하지만 지난 수백 년간의 경제 역사는 결국 회복됐다.

세상이 망한 것 같았던 순간들

지난 100년 동안 세계 경제는 우리가 상상하기 힘들 만큼 거대하고 끔찍한 위기들을 겪었다. 대표적인 사건이 1929년 미국에서 시작된 대공황이다. 당시 전 세계의 공장 굴뚝은 멈췄고, 거리는 일자리를 잃은 실직자들로 넘쳐났다. 주식 시장은 고점 대비 89%나 폭락했다. 사람들은 자본주의 시스템이 완전히 끝났다고 생각했다.

2008년 글로벌 금융위기에서 리먼 브라더스 등 대형 금융 회사들이 파산하며 위기가 확산됐다. 절대 망하지 않을 것 같았던 거대 은행들이 무너지는 걸 보며 사람들은 내 예금이 안전한지 걱정하며 공포에 떨었다.

우리나라도 1997년 외환위기를 겪었다. 외환보유고가 39억 달러까지 떨어지며 국가 부도 위기에 몰렸다. 1998년 경제성장률은 -6.9%를 기록했다. 양복 입은 가장들이 출근한 척하며 산에 올랐다 저녁에 집으로 돌아가는 '등산 출근' 현상이 언론에 보도됐다.

가장 최근인 2020년에는 코로나19 팬데믹이 세상을 멈춰 세웠다. 전염병으로 도시가 봉쇄되고 비행기가 멈췄으며, 경제 활동 자체가 불가능해 보였다.

이 사건들이 터졌을 당시 주식 시장은 반 토막이 났고 부동산 가격은 곤두박질쳤다. 당장이라도 세상이 망할 것 같았다. 하지만 결과는 어땠나? 시간이 지나면 시장은 언제나 상처를 회복했다. 단순히 회복하는 것에 그치지 않고 위기 이전보다 훨씬 더 높은 가격을 기록하며 성장했다. 그리고 돌아보면 그때가 투자하기 가장 좋은 때이기도 했다.

경제의 순환

시장이 죽지 않고 다시 살아나는 첫 번째 이유는 경제가 '순환(Cycle)'하기 때문이다. 순환이란 어떤 현상이 주기적으로 반복되는 걸 말한다. 자연에 봄, 여름, 가을, 겨울이 있는 것처럼 생각하면 된다.

우리나라는 사계절이 뚜렷한 나라다. 그래서 바뀌는 계절이 낯설게 느껴질 때가 있다. 한여름엔 이 더위가 영원히 지속될 것 같지만 어느새 가을이 오고 추운 겨울이 온다. 한겨울엔 추위가 끝나지 않을 것 같다. 하지만 날이 점점 풀리고 봄이 온다. 계절은 돌고 돈다.

경제도 마찬가지다. 경기가 좋아 사람들이 돈을 많이 쓰고 기업이 돈을 잘 버는 '호황(여름)'이 있으면 너무 뜨거워진 열기를 식히는 시기가 온다. 그리고 기업이 어려워지고 주가가 떨어지는 불황이 찾아온다. 이 불황의 시기가 바로 우리가 피부로 느끼는 경제 위기다.

하지만 겨울이 영원할 수 없듯이 불황도 영원하지 않다. 위기 속에서 경쟁력 없는 기업이 정리되고 거품이 꺼지면 경제는 다시 회복의 단계로 넘어간다. 폭락은 끝이 아니라 다음 봄을 맞이하기 위해 거치는 자연스러운 순환의 한 과정일 뿐이다.

통화량은 계속 늘어난다

시장이 회복을 넘어 장기적으로 계속 성장하는 이유 중 하나는 '돈의 양'이 지속적으로 늘어나기 때문이다. 자본주의 사회에서 돈은 우리 몸의 혈액과 같다. 아이가 자라 어른이 되면 몸집이 커지고, 그만큼 몸속에 흐르는 혈액의 양도 늘어나야 건강을 유지할 수 있다. 경제 규모가 커질수록 시장에는 더 많은 돈이 필요하다.

이때 시장에 돌아다니는 돈의 전체 양을 '통화량(Money Supply)'

이라고 한다. 각 나라의 중앙은행은 경제가 멈추지 않고 잘 돌아가도록 끊임없이 돈을 공급한다. 특히 경제 위기가 닥치면 시장이 충격을 버틸 수 있도록 수도꼭지를 틀듯 막대한 양의 돈을 쏟아붓는다.

시장에 통화량이 늘어난다는 건 돈이 흔해진다는 뜻이다. 물건이 흔해지면 가격이 내려가듯, 돈이 흔해지면 돈의 가치는 떨어진다. 반대로 돈으로 바꿔야 하는 실물 자산인 주식이나 부동산의 가치는 상대적으로 올라간다. 10년 전 짜장면 가격과 지금 짜장면 가격이 다른 이유도 이 때문이다. 짜장면이 갑자기 고급 요리가 된 게 아니라 돈의 가치가 떨어져서 가격표의 숫자가 커진 것이다.

주식 시장이나 부동산 시장도 이 원리에서 벗어나지 않는다. 단기적으로는 공포 때문에 가격이 폭락할 수 있다. 하지만 장기적으로 보면 끊임없이 늘어나는 통화량 덕분에 자산의 가격은 우상향하게 된다. 자본주의 시스템이 유지되는 한, 통화량은 계속 늘어날 수밖에 없고 자산 가격은 결국 회복될 수밖에 없다.

기술은 발전하고 이익을 낸다

시장을 다시 일으켜 세우는 또 다른 강력한 힘은 '기술의 발전'이다. 주가 그래프가 곤두박질치고 사람들이 주식을 팔아치우는 공포의 순간에도 세상 한쪽에서는 엔지니어들이 밤을 새워 새로운 기술을 개발한다. 경제 위기가 왔다고 해서 인류가 쌓아 올린 지식이나 기술이 뒷걸음질 치지는 않는다. 오히려 기업들은 위기에서 살아남으려고 더 필사적으로 혁신적 기술을 연구하고 생산성을 높인다.

2000년 닷컴 버블 붕괴 당시를 떠올려 보자. 많은 인터넷 기업들이 망했다. 하지만 그 혼란 속에서도 '인터넷'이라는 혁신적 기술 자체는 사라지지 않았다. 오히려 사람들은 더 빠른 인터넷을 원했고, 온라인 쇼핑과 검색은 우리 일상이 됐다.

기술은 멈추지 않고 사람들의 삶을 바꿨다. 그리고 이 기술을 제대로 활용하여 실질적인 이익을 낸 기업들은 살아남았다. 아마존이나 구글 같은 기업은 버블 붕괴라는 혹독한 시련을 견뎌내고 전 세계를 지배하는 거대 기업으로 성장했다. 위기는 실체가 없는 가짜를 걸러내고, 진짜 강한 기술과 실력을 가진 기업을 남겼다.

역사를 공부해야 하는 이유

대부분의 사람은 경제 위기가 닥치면 두려움을 느낀다. 뉴스가 공포를 전하고 세상이 멈춘 것 같기 때문이다. 하지만 경제의 역사를 공부한 사람은 이 상황을 다르게 바라본다. 그들은 폭락이 세상의 끝이 아니라 곧 다가올 회복을 준비하는 과정임을 이해한다.

겨울이 춥다고 해서 영원히 지속되지 않는다는 걸 아는 것과 같다. 통화량이 늘어나고 기술이 발전하는 한 경제는 반드시 다시 일어서기 때문이다. 그래서 우리는 경제를 공부해야 한다. 역사의 패턴을 이해하면 남들이 공포에 떨 때 차분하게 다음 계절을 준비할 수 있다.

우리가 경제를 공부하는 이유는 분명하다. 남들이 공포에 휩쓸릴 때 냉정하게 상황을 지켜보고 현명한 선택을 하기 위해서다. 아는 만큼 내 것을 지키고 기회를 잡을 수 있다.

IMF 외환위기 직전까지 서울 집값은 '분양만 받으면 로또'라는 말이 나올 정도로 몇 년간 가파르게 올랐다. 많은 사람이 "집값은 절대 안 떨어진다"고 믿던 시기였다.

하지만 IMF 구제금융과 함께 환율이 폭등하고 실업자가 쏟아지자 분위기가 순식간에 얼어붙었다. 한국감정원 자료를 보면 위기 직후 1~2년 동안 서울 아파트값은 고점 대비 약 20% 가까이 빠졌고, 1998년 한 해만 놓고 보면 약 14% 정도 하락했다.

그런데 다음해에는 더 놀라운 일이 일어났다. 1999년에는 서울 아파트값이 약 12% 안팎으로 다시 상승하며 전년 낙폭의 상당 부분을 1년 만에 되돌렸다.

경제학의 탄생 : 애덤 스미스와 보이지 않는 손

우리가 앞서 살펴본 것처럼 정부와 중앙은행은 위기가 올 때마다 돈을 풀거나 금리를 조절하며 시장에 개입한다. 겉으로 보면 그저 상황에 맞춰 급하게 대응하는 것처럼 보일 수 있다. 하지만 그들의 모든 행동 뒤에는 아주 오래전부터 다듬어온 단단한 생각의 뿌리가 있다. 그것이 바로 '경제학'이다.

경제학은 세상을 움직이는 원리를 연구하는 학문이다. 정부와 중앙은행은 이 경제학 이론을 나침반 삼아 정책을 결정한다. 따라서 우리가 경제학의 역사를 공부하는 건 지루한 옛날이야기를 듣기 위해서가 아니다. 그들이 왜 지금 금리를 올리는지, 왜 돈을 푸는지 그 '의도'를 정확하게 해석하기 위해서다. 그 첫 번째 단추는 '경제학의 아버지'라 불리는 애덤 스미스로부터 시작된다.

중상주의

18세기, 애덤 스미스가 살던 시대는 지금과 완전히 달랐다. 당시 유럽은 강력한 왕과 귀족들이 지배하고 있었다. 그들은 국가의 '부(Wealth)'를 아주 단순하게 정의했다. 바로 "왕의 금고에 금과 은이 얼마나 많이 쌓여 있는가"였다.

왕들은 나라를 부유하게 만들려고 무역을 철저히 통제했다. 다른 나라에 물건을 팔아서 금을 벌어오는 건 장려했지만, 반대로 다른 나라 물건을 사느라 금이 밖으로 나가는 건 엄격하게 막았다. 수입은 나쁜 것이고 수출만이 좋은 것이라 믿었다.

정부가 상업을 중요하게 여기고 무역을 통제하여 국가의 금고를 채우려는 이 사상을 '중상주의(Mercantilism)'라고 한다. 중상주의 시대의 경제는 왕과 국가를 위한 것이었다. 개인의 자유로운 장사는 제한됐고, 정부가 모든 걸 간섭하고 결정했다. 백성들이 얼마나 잘 사는지는 중요하지 않았다. 오직 왕실의 창고에 보물이 쌓이는 것만이 목표였다.

애덤 스미스의 국부론

하지만 세상은 변하고 있었다. 영국에서는 증기기관이 발명되고 공장이 돌아가는 '산업혁명'이 시작됐다. 물건들이 쏟아져 나오기 시작했다. 이 변화를 유심히 지켜보던 학자가 바로 애덤 스미스다. 그는 1776년, 인류 역사를 바꾼 책인 '국부론'을 발표한다.

애덤 스미스는 왕들의 생각이 틀렸다고 정면으로 비판했다. 그는

그림 1-1. 애덤스미스

"국가의 부는 왕의 금고에 있는 금덩이가 아니라 국민들이 소비할 수 있는 상품과 서비스의 총량이다"라고 주장했다. 즉, 나라가 잘산다는 건 왕이 부자인 게 아니라 평범한 사람들이 빵과 옷을 풍족하게 사용할 수 있는 상태라는 것이다.

이는 혁명적인 생각이었다. 경제의 주인공을 '왕'에서 '물건을 만들고 쓰는 보통 사람들'로 바꿔버렸기 때문이다. 그는 국가가 무역을 통제하지 말고 자유롭게 놔둬야 경제가 더 발전한다고 믿었다.

빵집 주인의 이기심이 우리를 배부르게 한다

그렇다면 정부가 간섭하지 않아도 경제가 잘 돌아갈 수 있을까? 애덤 스미스는 그 답을 인간의 본성인 '이기심'에서 찾았다. 여기서 말하는 이기심은 남에게 피해를 주는 나쁜 마음이 아니다. 자신의 삶을 더 낫게 만들고 싶어 하는 욕구, 즉 '자기 이익을 추구하는 마음'이다.

우리가 매일 아침 따뜻하고 맛있는 빵을 먹을 수 있는 이유는 무엇일까? 빵집 주인이 우리를 불쌍히 여겨서 자선 사업을 하는 게 아니다. 빵집 주인은 맛있는 빵을 팔아 돈을 벌고 싶어 하는 자신의 이익을 위해 새벽부터 일어나 밀가루를 반죽하고 빵을 굽는다.

동네 카페 사장님이 새벽 5시에 일어나는 건 손님이 좋아서가 아니다. 커피 한 잔에 4,500원을 받아야 집세를 내기 때문이다. 배달 라이더가 비 오는 날에도 주문을 받는 건 배달비를 벌어야 하기 때문이다.

놀랍게도 각자가 자신의 이익을 위해 열심히 일했을 뿐인데, 결과적으로 사회 전체에는 질 좋은 빵과 커피가 넘쳐나게 된다. 애덤 스미스는 개인의 이기심이 경제를 발전시키는 가장 강력한 엔진이라고 보았다. 정부가 억지로 시키지 않아도 사람들은 돈을 벌려고 스스로 가장 효율적인 방법으로 일한다.

보이지 않는 손

여기서 가장 중요한 개념이 등장한다. 각자가 자신의 이익만 채우려 하면 세상이 혼란스러워지지 않을까? 빵집 주인이 돈을 많이 벌려고 빵 가격을 터무니없이 비싸게 부르면 어떡하나?

애덤 스미스는 걱정할 필요가 없다고 말했다. 시장에는 모든 걸 조절해 주는 '보이지 않는 손(Invisible Hand)'이 있기 때문이다. 보이지 않는 손의 정체는 바로 '가격'이다.

만약 빵집 주인이 욕심을 부려 가격을 너무 비싸게 올리면 사람들은 빵을 사지 않는다. 빵은 팔리지 않고 썩게 되므로 주인은 손해를 본다. 따라서 주인은 어쩔 수 없이 가격을 내려야 한다. 반대로 빵이 너무 싸서 금방 다 팔린다면 가격은 자연스럽게 올라간다.

누군가 명령하지 않아도 시장에서 가격은 수요(사려는 마음)와 공급(파려는 마음)에 맞춰 저절로 결정된다. 이 가격 신호에 따라 자원은 가장 필요한 곳으로 이동한다. 이것이 바로 보이지 않는 손의 마법이다.

애덤 스미스는 정부에게 말했다. "내버려 둬라" 정부가 어설프게 가격을 통제하거나 간섭하려 하지 말고 시장의 보이지 않는 손에 맡기라는 것이다. 이것이 오늘날 우리가 살고 있는 '자유 시장 경제' 시스템의 시작이다.

물론 현대 사회에서는 시장이 모든 걸 완벽하게 해결해 주지 못한다는 걸 알기에 정부가 개입하기도 한다. 하지만 "개인의 자유로운 경제 활동이 국가를 부유하게 만든다"는 애덤 스미스의 통찰은 200년이 지난 지금도 경제학의 가장 중요한 기초로 남아 있다.

케인스와 거시경제학

6

애덤 스미스는 정부가 간섭하지 말고 시장에 맡기라고 했다. 그의 생각은 설득력 있었고 실제로 자유 시장 경제는 유럽과 미국을 부유하게 만들었다. 하지만 1929년, 세상을 뒤흔든 사건이 터졌다. 바로 대공황이다.

대공황에 고장 난 시장

1929년 10월, 미국 주식 시장이 폭락했다. 사람들은 재산을 잃었고 은행들이 줄줄이 문을 닫았다. 공장은 멈춰 섰고 실업자가 거리를 가득 메웠다. 미국 실업률은 25%까지 치솟았다. 4명 중 1명이 일자리가 없었다.

애덤 스미스의 말처럼 보이지 않는 손이 알아서 해결해 줄 거라 믿으며 정부는 가만히 기다렸다. 하지만 상황은 나아지지 않았다. 오히려 시간이 지날수록 더 악화됐다. 1년이 지나고 2년이 지나도 회복의 기미는 보이지 않았다. 사람들은 절망했다. 자본주의가 끝났다고 생각하는 이들도 있었다.

이때 완전히 새로운 주장을 내놓은 경제학자가 나타났다. 영국의 존 메이너드 케인스다.

케인스의 주장

케인스는 애덤 스미스와 정반대로 말했다. "시장에만 맡겨서는 안 된다. 정부가 직접 나서서 경제를 살려야 한다"

그의 논리는 이랬다. 경제가 무너지면 기업은 직원을 해고한다. 일자리를 잃은 사람들은 돈이 없어서 물건을 사지 못한다. 그러면 기업은 물건이 팔리지 않아 더 큰 손해를 보고 또다시 직원을 해고한다. 이 악순환이 계속 반복되면 경제는 바닥으로 가라앉는다.

그림 1-2. 케인스

시장의 보이지 않는 손은 이 악순환을 끊지 못한다. 오히려 모두가 지갑을 닫으면 닫을수록 경제는 더 빠르게 추락한다. 이때 누군가 나서서 돈을 써야 한다. 그게 바로 정부다.

케인스는 정부가 세금을 거둬 도로를 건설하고, 댐을 짓고, 공공시설을 만들어야 한다고 주장했다. 이런 공공사업을 하려면 노동자를 고용해야 한다. 일자리를 얻은 사람들은 월급을 받고 그 돈으로 빵과 옷을 산다. 그러면 빵집과 옷가게가 돈을 벌고, 다시 직원을 고용한다. 이렇게 돈이 돌기 시작하면 경제는 조금씩 살아난다.

장기적으로 우리는 모두 죽는다

케인스가 남긴 가장 유명한 말이 있다.

"장기적으로 우리는 모두 죽는다(In the long run, we are all dead)."

당시 많은 경제학자는 "시간이 지나면 시장이 알아서 회복된다"고 말했다. 케인스는 그 말에 반박했다. 회복이 10년, 20년 후에 온다면 무슨 소용인가? 그때까지 기다리다가는 지금 굶주리는 사람들이 모두 죽고 만다. 지금 당장 고통받는 사람들을 구해야 한다는 것이다.

그는 경제학이 머나먼 미래의 균형을 따지는 수학 문제가 아니라 지금 여기서 살아가는 사람들의 생존 문제라고 강조했다.

뉴딜 정책과 케인스의 승리

미국 대통령 프랭클린 루스벨트는 케인스의 생각과 유사한 방향으로 움직였다. 1933년부터 그는 '뉴딜(New Deal)' 정책을 펼쳤다. 정부가 대규모 공공사업에 돈을 쏟아부었다. 댐을 건설하고 도로를 닦고 다리를 세웠다. 수백만 명에게 일자리를 제공했다.

물론 이것만으로 대공황이 완전히 끝난 건 아니었다. 경제는 천천히 회복됐고 진짜 결정타는 제2차 세계대전이었다. 전쟁 때문에 정부는 엄청난 돈을 군수 산업에 쏟아부었고 실업률은 급격히 떨어졌다. 전쟁이라는 특수한 상황이었지만 결과적으로 정부 지출이 경제를 되살렸다는 케인스의 이론이 증명됐다.

이후 케인스의 생각은 전 세계로 퍼졌다. 20세기 후반 대부분의 국가는 경제 위기가 오면 정부가 적극적으로 개입하는 '케인스주의' 정책을 따랐다.

★ 역사 사례 : **뉴딜 정책이 만든 변화**

1933년 미국 대통령 프랭클린 루스벨트는 대공황의 늪에 빠진 미국을 구하기 위해 '뉴딜(New Deal)' 정책을 시작했다. 이는 정부가 직접 나서서 대규모 공공 사업을 벌이고 일자리를 만드는 케인스식 처방이었다.

대표적인 뉴딜 프로젝트 :

- 테네시강 유역 개발(TVA) : 댐 33개를 건설해 홍수를 막고 전력을 공급했다.

- 민간자원보존단(CCC) : 18~25세 청년 300만 명을 고용해 산림 보호, 도로 건설 등에 투입했다.
- 공공사업진흥국(WPA) : 850만 명에게 일자리를 제공해 공항, 학교, 도서관 등을 지었다.
- 사회보장법 제정 : 실업보험과 노령연금 시스템을 만들어 사회 안전망을 구축했다.

이 정책으로 1933년 25%였던 실업률은 1937년 14%로 떨어졌다. 완벽한 회복은 아니었지만, 정부 지출이 경제를 되살릴 수 있다는 것을 증명한 역사적 실험이었다. 뉴딜은 단순히 경제 회복을 넘어 '정부는 위기 때 적극 개입해야 한다'는 현대 경제 정책의 기본 원칙을 확립했다.

2020년, 다시 돌아온 케인스

케인스의 이론은 100년이 지난 지금도 살아 있다. 2020년 코로나 19가 터지자 전 세계 정부는 일제히 케인스의 처방전을 꺼내 들었다. 한국 정부도 마찬가지였다.

2020년 5월, 정부는 전 국민에게 긴급재난지원금을 지급했다. 1인 가구 40만 원부터 4인 가구 100만 원까지 총 14조 원이 넘는 돈을 풀었다. 목적은 명확했다. 사람들이 돈을 쓰도록 만들어 멈춰 선 경제를 다시 굴리는 것이다.

효과는 어땠을까? 한국개발연구원(KDI) 분석에 따르면 재난지

원금 덕분에 신용카드 매출이 약 4조 원 증가했다. 투입된 재원 대비 26~36%의 소비 증대 효과가 나타났다. 지원금을 받은 사람들이 그 돈으로 밥을 사 먹고 옷을 사고 물건을 주문하자 식당과 상점이 숨통을 틔었다. 완벽하지는 않았지만 분명히 경제에 숨을 불어넣었다.

이것이 바로 케인스가 말한 정부의 역할이다. 위기 때 정부가 돈을 풀어 소비를 촉진하고 경제가 바닥으로 무너지는 걸 막는 것이다.

케인스의 한계

물론 케인스의 방법이 만능은 아니다. 정부가 돈을 마구 풀면 인플레이션이 발생한다. 실제로 2020~2021년 각국이 막대한 돈을 풀자 2022년 전 세계는 물가 폭등으로 고통받았다.

또한 정부 지출이 늘어나면 국가 빚도 함께 늘어난다. 당장 경제를 살렸지만 그 빚은 결국 미래 세대가 갚아야 한다. 단기적으로는 효과가 있지만 장기적으로 문제를 남긴다는 비판도 있다.

그럼에도 케인스가 경제학에 남긴 가장 큰 유산은 분명하다. "위기가 왔을 때 정부가 가만히 앉아 있으면 안 된다"는 것이다. 시장이 실패할 때 정부는 적극적으로 개입해야 한다. 이 생각은 지금도 전 세계 정부의 경제 정책 기본 원칙으로 남아 있다.

프리드먼과 통화주의

7

케인스의 이론 덕분에 정부는 경제의 운전대를 잡았다. 경기가 나빠지면 돈을 풀고 과열되면 돈을 조이는 방식은 수십 년 동안 효과가 있었다. 하지만 1970년대가 되자 이 강력했던 마법이 통하지 않는 이상한 일이 벌어졌다. 정부가 아무리 돈을 쏟아부어도 경제는 살아나지 않고 오히려 물가만 미친 듯이 올랐다.

케인스의 방법이 틀렸다

1970년대 세계 경제는 큰 충격에 빠졌다. 중동 지역의 전쟁으로 석유 가격이 폭등했다. 이것을 '오일 쇼크'라고 부른다. 공장들이 멈추고 실업자가 쏟아져 나왔다.

케인스의 이론대로라면 경기가 나쁘고 실업자가 많을 때는 물가가 떨어져야 정상이다. 사람들이 돈이 없어 물건을 못 사기 때문이다. 이때 정부가 돈을 풀면 사람들의 지갑이 채워지고 경기가 살아나야 했다.

하지만 당시 상황은 정반대였다. 경기는 최악이라 실업자가 넘쳐 나는데 물가는 하늘 높은 줄 모르고 치솟았다. 경제학자들은 이 기이한 현상을 '스태그플레이션(Stagflation)'이라고 불렀다. 경기 침체(Stagnation)와 물가 상승(Inflation)이 동시에 덮친 것이다.

돈이 흔한 게 문제다

혼란에 빠진 세상에 밀턴 프리드먼이 나타났다. 그는 경제를 망친 범인이 바로 '너무 많이 풀린 돈'이라고 지목했다. "인플레이션은 언제나 그리고 어디서나 화폐적 현상이다" 즉, 물가가 오르는 이유는 물건이 귀해서가 아니라 시중에 돈이 너무 흔해졌기 때문이라는 것이다.

그림 1-3. 밀턴 프리드먼

프리드먼은 돈을 '헬리콥터에서 뿌리는 종이'에 비유했다. 헬리콥터에서 돈을 마구 뿌리면 당장은 사람들이 돈을 주워 기뻐하며 물건을 살 것이다. 하지만 곧 가게 주인들은 돈이 흔해진 걸 눈치채고 물건 가격을 올린다. 결국 월급은 그대로인데 물건값만 두 배, 세 배가 된다. 이러면 아무리 열심히 일해도 사람들은 더 가난해질 뿐이다.

중앙은행이 나서라

프리드먼의 처방은 단호했다. 정부는 당장 돈 쓰는 걸 멈추고 경제에서 손을 떼라는 것이다. 그는 정부가 억지로 일자리를 만들려고 개입하면 할수록 시장은 엉망이 되고 비효율만 커진다고 비판했다.

대신 경제의 새로운 사령관으로 '중앙은행'을 지목했다. 중앙은행이 수도꼭지를 관리하듯 시장에 돌아다니는 '돈의 양(통화량)'을 아주 엄격하게 조절해야 한다고 주장했다. 이것이 바로 '통화주의(Monetarism)'다.

통화주의의 핵심은 '물가 안정'이다. 경기를 억지로 띄우려 하지 말고 중앙은행이 금리를 올려서라도 시중에 풀린 돈을 거둬들여야 한다고 했다. 뼈를 깎는 고통이 있더라도 일단 물가부터 잡아야 경제가 튼튼해진다는 것이다.

1979년 미국 연방준비제도(Fed) 의장으로 취임한 폴 볼커(Paul Volcker)는 역사상 가장 극단적인 금리 인상을 단행한 인물이다. 당시 미국은 1970년대 오일쇼크로 인플레이션이 연 13%를 넘는 악몽을 겪고 있었다. 참고로 미국 연방준비제도는 미국의 중앙은행 시스템으로, 줄여서 '연준(Fed)'이라고 부른다. 한국은행이 원화를 관리하듯, 연준은 기축통화인 달러를 발행하고 기준금리를 결정한다.

볼커의 초강수 :

- 1980년 6월 : 기준금리 11%

- 1981년 6월 : 기준금리 19.1% (역대 최고치)

- 주택담보대출 금리는 20%를 넘어섰다

이 결정은 엄청난 고통을 불러왔다. 금리가 20%라는 것은 1억 원을 빌리면 1년에 이자만 2천만 원을 내야 한다는 뜻이다. 기업들은 대출을 받을 수 없어 파산했고, 건설업과 자동차 산업이 무너졌다. 실업률은 10.8%까지 치솟았고, 전국에서 "볼커를 해고하라"는 시위가 일어났다.

하지만 볼커는 흔들리지 않았다. 그는 "지금 인플레이션을 잡지 못하면 미국 경제는 영원히 회복할 수 없다"고 믿었다. 결과는 그의 예측대로였다. 1980년 13.5%였던 인플레이션율은 1983년 3.2%로 급락했다. 고통의 시기를 지나자 미국 경제는 1980년대 중반부터 장기 호황을 맞이했다.

이 사건은 "중앙은행이 금리라는 무기로 물가를 통제할 수 있다"는 프리드먼의 통화주의가 현실에서 작동함을 증명한 역사적 순간이다. 오늘날 전 세계 중앙은행이 물가 안정을 최우선 목표로 삼는 이유가 바로 여기에 있다.

2022년, 다시 온 프리드먼의 시대

프리드먼의 이론은 지금도 유효하다. 2020년 코로나19로 각국이 막대한 돈을 풀자 2021년 자산 가격이 폭등했다. 하지만 2022년이 되자 전 세계는 물가 폭등으로 고통받았다.

한국은행도 프리드먼의 처방전을 꺼내 들었다. 2021년 8월 기준금리 0.5%였던 것을 2023년 1월까지 1년 반 만에 3.5%로 올렸다. 7배 인상이다. 주택담보대출 금리는 6~7%를 넘어섰다. 대출자들은 갑자기 늘어난 이자 부담에 신음했다.

결과는 어땠나? 2022년 6%대까지 치솟던 물가상승률은 2023년 하반기부터 2~3%대로 안정됐다. 고통스러웠지만 프리드먼이 말한 대로 중앙은행이 금리를 올려 통화량을 조절하자 물가가 잡혔다.

중앙은행이 세상을 움직인다

이 사건 이후 전 세계의 경제 정책은 큰 변화를 맞이했다. 정부가 주도하던 시대에서 중앙은행이 주도하는 시대로 바뀐 것이다. 오늘날 우리가 뉴스에서 대통령의 말만큼이나 미국 중앙은행 의장의 입에 더 주목하는 이유가 바로 여기에 있다.

중앙은행이 결정하는 금리와 통화량이 우리 지갑 속 돈의 가치를 결정하기 때문이다.

대니얼 카너먼의 행동경제학

지금까지 우리는 애덤 스미스부터 케인스, 프리드먼까지 경제학의 역사를 이끌어온 위대한 천재들을 만났다. 그들은 각자 다른 해법을 내놓았지만 한 가지 공통된 믿음을 가지고 있었다. 바로 "인간은 합리적인 존재다"라는 생각이다.

전통적인 경제학에서 인간은 마치 슈퍼컴퓨터와 같다. 물건을 살 때 가격과 품질을 완벽하게 비교하고, 자신의 이익을 극대화하기 위해 언제나 냉철하고 올바른 선택을 한다고 믿었다. 경제학자들은 이런 인간을 '호모 이코노미쿠스(Homo Economicus)', 즉 '경제적 인간'이라고 불렀다.

하지만 곰곰이 생각해 보자. 우리는 정말 그렇게 행동하는가? 마트에서 "오늘만 반값 할인"이라는 문구를 보면 당장 필요 없는 물건을 충동적으로 집어 든다. 주식 시장이 폭락하면 이성적으로는 "싸게 살 기회"라는 걸 알면서도 공포심 때문에 바닥에서 주식을 팔아치운다.

우리는 계산기가 아니다. 기쁨과 슬픔, 공포와 욕심에 휘둘리는 감정적인 존재다.

노벨경제학상을 받은 심리학자

현실의 인간은 경제학 교과서 속의 인간과 너무나 달랐다. 2000년대 초반 이 틈을 파고든 새로운 학문이 등장했다. 바로 '행동경제학'이다. 그리고 이 분야를 개척한 사람은 놀랍게도 경제학자가 아닌 심리학자 '대니얼 카너먼'이었다.

그는 2002년 심리학자 최초로 노벨 경제학상을 받으며 세상을 놀라게 했다. 그는 수많은 실험을 통해 "인간은 머리(이성)보다 가슴(감정과 직관)에 따라 돈을 쓴다"는 사실을 증명했다. 사람들은 똑똑한 계산보다 그때그때의 기분이나 착각에 빠져 엉뚱한 선택을 하는 경우가 훨씬 많다는 것이다.

그의 연구는 우리가 왜 투자를 할 때마다 실수를 반복하는지, 왜 부자가 되기 어려운지를 과학적으로 설명해 주었다.

손실 회피

대니얼 카니민이 밝혀낸 인간의 가장 강력한 본능 중 하나는 '손실 회피(Loss Aversion)' 성향이다. 이것은 우리가 투자를 할 때 가장 조심해야 하는 심리다.

다음 두 가지 상황을 상상해 보자.

첫 번째 상황, 길을 가다가 우연히 1만 원짜리 지폐를 주웠다. 기분이 어떨까? 공짜 돈이 생겼으니 꽤 기쁠 것이다.

두 번째 상황, 내 주머니에 있던 1만 원을 잃어버렸다. 기분이 어떨까? 아마 속이 쓰리고 하루 종일 찜찜할 것이다.

경제학적으로 보면 1만 원을 얻은 이익(+)과 1만 원을 잃은 손해(-)는 똑같은 크기의 돈이다. 하지만 사람의 마음은 그렇지 않다. 카너먼의 연구 결과에 따르면 사람들은 돈을 벌었을 때의 기쁨보다 돈을 잃었을 때의 고통을 약 2~2.5배 더 크게 느낀다. 즉, 1만 원을 잃어버린 고통을 잊으려면 2만 원 이상을 주워야 한다는 뜻이다.

인간은 이익을 쫓기보다 손해를 피하려는 본능이 훨씬 강하다. 이 본능은 원시 시대에 맹수로부터 살아남기 위해 발달한 생존 본능이지만, 투자의 세계에서는 우리의 발목을 잡는 가장 큰 적이 된다.

이 '손실 회피' 본능 때문에 사람들은 투자에서 치명적인 실수를 저지른다. 주가가 조금만 떨어져도 사람들은 극심한 공포를 느낀다. "돈을 잃으면 어떡하지?"라는 두려움이 이성을 마비시킨다. 결국 나중에 가격이 다시 오를 좋은 주식이라도 당장의 고통을 피하기 위해 헐값에 팔아버린다.

반대로 이미 망해서 가망이 없는 주식인데도 파는 순간 손해가 확정되는 것이 두려워 끝까지 붙들고 있다가 더 큰 손실을 보기도 한다.

확증 편향과 군중심리

손실 회피 외에도 카너먼은 다양한 인간의 비합리적 편향을 발견했다. '확증 편향'은 자신이 믿고 싶은 정보만 선택적으로 받아들이는 성향이다. 주식을 샀다면 그 주식이 오를 거라는 뉴스만 보고, 부정적 신호는 무시한다.

'군중심리'는 남들이 하면 나도 따라 하는 본능이다. 주변에서 모두 주식과 코인으로 돈을 벌었다는 이야기를 들으면 "나만 뒤처지면 안 된다"는 초조함에 시장 정점에서 뛰어든다.

우리가 앞서 배웠던 '버블'과 '폭락'의 역사도 결국 이 심리 때문이다. 남들이 돈을 벌면 배가 아픈 질투심, 나만 뒤처질까 봐 두려운 공포심, 손해를 보기 싫은 마음들이 모여 시장을 요동치게 만든다.

행동경제학의 한계

심리 법칙을 머리로 안다고 곧장 완벽한 투자자가 되지는 않는다. 행동경제학은 인간의 오류를 나열할 뿐, 경제 전체를 관통하는 단 하나의 강력한 공식을 제시하지 못하기 때문이다. 이는 고장 난 시계 부품의 이름과 원인은 알아냈지만, 정작 그것들을 조립해 다시 작동시킬 설계도가 없는 것과 같다. 결국 오류의 이름을 아는 것과 시장의 실제 움직임을 맞히는 것은 별개의 문제다.

또한 연구 대부분이 통제된 실험실에서 이루어졌다는 점도 큰 한계다. 실험실에서 소액을 잃을 때와 전 재산이 걸린 실전 시장에서의 공포는 차원이 다르기 때문이다. 머리로는 손실 회피를 알아도, 당장 내 돈이 사라지는 고통 앞에서는 이성이 순식간에 마비되기 마련이다. 행동경제학은 실패의 이유는 친절히 설명해 주지만 탐욕과 공포가 지배하는 시장에서 우리를 구제할 마법 지팡이는 되어주지 못한다.

경제 공부가 필요한 이유

경제학 이론들은 저마다의 명확한 한계를 갖고 있다. 완벽하지 않은 이론들이기에 공부할 필요가 없다는 사람들도 있다. 하지만 경제 공부는 꼭 필요하다.

이론이 현실을 완벽히 복제할 수는 없다. 하지만, 경제의 거대한 패턴과 그 이면의 원리를 이해하는 것은 자신을 지키는 방패가 된다.

1장을 통해 우리는 경제의 거대한 '패턴'과 그 이면에 숨겨진 '원리'를 모두 살펴봤다. 위기와 회복이 반복되는 순환의 역사 그리고 그 안에서 탐욕과 기술이 어떻게 부의 지도를 바꾸는지 확인했다. 또한 이 현상들을 설명하는 네 가지 핵심 도구인 시장, 정부, 돈, 심리에 대해서도 배웠다.

전체적인 그림을 그렸으니 이제 좀 더 구체적인 경제 지식을 공부해 보자.

2장

기초

: 내 지갑과 연결되는 경제 원리

편의점에서 가격표를 보고도 "왜 이런 값일까?" 궁금했던 적이 있는가? 뉴스에서 환율·금리·인플레이션 이야기가 쏟아질 때, 그냥 다른 세상 언어처럼 흘려보낸 적은 없는가? 많은 사람에게 경제 뉴스 속 숫자들은 나와 상관없는 전문가들의 게임처럼 느껴진다. "어차피 난 월급쟁이인데 뭐"라며 관심을 끊어 버리기도 한다.

하지만 경제는 먼 나라 이야기가 아니다. 우리가 하루에도 몇 번씩 마주치는 가격, 월급, 이자, 환전, 대출, 적금이 모두 같은 원리 위에서 움직인다. 단지 그 원리를 아무도 쉽게 설명해 주지 않았을 뿐이다.

이 장에서는 그 숨은 규칙들을 아주 기초부터 풀어낼 것이다. 물건값이 정해지는 원리(수요와 공급), 시간이 지날수록 돈의 힘이 약해지는 이유(인플레이션), 돈의 가격(금리)과 나라 간 돈의 교환 비율(환율), 남의 돈을 빌려 쓰는 기술(레버리지) 그리고 시간이 자산을 키우는 마법(복리)까지. 뉴스에만 등장하던 개념들을 내 지갑과 연결해서 이해하게 될 것이다.

어려운 수식 뒤에 숨어 있던 건 생각보다 단순한 몇 가지 법칙이다. 이 원리를 알고 나면, 숫자에 휘둘리는 사람이 아니라 숫자를 읽고 선택하는 사람이 될 수 있다. 이제 막연한 두려움을 걷어내고, 돈이 움직이는 진짜 이유를 함께 들여다보자.

수요와 공급: 가격은 어떻게 결정될까?

우리는 매일 무언가를 사고파는 세상에서 살아간다. 편의점에서 과자를 사고, 문구점에서 학용품을 산다. 이때 우리는 항상 가격표를 확인한다. 어떤 물건은 1천 원이고, 어떤 물건은 10만 원이 넘는다. 도대체 이 가격은 누가 정하는 것일까. 단순히 가게 사장님이 마음대로 정하는 것일까, 아니면 공장에서 물건을 만드는 사람이 정하는 것일까. 이 질문에 답하려면 경제학에서 가장 기본이 되는 무대인 '시장'과 그곳의 주인공인 '수요와 공급'을 이해해야 한다. 이 원리를 알면 세상의 대부분 가격이 왜 오르고 내리는지 훨씬 쉽게 읽을 수 있다.

시장이란?

　우리가 흔히 '시장'이라고 하면 시끌벅적한 남대문 시장이나 물건이 가득 쌓인 대형 마트를 떠올린다. 하지만 경제에서 말하는 시장은 눈에 보이는 특정 장소만을 의미하지 않는다. 시장의 진짜 정의는 '사려는 사람과 팔려는 사람이 만나 거래가 이루어지는 모든 과정'이다.

예를 들어, 스마트폰 중고 거래 앱에서 사용하지 않는 장난감을 올려 다른 친구에게 팔았다고 해 보자. 그곳에는 가게 건물도 없고 주인 아저씨도 없다. 하지만 사려는 사람과 팔려는 사람이 만나서 돈과 물건을 바꿨다. 바로 그 순간 그 앱은 시장이 된다. 주식을 사고파는 주식 시장, 외국 돈을 바꾸는 외환 시장도 마찬가지다. 눈에 보이는 건 단순한 화면이지만, 그 안에서 거래가 일어나면 거기가 곧 시장이다.

시장에는 두 주인공이 있다. 물건을 필요로 하는 '수요자'와 물건을 제공하는 '공급자'다. 이 둘이 만나야 경제 활동이 시작된다. 시장은 살아있는 생물처럼 끊임없이 움직이며, 그 움직임의 결과가 '가격'이라는 숫자로 드러난다.

수요와 공급 : 가격이 움직이는 원리

시장에서 가격을 결정하는 가장 강력한 힘은 '수요'와 '공급'이다. 경제를 배우는 내내 따라다니는 기본 개념이니 꼭 익혀두면 좋다.

수요(Demand)는 '물건을 사려는 마음'이다. 단순히 "갖고 싶다"는 생각을 넘어 실제로 돈을 내고 살 의지가 있는 상태를 말한다. 공급(Supply)은 '물건을 팔려는 마음'이다. 기업이 물건을 만들어 시장에 내놓는 행위가 바로 공급이다.

가격은 이 사려는 마음(수요)과 팔려는 마음(공급)의 줄다리기에서 결정된다. 만약 사려는 사람은 많은데 물건이 부족하면 어떻게 될까? 사람들은 물건을 차지하려고 더 비싼 돈을 내겠다고 나선다. 이때 가격은 올라간다. 반대로 물건은 산더미처럼 쌓여 있는데 사려는 사람이 거의 없다면, 파는 사람은 가격을 깎아서라도 팔려고 할 것이다. 이때 가격은 내려간다.

예를 들어, 전 세계적으로 몇 천 켤레만 생산된 한정판 운동화가 있다고 하자. 그 운동화를 유명 연예인이 신고 나와 화제가 되면 운동화를 갖고 싶어 하는 사람, 즉 수요가 폭발적으로 늘어난다. 하지만 공급량은 정해져 있으니 사람들은 원래 가격보다 몇 배 비싼 돈을 내고서라도 사려고 한다. 이때 가격은 크게 뛴다.

이 모습을 본 운동화 회사가 돈을 더 벌기 위해 그 한정판 모델을 다시 대량 생산해 시장에 풀면 어떻게 될까? 희소성이 사라지고 공급이 갑자기 늘어나면, 사람들의 열기는 빠르게 식는다. 결국 치솟았던 운동화의 가격은 다시 평소 수준으로 내려가거나 더 떨어지기도 한다.

이처럼 가격은 고정된 숫자가 아니라 수요와 공급에 따라 계속 움직이는 결과물이다.

보이지 않는 손이 가격을 결정한다

그렇다면 구체적으로 가격은 얼마에 멈출까? 가게 사장님이 1만 원짜리 과자를 100만 원에 팔겠다고 가격표를 붙일 수는 있다. 하지만 손님이 "너무 비싸다"고 생각해 아무도 사지 않으면 거래는 일어나지 않는다. 반대로 손님이 100원만 내겠다고 해도, 파는 사람이 "그 가격에는 손해라서 못 판다"고 하면 역시 거래는 성사되지 않는다.

결국 가격은 사려는 사람과 팔려는 사람이 서로 "이 정도면 괜찮다"고 받아들일 수 있는 지점에서 결정된다. 흥미로운 점은, 누가 위에서 정해주지 않아도 수많은 사람들이 제각각 거래를 하다 보면 어느새 모두가 대략 수긍하는 가격이 자연스럽게 만들어진다는 것이다.

경제학의 아버지라 불리는 애덤 스미스는 이 과정을 '보이지 않는 손(Invisible Hand)'이 작동한다고 표현했다. 마치 눈에 보이지 않는 손이 시장을 조정해, 물건이 부족하면 가격을 올려 아껴 쓰게 만들고, 물건이 넘치면 가격을 내려 소비를 늘리게 한다는 의미다.

마트에서 보는 가격표는 사장님이 기분대로 적은 숫자가 아니다. 수많은 사람의 사려는 욕구와 팔려는 욕구가 부딪힌 끝에 만들어진 결과다. 그래서 가격은 중요한 신호가 된다. 가격이 올랐다는 것은 그 물건이 귀해졌거나 인기가 많아졌다는 뜻으로 해석할 수 있다.

시장 실패 : 시장이 해결하지 못하는 문제

보이지 않는 손은 많은 경우 똑똑하게 작동하지만, 시장이 항상 정답을 내는 것은 아니다. 시장에 맡겨두면 오히려 문제가 생기는 상황도 있다. 이를 '시장 실패(Market Failure)'라고 부른다. 시장만으로는 해결되지 않는 영역이 있다는 뜻이다.

첫째, '독점'의 문제다. 만약 어떤 나라에서 수돗물을 공급하는 회사가 단 한 곳뿐이라면 어떻게 될까? 그 회사는 마음만 먹으면 물값을 몇 배로 올릴 수도 있다. 사람들은 살기 위해 어쩔 수 없이 비싼 값을 내야 한다. 이렇게 공급자가 경쟁 없이 혼자 남게 되면, 시장의 가격 조절 기능은 제대로 작동하지 않는다.

둘째, '공공재'의 문제다. 공공재란 국방, 경찰, 소방, 가로등처럼 모두에게 필요하지만, 개별 사람에게 돈을 받고 팔기 어려운 것들이다. 예를 들어, 가로등 설치를 기업에 맡긴다고 해보자. 지나가는 사람마다 돈을 받기 어렵기 때문에 기업은 이익을 내기 힘들다. 이익이 없다면 기업은 움직이지 않는다. 시장에만 맡겨 두면 거리가 어두워지는 이유다.

셋째, '환경 오염' 같은 외부 효과 문제다. 공장이 물건을 싸게 많이 만들면 시장에서는 값이 싸고 좋다고 느낄 수 있다. 하지만 그 과정에서 강물이 오염되고 공기가 나빠지면, 제품을 사지 않은 사람들까지 피

유형	특징	예시
독점	경쟁자가 없어 가격이 비싸짐	물 독점 기업
공공재	이익이 적어 공급이 일어나지 않음	가로등, 국방
외부효과	가격에 담기지 않은 피해가 발생함	공장+강 오염

표 2-1. 시장실패의 유형과 특징

해를 본다. 이런 피해 비용은 가격에 제대로 반영되지 않기 때문에 시장은 환경 파괴를 스스로 막지 못한다.

이처럼 시장이 스스로 해결하지 못하는 문제가 생길 때 정부가 개입한다. 정부는 독점 기업을 규제하고, 세금을 걷어 직접 가로등을 설치하며, 환경을 심하게 오염시키는 공장에는 벌금과 규제를 부과한다. 시장은 강력하지만, 완벽하지 않기 때문에 규칙과 심판이 필요하다.

사업자의 입장, 소비자의 입장, 정부의 입장을 함께 고민해 보면 시장 실패가 일어나는 이유와 정부가 필요한 이유를 알 수 있을 것이다.

수요와 공급을 알아야 하는 이유

수요와 공급은 경제를 보는 기본 안경이다. 뉴스를 읽을 때도, 물가를 체감할 때도, 투자를 고민할 때도 가장 먼저 꺼내 쓸 수 있는 도구다. 자본주의 사회에서 살아가려면 이 원리를 알고 있느냐가 큰 차이를 만든다.

앞으로 가격표를 볼 때 단순히 숫자만 보지 말고, 그 뒤에서 수요와 공급이 어떤 줄다리기를 하고 있을지 함께 떠올려보자. 그러면 이전에는 잘 보이지 않던 것들이 조금씩 눈에 들어오기 시작할 것이다.

화폐와 인플레이션

2

1990년에 냉동인간이 된 주인공이 30여 년 만에 잠에서 깨어났다고 상상해 보자. 잠들기 전 그는 주머니에 5만 원을 가지고 있었다. 당시 5만 원은 친구들과 며칠을 배불리 먹고 놀 수 있는 꽤 큰돈이었다. "이 돈이면 뭐든 할 수 있어!" 그는 자신만만하게 편의점으로 들어간다. 하지만 가격표를 본 그는 깜짝 놀란다. 과자 몇 봉지와 음료수, 생필품 몇 개를 담았을 뿐인데 5만 원이 금세 사라졌기 때문이다. 아무도 그의 지갑에서 돈을 훔쳐 가지 않았는데도 손해를 본 느낌이다. 이 미스터리를 풀려면 먼저 '화폐'의 비밀을 알아야 한다.

돈과 화폐의 차이점

본격적인 이야기를 시작하기 전에 헷갈리기 쉬운 두 단어를 구별해 두자. 바로 '돈(Money)'과 '화폐(Currency)'다. 일상에서는 비슷하게 쓰지만, 경제를 공부할 때는 구분하는 편이 좋다.

'돈'은 넓은 의미로 물건을 살 수 있는 모든 힘, 즉 '구매력'을 뜻한다. 금, 은, 지폐, 은행 예금, 상품권까지 무엇이든 다른 물건과 바꿀 수 있다면 그것은 돈이다. 반면 '화폐'는 그 돈 중에서도 사회가 공식적으로 인정한 형태만을 가리킨다. 우리가 지갑에 넣고 다니는 지폐와 동전, 은행 계좌의 숫자가 바로 화폐다. 즉, 화폐는 돈의 한 종류다. 모든 화폐는 돈이지만, 모든 돈이 화폐인 것은 아니다.

학교의 칭찬 스티커를 떠올려 보자. 선생님이 숙제를 잘해 온 학생에게 칭찬 스티커를 준다. 스티커 10장을 모으면 문구류와 바꿔준다. 이때 스티커 한 장 한 장이 바로 '화폐'다. 그리고 "이 스티커로 연필을 받을 수 있는 힘"이 돈이다.

처음에는 선생님이 스티커를 아껴서 준다. 한 장을 받으려면 숙제도 열심히 해야 하고, 수업 태도도 좋아야 한다. 그래서 스티커 한 장의 가치가 크다. 아이들은 책상 서랍에 스티커를 소중하게 보관한다.

그런데 어느 날부터 선생님이 스티커를 마구 나눠주기 시작했다. 숙제를 안 해 와도, 그냥 조용히 앉아 있기만 해도 스티커를 준다. 며칠 지나지 않아 아이들 책상에는 스티커가 수북이 쌓인다. 스티커의 개수는 늘었지만, 아이들 눈에는 스티커 한 장의 가치가 빠르게 떨어진다. 예전에는 1장 받으려고 하루를 열심히 보냈지만, 이제는 10장을 받아도 별 감흥이 없다.

화폐도 비슷하다. 지폐와 숫자는 마음만 먹으면 정부와 중앙은행이 계속 늘릴 수 있다. 하지만 너무 많이 풀리면 한 장이 가진 힘은 점점 약해진다. 우리가 인플레이션이라고 부르는 현상이 바로 '지폐 한 장의 힘이 약해지는 과정'이다. 이제부터 화폐라는 도구가 역사 속에서 어떻게 변해 왔는지 그리고 왜 그 가치가 계속 흔들리는지 살펴보자.

금본위제와 닉슨쇼크

아주 먼 옛날, 사람들은 물물교환의 불편함을 줄이기 위해 조개껍데기나 소금을 화폐처럼 사용했다. 이후 금이나 은 같은 귀금속이 그 자리를 대신했다. 금은 썩지 않고 누구에게나 귀하게 여겨졌기에 최고의 화폐였다.

하지만 무거운 금을 들고 다니며 거래하는 일은 위험하고 번거로웠다. 그래서 '금 보관증'이 등장했다. 은행에 금을 맡기면 종이로 된 보관증을 써줬고, 사람들은 이 보관증을 금 대신 화폐처럼 주고받았다. 언제든 은행에 가져가면 다시 금으로 바꿔주었기 때문이다. 이것을 '금본위제(Gold Standard)'라고 한다. 이때의 종이 화폐는 실물인 금을 대신하는 교환증서였다.

그러던 1971년, 미국에서 경제사에 큰 충격을 준 사건이 벌어진다. 닉슨 대통령이 "이제부터 달러를 가져와도 금으로 바꿔주지 않겠다"라고 선언한 것이다. 이른바 '닉슨쇼크(Nixon Shock)'다. 이 선언 이후 화폐는 금이라는 튼튼한 담보를 잃었다. 더 이상 금과 교환해 주겠다는 약속이 아니라, 국가가 가치를 보장한다고 믿는 '신용'에 의존하는 종이가 된 것이다.

이때부터 정부와 중앙은행은 금 보유량과 상관없이 화폐를 발행할 수 있게 됐다. 자본주의 경제의 고삐가 한 번 풀린 셈이다.

신용창조 : 은행이 화폐를 불리는 방법

시장에 돌아다니는 돈의 양, 즉 통화량이 늘어나는 이유는 중앙은행이 지폐를 찍어내는 것만으로 설명되지 않는다. 시중 은행들은 '신용창조(Credit Creation)'라는 과정을 통해 화폐의 양을 몇 배로 키운다.

원리는 이렇다. 여러분이 은행에 100만 원을 예금했다고 하자. 은행은 이 100만 원을 금고에 그대로 쌓아 두지 않는다. 법적으로 꼭 남겨둬야 하는 일부(지급준비금)를 빼고, 나머지를 다른 사람에게 대출해 준다. 지급준비율이 10%라고 가정하면 은행은 10만 원만 남기고 90만 원을 빌려준다.

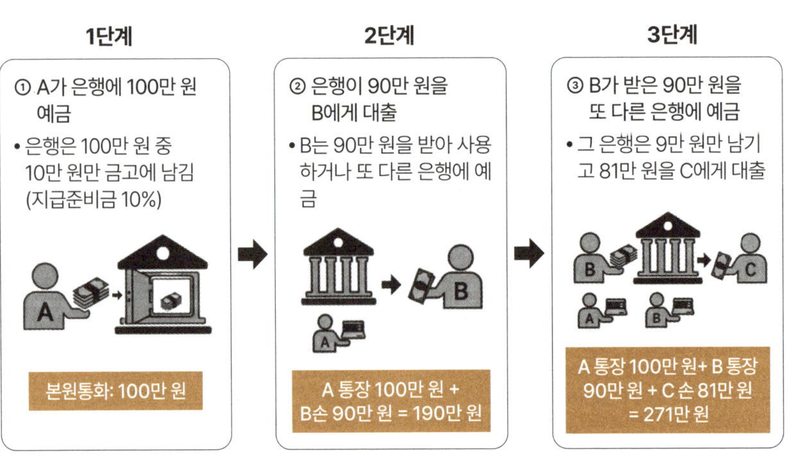

그림 2-1. 신용창조

이제 상황을 보자. 여러분의 통장에는 여전히 100만 원이 적혀 있다. 동시에, 대출을 받은 사람의 손에는 90만 원이 있다. 처음 은행에 들어온 실제 화폐(본원통화)는 100만 원뿐인데, 장부상으로는 190만 원이 된 것이다. 없던 돈 90만 원이 새로 생긴 셈이다.

이 과정이 예금과 대출을 통해 반복될수록 시중의 통화량은 처음 찍어낸 화폐보다 훨씬 더 크게 불어난다. 우리가 사용하는 돈의 대부분은 실제 지폐가 아니라 은행 컴퓨터 속 숫자에 불과하다. 그래서 자본주의를 두고 "빚으로 쌓아 올린 성"이라고 부르기도 한다.

인플레이션 : 화폐 가치의 하락

닉슨쇼크 이후 정부는 필요하다면 화폐를 계속 발행할 수 있게 됐다. 여기에 신용창조 시스템까지 더해지면서 현대 자본주의는 시중을 도는 화폐의 양(통화량)을 끊임없이 늘리는 구조가 됐다.

그렇다면 화폐가 흔해지면 어떻게 될까? 세상에 존재하는 물건의 수는 크게 변하지 않는데, 그 물건을 사려는 돈만 자꾸 늘어나면 결국 물건 가격표에 적힌 숫자가 커질 수밖에 없다. 우리는 이것을 "물가가 오른다"고 표현하지만, 경제학적으로는 화폐의 가치가 떨어지는 현상이다. 이것이 '인플레이션(Inflation)'이다.

많은 사람이 "옛날엔 짜장면이 500원이었는데 지금은 7,000원이다"라며 물가 상승을 한탄한다. 하지만 자본주의 시스템에서는 어느 정도 인플레이션이 구조적으로 따라온다. 정부는 경제 성장을 위해 돈을 공급해야 하고, 은행은 이자를 벌기 위해 대출을 계속 내보내야 하기 때문이다.

그래서 자본주의 사회에서 현금만 쥐고 있는 것은 의외로 위험하다. 가만히 있어도 내가 가진 화폐의 구매력이 조금씩 녹아내리기 때문이다. 투자를 해야 하는 이유는 꼭 부자가 되기 위해서만이 아니라, 인플레이션이라는 거대한 파도 속에서 내 자산의 '실질 가치'를 지키기 위해서이기도 하다.

인플레이션이 심해지면 기업들은 난처해진다. 원가가 올라가니 제품 가격도 올려야 하는데, 가격을 올리면 소비자들이 반발하거나 구매를 줄일 게 뻔하다. 이때 기업들이 자주 쓰는 방법이 '슈링크플레이션(Shrinkflation)'이다. '줄어들다(Shrink)'와 '인플레이션'을 합친 말이다.

표면적인 가격은 그대로 두고 내용물만 살짝 줄이는 방식이다. 예를 들어 가격표는 여전히 1,000원이지만, 과자 봉지 안 과자가 10개에서 8개로 줄어들거나, 우유 용량이 1,000mL에서 900mL로 줄어드는 식이다. 소비자는 가격표만 보고 "안 올랐네?"라고 생각하지만, 실제로는 예전보다 더 비싼 값을 치르고 있는 셈이다.

이것은 눈에 잘 띄지 않는 숨은 인플레이션이다. 마트에서 예전보다 봉지가 가벼워진 것 같다면, 단순한 기분 탓이 아닐 수도 있다. 화폐 가치가 떨어지는 시기에는 가격표만 볼 것이 아니라 단위당 가격, 용량, 중량까지 함께 보는 습관이 필요하다.

디플레이션과 스태그플레이션

그렇다면 물가가 떨어지는 디플레이션(Deflation)은 좋은 것일까? 물건값이 싸지니 겉으로는 좋아 보이지만, 경제 전체로 보면 인플레이션보다 훨씬 위험할 수 있다.

물가가 계속 내려간다고 믿게 되면 사람들은 "나중에 사면 더 싸질텐데 굳이 지금 쓸 필요가 없지"라고 생각한다. 소비가 멈추면 기업은 물건을 팔지 못해 문을 닫게 되고, 일자리가 줄어든다. 소득이 줄어든 사람들은 더 지갑을 닫고, 경제는 얼어붙는다. 그래서 많은 경제학자가 디플레이션을 더욱 두려워한다.

가장 최악의 상황은 '스태그플레이션(Stagflation)'이다. 경기는 침체되어 사람들의 주머니 사정은 나쁜데(Stagnation), 동시에 물가는 계속 오르는(Inflation) 상황이다. 보통 경기가 나쁘면 물가가 내려가고, 경기가 좋으면 물가가 오르는데, 이 두 가지가 한꺼번에 덮치는 것이다.

이때는 정책 대응도 어렵다. 경기를 살리려고 돈을 풀면 물가가 더 오르고, 물가를 잡으려고 돈을 거둬들이면 경기가 더 나빠진다. 코로나19 이후 세계가 겪었던 인플레이션과 경기 둔화의 조합은 자칫 잘못하면 스태그플레이션으로 이어질 뻔한 위험한 국면이었다.

금리

우리는 편의점에서 물을 사거나 문구점에서 연필을 살 때 자연스럽게 가격표를 확인한다. 가격은 물건의 가치를 숫자로 나타낸 것이다. 그렇다면 우리가 사용하는 자본인 '돈'에도 가격이 있을까? 돈에도 가격이 있다. 돈의 가격을 경제 용어로 '금리(Interest Rate)'라고 부른다.

친구에게 게임기를 빌리면 돌려줄 때 고맙다는 의미로 간식을 사주기도 한다. 남의 물건을 빌려 쓰면 대가를 치르는 것이 자연스럽다. 돈도 마찬가지다. 남의 돈을 빌려 쓰면 일정한 대가를 지불해야 하는데, 이것이 '이자'다. 그리고 원금에 대해 이자가 얼마나 붙는지 비율로 나타낸 것이 '금리'다.

기준금리 : 중앙은행이 정하는 기준

뉴스에서 "한국은행이 금리를 올렸다", "미국 연준이 금리를 동결했다"라는 말을 자주 듣게 된다. 여기서 말하는 금리는 우리가 은행 창구에서 만나는 예금 금리나 대출 금리가 아니다. 한 나라 전체 금리의 기준이 되는 '기준금리(Base Rate)'다.

물건에도 도매가격(공장 출고가)과 소매가격(마트 판매가)이 있듯, 금리에도 일종의 도매가격이 있다. 한국은행 같은 중앙은행은 일반 시민이 아닌 시중 은행(국민은행, 신한은행 등)과 거래를 한다. 한국은행이 시중 은행에 돈을 빌려줄 때 적용하는 이자율이 바로 기준금리다. 이게 돈의 원가라고 보면 된다.

기준금리는 경제의 수도꼭지와 같다. 경기가 너무 뜨거워 물가가 빠르게 오르면(인플레이션) 중앙은행은 기준금리를 올려 수도꼭지를 잠근다. 이자가 비싸지니 사람과 기업은 대출을 줄이고, 시중에 돌던 돈이 은행으로 다시 빨려 들어간다. 반대로 경기가 나빠 사람들이 돈을 잘 쓰지 않으면 기준금리를 낮춰 수도꼭지를 연다. 싼 이자로 돈을 빌려 소비와 투자를 늘리라는 신호를 보내는 것이다.

뉴스에서 "한국은행이 기준금리를 인상했다"는 소식이 나온다. 이 결정 하나로 전국의 대출 이자와 예금 이자가 일제히 움직인다. 도대체 누가 결정하는 걸까?

한국에서 기준금리를 결정하는 곳은 한국은행의 금융통화위원회다. 이 위원회는 총 7명으로 구성된다. 한국은행 총재와 부총재 그리고 기획재정부·금융위원회·대한상공회의소·은행연합회·한국거래소가 각각 추천한 5명의 전문가다.

이들은 매달 둘째 주 목요일에 모여 경제 데이터를 검토한다. 물가상승률, 실업률, GDP 성장률, 부동산 시장, 가계부채, 주요국 중앙은행 움직임 등을 종합적으로 분석한다. 토론 후 다수결 투표로 금리 인상, 동결, 인하를 결정한다.

통상 낮 12시쯤 결정이 발표되면 금융 시장이 즉각 반응한다. 은행들은 대출금리와 예금금리를 조정하기 시작하고, 주식과 부동산 시장도 출렁인다. 7명의 전문가가 한 달에 한 번 내린 결정이 2,000만 가계와 400만 기업의 이자 부담을 바꾸는 것이다.

가산금리와 신용

한국은행이 기준금리를 3%로 정했다고 해서, 우리가 은행에서 3% 이자로 대출을 받는 것은 아니다. 실제로 창구에 가 보면 5%, 6%, 심하면 10%가 넘는 금리를 제시받기도 한다. 같은 날 같은 은행에서 대출을 받아도 친구와 나의 금리가 다를 수 있다. 이 차이를 만드는 것이 '가산금리(Spread)'다.

은행은 자선단체가 아니다. 이익을 추구하는 기업이다. 은행은 중앙은행에서 조달한 돈에 은행의 운영비, 이익 그리고 돈을 떼일 위험에 대한 보상을 더해 우리에게 빌려준다. 이때 기준금리에 더해지는 추가 금리가 가산금리다.

최종 금리 = 기준금리 + 가산금리

가산금리를 결정하는 가장 중요한 요소가 바로 개인의 '신용(Credit)'이다. 은행 입장에서 생각해 보자. 소득이 안정적이고, 과거에 연체 기록이 없는 사람은 돈을 떼일 위험이 적다. 이런 사람에게 은행은 "이자를 조금만 내세요"라며 낮은 가산금리를 적용한다. 반대로 소득이 불안정하거나 연체 이력이 있는 사람은 위험하다. 은행은 이 위험을 감수하는 대가로 더 높은 이자를 요구한다.

그래서 신용이 곧 돈이다. 평소 약속을 잘 지키고 빚을 제때 갚아 신용 점수를 관리하는 것은 나중에 돈을 빌릴 때 내야 할 비용(이자)을 크게 줄여 주는 기본적인 재테크다. 신용이 낮으면 같은 돈을 빌리더라도 남들보다 훨씬 비싼 가격으로 돈을 사게 된다.

고정금리와 변동금리

은행에서 대출을 받거나 예금을 할 때 우리는 중요한 선택을 해야
한다. 금리를 고정할 것인지, 아니면 시장 상황에 따라 변하게 둘 것인
지다. 이것이 '고정금리'와 '변동금리'의 차이다.

고정금리(Fixed Rate)는 만기까지 금리가 변하지 않는다. 처음에
연 4%로 대출을 받았다면 1년 뒤 시장 금리가 10%까지 뛰어도 나는
여전히 4% 이자만 내면 된다. 앞으로 금리가 올라갈 것이라고 예상될
때 유리한 선택이다.

변동금리(Variable Rate)는 기준금리 등 시장 금리에 따라 내 금
리도 주기적으로 조정된다. 보통 3개월이나 6개월마다 새 금리가 적용
된다. 대출을 받을 당시에는 고정금리보다 낮게 시작하는 경우가 많다.
앞으로 금리가 내려갈 것이라고 예상할 때 선택하면 좋다.

이 선택은 일종의 전망 게임이다. 금리 인상기(금리가 오르는 시
기)에 변동금리로 대출을 받았다가는 매달 갚아야 할 이자가 눈덩이처
럼 불어나는 경험을 할 수 있다. 반대로 금리 인하기에 높은 고정금리
로 묶어 두면 남들은 이자를 적게 내는데 나만 비싼 이자를 내게 된다.
따라서 대출을 할 때는 당장 눈앞의 숫자만 보지 말고 앞으로 금리가
어떻게 움직일지에 대한 나름의 판단이 필요하다.

실질금리 : 이자를 받아도 손해를 보는 이유

'명목금리'와 '실질금리'도 구분해 둘 필요가 있다. 은행 예금 이자가 연 4%라고 해 보자. 100만 원을 넣으면 1년 뒤 4만 원이 붙는다. 이렇게 겉으로 보이는 4%가 '명목금리(Nominal Interest Rate)'다. 우리는 보통 이 숫자만 보고 "4% 벌었다"고 생각한다.

하지만 앞에서 배운 인플레이션을 함께 봐야 한다. 만약 같은 기간 물가가 5% 올랐다면 어떨까? 내 통장의 숫자는 4% 늘었지만, 물건 가격은 5% 올랐다. 결과적으로는 살 수 있는 물건의 양이 줄어든 셈이다.

은행에 꼬박꼬박 저축을 했는데 실제로는 자산의 가치가 1% 줄어든 것이다. 예전 어른들이 "은행에만 넣어도 부자가 된다"고 말하던 시기는 예금 금리가 10~20% 수준이어서 물가 상승률을 넉넉히 이길 수

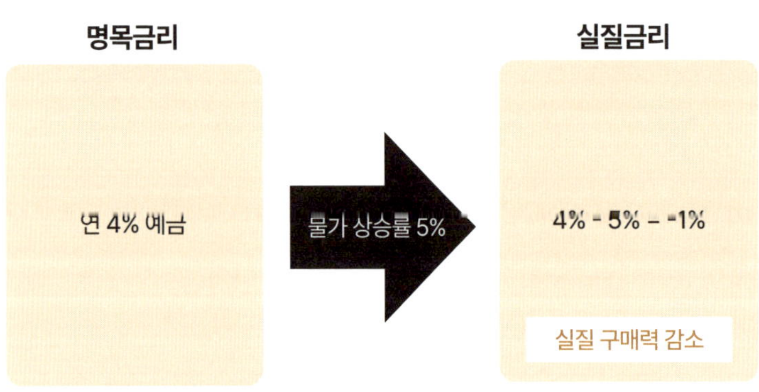

숫자로는 이자를 받았지만, 실제로는 살 수 있는 물건이 줄어들었다.

그림 2-2. 명목금리와 실질금리

있었던 시기였다. 지금처럼 물가가 빠르게 오르고 금리가 낮은 환경에서는 단순 예금만으로는 자산을 불리기 어렵다.

금리 변화에 따른 자산 가격 변화

금리의 변화는 단순히 이자를 조금 더 내고 덜 내는 문제가 아니다. 금리는 자산 가격(주식, 부동산 등)에도 큰 영향을 준다. 금리와 자산 가격은 보통 서로 반대로 움직이는 경우가 많다.

● 금리 상승기

금리가 올라가는 시기를 생각해 보자. 이자가 비싸지면 사람들은 빚을 내 집을 사거나 주식에 투자하는 데 더 신중해진다. 이미 대출을 받은 사람들은 늘어난 이자를 갚느라 소비를 줄인다.

기업들도 높은 이자를 물어가며 대출을 받아 공장을 짓고 사업을 키우기가 부담스럽다. 이런 흐름이 이어지면 기업 실적은 나빠지고, 주식 시장은 약세를 보이기 쉽다. 부동산도 대출 부담이 커지면서 수요가 줄고 가격이 눌리기 쉽다. 반대로 위험한 투자 대신 이자를 많이 주면서도 원금이 보장되는 안전한 은행 예금이 매력적으로 보인다.

● 금리 하락기

금리가 내려가는 시기에는 이와 정반대의 흐름이 나타난다. 돈의 값어치가 싸지면 시중에 자금이 풍부하게 풀리며 자산 시장으로 돈이

들어온다. 이자가 낮아지면 낮은 금리로 대출을 받아 내 집 마련에 나서는 사람이 늘어난다. 그리고 기업은 저렴한 비용으로 자금을 조달해 공격적인 설비 투자나 신규 프로젝트를 추진하기 수월해진다.

만약 은행 예금 이자가 물가 상승률을 따라가지 못할 정도로 너무 낮아지면 사람들은 더 높은 수익률을 찾아 은행 밖으로 눈을 돌린다. 이 과정에서 예금에 잠겨 있던 돈이 주식, 채권, 부동산 등 다른 자산 시장으로 빠르게 흘러 들어가며 가격을 밀어 올리는 동력이 된다.

물론 현실은 정부의 정책, 글로벌 경기 상황, 심리적 요인 등이 얽혀 있어 이론과 다르게 흘러가기도 한다. 하지만 큰 흐름에서 볼 때 금리는 자산 가격을 움직이는 가장 중요한 요소이며 경제가 어디로 향할지 가늠하게 해주는 결정적인 지표다.

환율

우리가 한국에서 물건을 살 때는 천 원짜리나 만 원짜리 지폐를 낸다. 하지만 미국 여행을 가서 물건을 살 때 천 원을 내밀면 받아주지 않는다. 미국에서는 미국의 돈인 '달러($)'를 써야 하기 때문이다. 그래서 해외여행을 가기 전에 은행에 가서 우리나라 돈을 그 나라 돈으로 바꾼다. 이것을 '환전'이라고 한다.

이때 아주 중요한 질문이 생긴다. "우리나라 돈 1,000원을 주면 미국 돈 얼마로 바꿔줄까?" 이 질문에 대한 답이 바로 '환율(Exchange Rate)'이다. 쉽게 말해 환율은 '남의 나라 돈을 살 때 지불해야 하는 우리나라 돈의 가격'이다.

다른 나라 돈에 붙은 가격표

환율을 어렵게 생각할 필요 없다. 마트에서 사과 하나에 1,000원이라는 가격표가 붙어 있듯이, 미국 돈 1달러라는 상품에도 가격표가 붙어 있다고 생각하면 된다.

"현재 환율이 1달러에 1,400원이다"라는 말은, 미국 돈 1달러를 사기 위해서는 우리나라 돈 1,400원이 필요하다는 뜻이다. 환율은 고정되어 있지 않고 주식 가격처럼 매일, 매초 변한다. 어제는 1달러를 사는 데 1,000원이면 됐는데, 오늘은 1,500원을 달라고 할 수도 있다.

왜 이렇게 변할까? 달러를 사려는 사람이 많아지면 달러 가격(환율)이 오르고, 달러가 인기가 없으면 가격이 내려가기 때문이다. 앞서 배운 수요와 공급의 원리가 환율에도 그대로 적용된다.

환율이 오른다는 것의 의미

경제 뉴스를 볼 때 가장 헷갈리는 것이 "환율이 올랐다"는 말의 의미다. 숫자가 커지니 좋은 것 같지만, 사실 우리 돈의 가치가 떨어졌다는 나쁜 소식일 수도 있다.

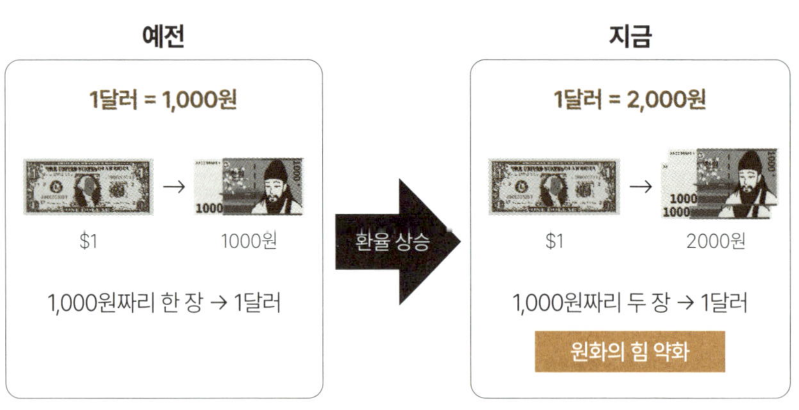

그림 2-3. 환율 변화에 따른 원화 가치 변화

예를 들어 환율이 1달러에 1,000원에서 2,000원으로 올랐다고 해보자. 예전에는 1,000원짜리 한 장만 주면 1달러를 가져올 수 있었는데, 이제는 1,000원짜리 두 장(2,000원)을 줘야 겨우 1달러를 바꿀 수 있다. 내가 가진 돈의 힘이 약해져서 더 많은 돈을 지불해야 하는 것이다.

우리나라가 수입하는 물건 대부분은 달러로 거래된다. 환율이 오르면 그만큼 물건값도 비싸진다. 즉, '환율 상승'은 '원화(우리나라 돈) 가치 하락'과 같은 말이다. 반대로 환율이 1,000원에서 900원으로 떨어지면, 적은 돈으로도 달러를 살 수 있으니 원화의 가치가 올라간 것이다. 환율과 원화의 가치는 시소처럼 반대로 움직인다.

환율 변화에 웃는 기업과 우는 기업

환율이 변하면 기업들은 울고 웃는다. 환율이 오를 때를 기준으로 이익을 보는 곳과 손해를 보는 곳을 나눠보자.

1. 웃는 기업 : 수출하는 기업 (자동차, 반도체 회사)

미국에 자동차를 만들어 파는 현대자동차를 생각해 보자. 미국에서 자동차 한 대를 1만 달러에 팔았다. 환율이 1,000원일 때는 이 돈을 한국 돈으로 바꾸면 1,000만 원이었다. 그런데 환율이 1,500원으로 오르자, 똑같은 1만 달러를 벌었는데 한국 돈으로 바꾸니 1,500만 원이 되었다. 가만히 앉아서 500만 원을 더 번 셈이다.

반도체 기업도 마찬가지다. 해외에 수출을 많이 하는 경우, 같은 양을 팔아도 환율이 높으면 원화로 바꿨을 때 이익이 더 크다. 그래서 환율이 오르면 수출 기업들의 실적은 좋아진다.

2. 우는 기업 : 수입하는 기업 (식품 회사, 정유사)

반대로 외국에서 물건을 사와야 하는 기업은 비상이 걸린다. 해외에서 밀가루나 석유를 달러로 사오는 회사는 예전에는 1,000원만 주면 1달러어치를 살 수 있었다. 하지만 환율이 오르자 이제는 1,500원을 줘야 똑같은 물건을 살 수 있다. 재료비가 비싸지니 기업은 어쩔 수 없이 빵 가격이나 기름값을 올리게 된다. 결국 환율이 오르면 마트에서 사는 수입 과일, 과자, 휘발유 가격이 줄줄이 오르는 '수입 물가 상승'이 일어난다.

다만 100% 수출만 하거나 100% 수입만 하는 기업은 거의 없다. 자동차를 만들기 위해서는 철이나 부품을 외국에서 사와야(수입) 하고, 라면 회사는 만든 라면을 외국에 팔기도(수출) 한다. 따라서 환율이 오를 때 그 기업이 웃을지 울지는 '비중'을 따져봐야 한다. 벌어오는 달러(수출)가 많은지, 나가는 달러(수입)가 많은지 계산해 봐야 정확히 알 수 있다.

달러 인덱스

달러는 세계에서 가장 중요한 화폐다. 이 달러의 힘이 현재 강한

지 약한지를 한눈에 보여주는 지표가 있다. 바로 '달러 인덱스(Dollar Index)'다. 여기서 강하다는 것은 가치가 높다는 뜻이다.

달러 인덱스는 달러의 가치를 유럽의 유로, 일본의 엔, 영국의 파운드, 캐나다의 달러, 스웨덴의 크로나, 스위스의 프랑 등 세계 주요 6개국 화폐와 비교해서 점수로 매긴 것이다. 마치 달러가 나머지 6개국 친구들과 팔씨름을 하는 것과 같다.

기준점은 1973년의 '100'이다. 만약 달러 인덱스가 110이라면 "달러의 힘이 기준보다 10% 더 세졌다"는 뜻이다. 이것을 '강달러'라고 부른다. 반대로 90이라면 "달러의 힘이 약해졌다"는 뜻이고 '약달러'라고 부른다.

투자자들은 환율뿐만 아니라 이 달러 인덱스를 중요하게 본다. 달러 인덱스가 오른다는 것은 전 세계 자금이 안전한 미국 돈으로 쏠리고 있다는 신호이기 때문이다. 따라서 달러 인덱스는 단순히 환율 계산을 넘어, 세계 경제의 흐름과 달러의 절대적인 힘을 판단하는 중요한 근거가 된다.

기회비용

5

점심시간 중국집에 가면 누구나 한 번쯤 고민에 빠진다. 짜장면을 먹을지, 짬뽕을 먹을지 선택해야 하기 때문이다. 돈이 아주 많아서 두 그릇을 다 시킬 수 있다고 해도 문제는 남는다. 우리 배의 크기는 한정되어 있어서 두 그릇을 다 먹을 수 없기 때문이다. 이처럼 우리가 가진 돈, 시간, 자원은 무한하지 않고 항상 한계가 있다.

그래서 우리는 살아가면서 끊임없이 무언가를 선택해야만 한다. 그리고 이 선택에는 반드시 경제적인 규칙이 작용한다. 하나를 선택한다는 것은, 필연적으로 다른 하나를 포기한다는 뜻이다. 짜장면을 선택했다면 짬뽕 먹을 기회를 포기한 것이고, 잠을 자는 것을 선택했다면 그 시간에 공부를 하거나 게임을 할 기회를 포기한 것이다. 경제학은 이 '선택과 포기'를 숫자로 계산한다.

기회비용이란?

우리는 보통 물건을 살 때 가격표에 적힌 숫자만 '비용'이라고 생각한다. 하지만 경제학에서 비용은 조금 다르다. 눈에 보이는 돈 뿐 아니라, 그 선택 때문에 포기해야 하는 것들의 가치까지 함께 고려한다. 이것이 바로 '기회비용(Opportunity Cost)'이다.

선택안	눈에 보이는 지출/수익	포기한 것 (기회비용)	총 비용 (기회비용 관점)
A안 : 영화 보기	영화표 값 -10,000원	알바를 해서 벌 수 있었던 +10,000원	20,000원
B안 : 알바 하기	영화표 지출 없음	영화에서 얻을 수 있었던 '즐거움'	돈 기준: 0원

그림 2-2. 기회비용 계산

기회비용의 정확한 정의는 "여러 대안 중 하나를 선택했을 때 선택하지 않아서 포기한 대안들 중 가장 가치가 큰 것"이다. 말이 딱딱하게 느껴질 수 있으니 예시로 풀어보자.

여러분에게 현금 1만 원과 1시간의 여유가 있다. 이 자원으로 할 수 있는 일은 크게 두 가지다.

A. 영화 보기 (영화표 1만 원, 충분한 즐거움)

B. 아르바이트 하기 (지금 당장 1만 원을 벌 수 있음)

A(영화)를 선택했다고 하면 눈에 보이는 비용은 영화표 값 1만 원이다. 하지만 경제학적으로 본 진짜 비용은 여기에 그치지 않는다. 영화를 보느라 B(아르바이트)를 선택할 기회를 포기했다. 그 기회의 가치는 1만 원이다. 결국 영화를 보기 위해 "지갑에서 나간 1만 원 + 벌 수 있었던 1만 원"을 합쳐 2만 원의 기회비용을 지불한 셈이다.

이처럼 기회비용을 따져 보면 내가 내린 선택의 '진짜 가격'을 좀 더 정확히 볼 수 있다.

할인 행사의 함정과 기회비용

기회비용 개념을 쓰면 일상적인 소비도 다르게 보인다. 마트 할인 행사를 예로 보자.

집 앞 편의점에서는 달걀 한 판을 5,000원에 판다. 차로 30분 거리에 있는 대형 마트에서는 4,000원에 할인 판매를 한다. 가격표만 보면 마트가 1,000원 더 싸 보인다. 하지만 이동 과정에서 드는 숨은 비용까지 합치면 얘기가 달라진다.

마트까지 왕복하는 데 기름값이 2,000원 든다고 하자. 왕복 1시간이 걸리고, 당신의 1시간을 1만 원의 가치가 있다고 가정해 보자(1시간 일하면 1만 원을 벌 수 있다면 그렇게 볼 수 있다).

이때 마트에서 달걀을 살 때의 총비용은 이렇게 계산할 수 있다.

딜걀 4,000원 + 기름값 2,000원 + 시긴의 기회비용 10,000원 = 16,000원

표면적으로는 4,000원짜리지만 기회비용까지 합치면 여러분은 달걀 한 판을 위해 1만 6,000원의 가치를 쓴 셈이다. 반면 집 앞 편의점은 걸어서 1분 거리라 시간 비용과 기름값이 거의 들지 않는다. 경제적으로는 5,000원짜리 편의점 달걀이 훨씬 합리적인 선택이 된다. 기회비용은 이렇게 '시간'과 '노력'도 돈으로 환산해 보게 만든다.

이미 엎질러진 물, 매몰비용

기회비용이 '앞으로의 선택'을 위한 개념이라면 '이미 써버린 과거의 돈'을 다룰 때는 다른 개념이 필요하다. 바로 '매몰비용(Sunk Cost)'이다. 매몰비용은 이미 지불해서 어떤 선택을 해도 다시는 돌려받을 수 없는 비용이다.

대표적인 예가 재미없는 영화다. 영화관에 1만 5,000원을 내고 입장했는데 30분쯤 지나 보니 너무 재미가 없다. 이때 선택지는 두 가지다.

1. 돈이 아까우니 참고 끝까지 본다.
2. 그냥 나와서 남은 시간을 다른 즐거운 일에 쓴다.

경제학적으로 합리적인 선택은 2번이다. 티켓값 1만 5,000원은 이미 나간 돈, 즉 매몰비용이다. 남아서 끝까지 본다고 해서 돈을 돌려받는 것도 아니다. 1번을 선택하면 '이미 잃은 돈 + 남은 1시간 30분'을 모두 잃는 셈이다. 2번을 선택하면 돈은 잃었지만 남은 시간만큼은 내가 더 가치 있게 쓸 수 있다.

매몰비용의 핵심은 "회수가 불가능하다"는 점이다. 앞으로 어떤 결정을 내릴지 고민할 때는 앞으로 들어갈 비용과 그 대가만 따져야 한다. 이미 써버려서 어떻게 해도 돌이킬 수 없는 과거의 비용은 계산에서 지우는 편이 합리적이다.

비용(Cost)과 가치(Value)의 차이

기회비용과 매몰비용을 이해했다면 마지막으로 '비용'과 '가치'를 구별할 수 있어야 한다. 우리가 물건을 살 때 지불하는 돈은 '가격(Price)' 또는 '비용(Cost)'이다. 반면 그 물건을 쓰면서 얻는 만족감, 편리함, 자신감 같은 것은 '가치(Value)'라고 한다. 가치는 사람마다 다를 수 있다.

합리적인 경제 활동은 단순하다. 내가 지불하는 비용보다 그 선택으로 얻는 가치가 더 클 때만 지갑을 여는 것이다.

예를 들어 200만 원짜리 명품 가방이 있다. A라는 사람은 이 가방을 10년 동안 들면서 매일 큰 기쁨을 느끼고, 자신감이 생겨 일도 더 잘하게 되었다. 이 사람에게 가방의 가치는 200만 원 이상일 수 있다. 이 경우에는 합리적인 소비가 될 수 있다.

반대로 B라는 사람은 유행이라서 샀지만 몇 번 들지도 않고 장롱에 넣어 두기만 한다. 이 사람에게 가방의 가치는 0원에 가깝다. 200만 원이라는 비용이 가치보다 훨씬 크므로 비합리적인 소비가 된다.

할인 행사나 '1+1' 문구는 가격(비용)을 낮춰 보이게 만드는 전략이다. 하지만 합리적인 눈을 가진 사람은 낮아진 가격만 보지 않는다. 그 물건이 나에게 줄 진짜 '가치'를 먼저 떠올리고, 그것을 얻기 위해 포기해야 하는 '기회비용'을 함께 계산해 본다. 이 계산 결과, 얻는 가치가 비용과 기회비용의 합보다 클 때만 선택하는 것이 경제적 사고방식이다.

경제학에는 "세상에 공짜 점심은 없다"는 말이 있다. 겉으로는 공짜처럼 보여도, 결국 누군가는 비용을 내고 있고, 그 대가가 언젠가 다른 형태로 돌아온다는 뜻이다.

재미있는 속담도 있다. "공짜 치즈는 쥐덫 위에만 있다"는 말처럼 너무 달콤한 공짜 제안일수록 그 뒤에는 보이지 않는 함정이 숨어 있기 쉽다. 현대 사회에서 공짜 앱, 무료 서비스는 우리 대신 돈을 받지 않는 대신, 우리의 개인 정보, 집중력, 광고를 보는 시간을 가져간다.

눈에 보이는 가격이 0원이라고 해서, 진짜 비용까지 0원인 것은 아니다. "공짜인데 왜 안 받아?"라는 말이 들릴 때일수록 오히려 "나는 무엇을 내어주게 될까?"를 한 번 더 떠올려 보는 게 좋다.

레버리지

어른들에게 "빚을 지면 될까, 안 될까?"라고 물어보면 대부분 "절대 안 된다"고 말한다. 어릴 때부터 남에게 돈을 빌리는 건 나쁜 일이고, 빚 없이 사는 것이 미덕이라고 배워 왔다. 드라마에서도 빚 때문에 인생이 망가지는 장면이 자주 나오니, 빚은 곧 불행의 씨앗처럼 느껴진다.

그런데 이상한 점이 있다. 뉴스에 나오는 세계적인 부자나 거대 기업의 대표들은 하나같이 거대한 규모의 빚을 안고 있다. 돈이 충분한 건물주도 은행 대출을 끼고 건물을 산다. 돈이 없어서가 아니라, 자기 돈으로도 살 수 있는데 굳이 이자를 내면서 은행 돈을 이용한다. 왜 그럴까?

그들은 빚을 '피해야 할 짐'이 아니라 '잘 쓰면 유용한 도구'로 본다. 경제에서는 이처럼 빚을 이용해 내 힘을 키우는 것을 '레버리지(Leverage)'라고 부른다.

지렛대 효과

레버리지라는 말은 '지렛대(lever)'에서 나왔다. 고대 그리스의 과학자 아르키메데스는 "나에게 긴 지렛대와 받침대만 주면 지구도 들어 올릴 수 있다"고 말했다. 무거운 바위를 맨손으로 옮기려면 엄청난 힘

- 바위 : 내가 사고 싶은 비싼 자산 (아파트, 건물, 기업 등)
- 내 힘 : 내가 가진 돈(자기 자본)
- 지렛대 : 은행에서 빌린 돈(타인 자본)

이 필요하지만, 긴 막대를 받침대에 올려 지렛대를 만들면 훨씬 적은 힘으로도 바위를 움직일 수 있다.

자본주의 사회에서 이 지렛대 역할을 하는 것이 '대출(남의 돈)'이다.

내 돈만으로는 10억짜리 아파트를 사기 어렵다. 이때 은행 대출이라는 긴 지렛대를 빌려와 내 돈과 합치면 원래는 손댈 수 없던 자산을 들어 올릴 수 있다.

레버리지를 사용하는 이유

부자들이 굳이 이자를 내면서까지 대출을 받는 이유는 단순하다. 이자보다 더 큰 수익을 낼 자신이 있기 때문이다. 숫자로 비교해보자. 여러분에게 1억 원이 있다. 1억 원짜리 집에 투자해서 1년 뒤 집값이 10% 올라 1억 1천만 원이 되었다.

1. 레버리지를 안 썼을 때

내 돈 1억 원을 투자해 1천만 원을 벌었다. 수익률은 10%다. 이번에는 레버리지를 써보자. 내 돈 1억 원에 은행에서 1억 원을 빌려(이자율 5% 가정), 총 2억 원짜리 집을 샀다. 1년 뒤 집값이 똑같이 10% 올라 2억 2천만 원이 되었다.

2. 레버리지를 썼을 때

집값 상승으로 2천만 원을 벌었다. 여기서 은행에 줘야 할 이자 500만 원(1억의 5%)을 뺀다. 그러면 순수익은 1,500만 원이 된다.

구분	투자금 (내 돈)	대출	자산 가격 변화	이자 비용	내 최종 이익	내 돈 수익률
레버리지 없음	1억	0	1억 → 1.1억 (+1,000만)	0	+1,000만	10%
레버리지 있음	1억	1억	2억 → 2.2억 (+2,000만)	-500만	+1,500만	15%

표 2-3. 레버리지 비교

결과를 비교해 보자. 똑같이 1억 원을 가지고 시작했는데, 빚을 이용하지 않은 사람은 1천만 원을 벌었고, 빚을 이용한 사람은 1,500만 원을 벌었다. 내 돈 기준 수익률은 10%에서 15%로 올라간다. 만약 대출 금액을 더 늘린다면 수익률 격차는 더 커진다. 이처럼 남의 돈을 이용해 내 자산의 수익률을 극대화하는 것이 자본주의의 비밀이다. 기업이 은행 돈을 빌려 공장을 짓고, 개인이 대출을 받아 부동산을 사는 이유는 바로 이 '수익률 뻥튀기' 효과 때문이다.

좋은 빚 vs 나쁜 빚

그렇다고 해서 모든 빚이 레버리지가 되는 것은 아니다. 빚에도 '좋은 빚'과 '나쁜 빚'이 있다. 둘을 구별하지 못한 채 빚을 늘리면 파산으로 가기 쉽다. 기준은 하나다.

"이 빚이 시간이 지나서 결국 내 통장에 돈을 넣어주는가, 아니면 빼 가는가?"

1. 나쁜 빚

소비를 위한 대출(자동차, 명품 가방, 해외여행, 최신 가전제품을 사기 위한 할부·대출). 이런 물건들은 사는 순간부터 중고가 되고 시간이 갈수록 가치가 떨어진다. 중고로 팔면 원래 가격의 절반도 못 받을 수 있다. 그런데 이자는 계속 내야 한다. 물건 가치는 떨어지고 이자 비용은 나가니, 내 자산은 두 번 줄어든다. 이건 레버리지가 아니라 그냥 소비를 빚으로 앞당긴 것뿐이다.

2. 좋은 빚

투자를 위한 대출(아파트, 상가, 생산적인 사업, 성장 가능성이 있는 자산을 사기 위한 대출). 시간이 지나면서 가격이 오르거나, 매달 월세·배당금 같은 현금 흐름을 만들어낸다. 이 자산이 벌어다 주는 돈이 이자보다 크다면 그 빚은 나를 위해 일하는 도구가 된다.

양날의 검인 레버리지

여기까지 읽고 "그럼 빨리 대출받아 투자해야겠다"는 생각이 들 수 있다. 하지만 레버리지는 위험한 '양날의 검'이다. 수익을 키워 주는 만큼, 손실도 똑같이 키운다.

아까와 같은 상황에서 이번에는 집값이 10% 떨어졌다고 해 보자. 2억 원짜리 집이 1억 8천만 원이 된다.

- 집값 하락분 : -2,000만 원
- 은행 이자 : -500만 원
- 내 총 손실 : -2,500만 원

내 돈 1억 중에서 2,500만 원이 사라졌다. 손실률로 따지면 -25%다. 집값은 10% 떨어졌을 뿐인데, 내 자본은 4분의 1이 증발한 셈이다. 레버리지가 손실을 어떻게 증폭시키는지 보여주는 예다.

여기에다 금리 인상까지 겹치면 상황은 더 나빠진다. 이자가 갑자기 올라 상환 부담이 커지고, 자산 가격까지 떨어지면 은행은 대출금을 줄이라고 요구할 수 있다. 돈을 갚지 못하면 보유 자산을 급하게 팔아야 한다. 주식은 반대매매, 부동산은 경매로 넘어간다. 잘못 쓴 레버리지의 대가는 단순한 실패가 아니라, 재기하기 어려운 수준의 타격이 될 수 있다.

감당할 수 있을 때만 능력이다

결국 빚은 그 자체로 선도 아니고 악도 아니다. 빚을 다루는 사람의 능력에 따라 결과가 달라질 뿐이다. 요리사가 칼을 들면 맛있는 요리가 나오지만, 강도가 들면 흉기가 되는 것과 같다. 금융 지식이 없고, 자산을 보는 눈이 없으며, 이자를 갚을 현금 흐름이 없는 사람에게 대출은 독약이다. 하지만 철저한 공부와 계획을 가진 사람에게 대출은 시간을 단축시켜 주는 타임머신이자 강력한 무기가 된다.

사회 초년생이 가장 먼저 해야 할 일은 무턱대고 빚을 내는 것도, 무조건 빚을 무서워하는 것도 아니다. '좋은 빚'과 '나쁜 빚'을 구별하는 눈을 기르고, 레버리지의 위험을 통제할 수 있는 금융 실력을 쌓는 것이다. 빚은 감당할 수 있을 때만 비로소 능력이 된다.

복리

7

천재 물리학자 아인슈타인은 상대성 이론으로 유명하지만 그가 남긴 말 중 경제학에서 가장 자주 인용되는 명언이 있다.

"복리(Compound Interest)는 세계 8대 불가사의다. 이것을 이해하는 자는 돈을 벌고, 이해하지 못하는 자는 돈을 뺏긴다."

도대체 복리가 무엇이길래 천재 과학자조차 '불가사의'라고 불렀을까. 그리고 투자의 신이라고 불리는 사람들은 왜 하나같이 좋은 주식을 고르는 능력보다 '복리'를 더 중요하게 여길까. 이 비밀을 풀기 위해서는 먼저 이자가 붙는 두 가지 방식, 단리와 복리의 차이를 이해해야 한다.

더하기의 세계(단리) vs 곱하기의 세계(복리)

은행에 원금 100만 원을 맡기고 연 5%의 이자를 받는다고 가정해 보자. 1년, 2년이 지날 때마다 내 돈은 어떻게 불어날까? 말로 설명하는 것보다 다음의 표와 그래프를 보면 그 차이를 확실히 알 수 있다.

기간	단리 (더하기)	복리 (곱하기)
5년 뒤	125만 원	128만 원
10년 뒤	150만 원	163만 원
20년 뒤	200만 원	265만 원
30년 뒤	250만 원	432만 원

그림 2-4. 30년 뒤 단리와 복리의 결과 비교 - 원금: 100만 원 / 이자율: 5% 가정 (만 원 단위 반올림)

첫 번째 방식은 '단리(Simple Interest)'다. 단리는 오직 처음에 맡긴 원금(100만 원)에만 이자가 붙는다. 1년이 지나도 5만 원, 10년이 지나도 이자는 똑같이 매년 5만 원이다.

그래프를 그려보면 단리는 완만한 오르막길(파란색 선)을 걷는 것과 같다. 30년 동안 이자를 꼬박꼬박 모아도 최종 금액은 250만 원이다. 이것은 정직한 '더하기(+)'의 세계다.

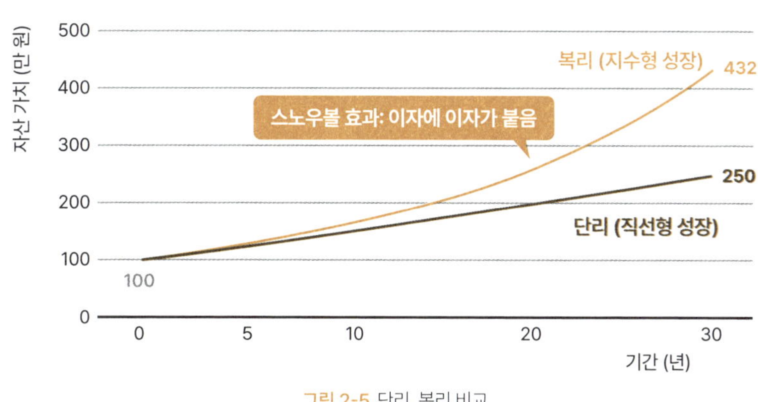

그림 2-5. 단리, 복리 비교

두 번째 방식은 '복리(Compound Interest)'다. 복리는 '중복된다' 는 뜻으로, 이자가 이자를 낳는 방식이다. 첫해에 받은 이자를 쓰지 않고 원금에 합치면 다음 해에는 그 합쳐진 금액 전체에 이자가 붙는다.

그래프를 보자. 처음 5년, 10년까지는 단리와 큰 차이가 없어 보인다. "겨우 이만큼 더 받으려고 복리를 하나?"싶은 생각이 들 수도 있다. 하지만 시간이 지날수록 복리 그래프가 점점 가파르게 고개를 들기 시작한다.

30년 뒤의 결과를 보자. 단리는 250만 원이지만, 복리는 432만 원이 되었다. 원금과 이자율은 똑같은데, 복리로 굴렸다는 이유만으로 약 1.7배 더 많은 돈이 생긴 것이다. 만약 이자율이 더 높거나 기간이 더 길어진다면 이 격차는 상상할 수 없을 만큼 벌어진다. 이것이 바로 시간이 지날수록 속도가 붙는 '곱하기(×)'의 세계, 복리의 마법이다.

워렌 버핏의 재산 99%는 50세 이후에 생겼다

전 세계에서 주식 투자를 가장 잘하는 사람을 꼽으라면 누구나 '워렌 버핏'을 이야기한다. 사람들은 버핏이 천재적인 머리로 주식을 사고팔아서 돈을 벌었다고 생각한다. 물론 그는 뛰어난 투자자다. 하지만 그의 진짜 무기는 다른 데 있다. 바로 '시간'이다.

워렌 버핏의 자산 그래프를 분석해보면 충격적인 사실을 발견하게 된다. 현재 그의 막대한 재산 중 99% 이상은 그가 50세가 넘은 이후에 만들어졌다. 그중에서도 65세 이후에 불어난 자산이 전체의 90%가 넘는다.

그는 11살 때 첫 투자를 시작해, 90세가 넘은 지금까지 거의 80년 가까이 복리 기계를 멈추지 않았다. 만약 그가 30살에 투자 시작해서 60살에 은퇴했다면, 지금처럼 엄청난 부자가 되지 못했을 가능성이 크다. 그의 부는 복리 그래프의 마지막 구간, 곡선이 거의 수직으로 치솟는 시기에 집중해서 쌓였다. 실력만큼이나, 오랜 시간 동안 복리를 유지한 것이 그의 비밀이다.

스노우볼 효과

워렌 버핏은 복리의 원리를 '눈덩이 굴리기'에 비유하며 자신의 자서전 제목을 『스노우볼(The Snowball)』이라고 지었다. 주먹만 한 눈덩이를 산꼭대기에서 굴린다고 상상해 보자. 처음에는 눈덩이가 작아서 한 바퀴를 굴러도 눈이 별로 묻지 않는다. 지루하고 힘든 과정이다. 이때 많은 사람들은 포기하고 눈덩이를 부숴버린다.

하지만 묵묵히 계속 굴려서 눈덩이가 어느 정도 커지면 상황이 달라진다. 그때부터는 단 한 바퀴만 굴러도 처음에 100바퀴 구른 것보다 더 많은 눈이 달라붙는다. 나중에는 집채만 한 눈덩이가 되어, 가만히 있어도 저절로 거대해지며 산을 쓸고 내려간다. 이것이 '스노우볼 효과(Snowball Effect)'다. 복리의 마법은 시작하자마자 나타나지 않는다. 긴 시간을 견뎌내고 눈덩이가 임계점을 넘었을 때 비로소 폭발적인 성장이 시작된다.

복리로 내 돈이 두 배가 되려면 시간이 얼마나 걸릴까? 복잡한 계산기 없이 암산으로 2초 만에 알 수 있는 공식이 있다. 바로 '72의 법칙'이다.

$$72 \div 수익률(\%) = 원금이\ 두\ 배가\ 되는\ 기간(년)$$

예를 들어, 연 5% 수익률로 저축하면 72÷5=14.4년, 즉 약 15년 뒤에 원금이 두 배가 된다. 만약 투자를 공부해서 수익률을 10%로 높이면 72÷10=7.2년, 절반도 안 되는 시간에 두 배가 된다.

이 법칙은 인플레이션에도 적용된다. 물가상승률이 연 3%라면 72÷3=24년 후 물가가 두 배가 된다. 현금 1억 원을 그냥 집에 넣어두면 24년 후 구매력이 5,000만 원으로 줄어든다는 뜻이다.

반대로 연 12% 수익률로 투자에 성공하면 6년마다 자산이 두 배로 불어난다. 20대에 1,000만 원으로 시작하면 26세에 2,000만 원, 32세에 4,000만 원, 38세에 8,000만 원이 된다.

72의 법칙은 수익률을 조금만 높여도 자산 증식 속도가 획기적으로 빨라진다는 사실을 보여준다. 복리의 마법을 최대한 누리려면 하루라도 빨리 시작하고, 수익률을 꾸준히 높이는 공부가 필요하다.

마지막 퍼즐, 시간

2장에서 우리는 경제의 기초를 다졌다. 가격의 원리(수요와 공급), 돈의 가치 변화(인플레이션), 돈의 가격(금리) 그리고 돈을 빌려 쓰는 기술(레버리지)까지… 이 모든 것을 하나로 묶어 부를 완성하는 마지막 퍼즐 조각이 바로 오늘 배운 '복리'다.

복리라는 기계에는 세 가지 부품이 들어간다. '원금', '수익률' 그리고 '시간'이다.

원금이 많으면 유리하다. 수익률이 높으면 더 빠르다. 하지만 워렌 버핏이 증명했듯이 가장 강력한 부품은 '시간'이다. 나이가 많은 사람들은 돈이 많지만 시간이 없고, 반면에 젊은 사람들은 돈은 없지만 앞으로 투자할 수 있는 시간이 아주 많다. 이것이 젊은 사람들이 가진 가장 큰 무기다. 하루라도 일찍 눈덩이를 뭉치기 시작한 사람만이 복리가 주는 폭발적인 성장의 주인공이 될 수 있다.

GOLD

3장

주식, 코인

: 기업의 한 조각과 디지털 네트워크

1602년, 네덜란드의 거친 바다에서 '주식'이 탄생했다. 위험한 항해를 함께 하고 그 이익을 나누자는 인류 최초의 '동업 아이디어'였다. 그리고 2008년, 금융 위기의 혼란 속에서 '비트코인'이 태어났다. 은행을 거치지 않고 우리끼리 신뢰할 수 있는 세상을 만들자는 '디지털 혁명'이었다.

주식과 코인. 겉모습은 스마트폰 화면 속에서 오르내리는 빨간 막대와 파란 막대로 비슷해 보인다. 하지만 그 태생과 작동 원리는 물과 기름처럼 완전히 다르다.

주식은 '기업의 주인'이 되는 문서다. 삼성전자의 주식을 사는 건 그 거대한 공장의 벽돌 한 장을 소유하는 것과 같다. 반면 코인은 '디지털 세상의 이용권'이다. 미래의 네트워크에 접속할 수 있는 티켓을 미리 사는 것이다.

이 장에서는 과거의 유산인 주식과 미래의 자산인 코인, 이 두 가지를 자세히 살펴본다. 이 둘의 차이를 명확히 이해한다면 스마트폰 속 숫자에 일희일비하지 않고 내가 가진 자산의 '실체'가 무엇인지 정확히 알게 될 것이다.

주식, 코인 빠르게 비교해 보기

많은 사람이 주식과 코인을 비슷하게 생각한다. '가격 변동을 이용해 싸게 사서 비싸게 파는 행위'라는 겉모습이 비슷해 보이기 때문이다. 하지만 두 자산은 태생부터 작동 원리까지 완전히 다르다. 이 둘의 차이를 명확히 알아야 한다. 첫걸음으로 두 자산의 가장 큰 차이점부터 비교한다.

주식의 본질 : 회사의 주인 되는 증서

주식은 '주식회사'의 소유권을 잘게 쪼갠 증서다. 삼성전자 주식 1주를 샀다면 그 거대한 기업의 아주 작은 일부를 소유한 주인이 되는 것이다. 이 소유권은 법으로 보호받는다.

주인이기에 누릴 수 있는 권리도 생긴다. 회사가 장사를 잘해서 번 돈을 나눠 가질 권리(배당)와 회사의 중요한 결정에 참여할 권리(의결권)다. 쉽게 말해 주식 투자는 그 기업과 '동업'하는 것과 같다. 내가 투자한 기업이 성장해서 이익을 많이 내면, 내 주식의 가치도 오르고 배

당금도 받을 수 있다. 반대로 회사가 어려워지면 내 자산 가치도 함께
떨어진다.

코인의 본질 : 디지털 네트워크의 이용권

반면 코인(암호화폐)은 실물이 없는 디지털 자산이다. 코인은 중앙
은행의 통제에서 벗어난 새로운 디지털 화폐를 목표로 만들어졌다. 참
고로 중앙은행이란 국가의 통화 정책을 책임지는 은행 중의 은행이다.
한국은행이 대표적이다. 이들의 핵심 목표는 '물가 안정'이다. 시중에
돈이 너무 많이 풀려 물가가 오르면 금리를 올려 돈을 거둬들이고, 경
기가 너무 침체되면 금리를 내려 돈을 푼다.

코인을 샀다는 건 특정 기업의 소유권을 산 게 아니다. '블록체인'
이라는 새로운 디지털 세상(네트워크)에서 사용되는 데이터를 산 셈이
다. 이는 마치 특정 온라인 게임에서만 쓸 수 있는 화폐나, 거대한 놀이
공원의 자유이용권을 사는 것과 비슷하다. 그 네트워크 안에서만 가치
를 인정받기 때문이다. 코인을 보유함으로써 해당 네트워크의 서비스
를 이용하거나, 네트워크 운영에 참여하여 보상(예: 스테이킹 이자)을
받을 수도 있다.

가격이 정해지는 원리

두 자산은 가치가 결정되는 방식이 완전히 다르다. 주식의 가치 근거는 비교적 명확하다. 기업의 실적, 자산 그리고 미래에 돈을 얼마나 잘 벌 것인가에 대한 기대감이 주가를 결정한다. 예를 들어, 삼성전자가 획기적인 스마트폰을 개발해 많이 팔면 영업이익이 늘어나고, 주주들에게 더 많은 배당을 줄 수 있다. 이러한 기대감이 주식을 사고 싶게 만들어 주가를 올린다.

하지만 코인의 가치는 훨씬 복잡하고 추상적이다. 코인은 기술, 네트워크 참여자 수 그리고 수요와 공급에 의해 가치가 결정된다. 그 코인의 바탕이 되는 기술(블록체인)이 얼마나 혁신적인지, 얼마나 많은 사람이 그 기술을 사용하고 네트워크에 참여하는지가 중요하다. 예를 들어, 카카오톡을 쓰는 사람이 많아질수록 카카오톡의 가치가 커지는 이치와 같다. 특정 코인을 사용하는 사람과 기업이 많아져서 그 네트워크가 대체 불가능한 수준이 되면 코인의 가치도 올라간다. 비트코인과 이더리움이 대표적이다.

운영 주체와 규제

운영하는 주체도 다르다. 주식은 기업(CEO, 이사회)이 운영하고, 정부 기관인 금융감독원이나 한국거래소가 감시하고 규제한다. 기업은 정기적으로 재무제표와 사업보고서를 공개해야 하며 불공정 거래를 하면 처벌받는다. 투자자를 보호하기 위한 법적인 테두리가 존재한다.

반면 코인은 탈중앙화된 네트워크나 개발 재단이 운영한다. 중앙에서 통제하는 주인이 없는 경우가 많고, 아직 정부의 규제도 명확하지 않다. 법적 지위가 모호한 국가도 많아 투자자 보호 장치가 주식 시장보다 훨씬 약하다.

거래 시간과 변동성

거래 환경의 차이는 가격의 움직임(변동성) 차이로 이어진다. 주식은 국가의 허가를 받은 증권거래소에서 정해진 시간에만 거래할 수 있다. 한국은 평일 오전 9시부터 오후 3시 30분까지만 장이 열린다. 또한 하루에 오르내릴 수 있는 가격폭에 제한(상한가, 하한가)이 있어 비교적 안정적이다. 이는 급격한 가격 변동으로 인한 투자자 손실을 막기 위한 안전장치다.

하지만 코인은 민간 기업이 운영하는 수많은 거래소에서 거래된다. 이곳은 24시간 365일 연중무휴로 돌아간다. 전 세계에서 쉬지 않고 거래되기 때문에 특정 국가의 정책이나 유명인의 말 한마디에도 가격이 극심하게 요동친다. 규제가 적고 가격 제한폭도 없어 하룻밤 사이에 가격이 몇 배로 뛰거나 반 토막이 나는 등 변동성이 크다.

투자 리스크 : 돈을 잃는 이유

두 자산 모두 투자한 원금을 잃을 위험이 있다. 주식은 내가 투자한 기업이 경영 악화로 파산하면 휴지 조각이 될 수 있다. 하지만 기업이 망해도 남은 자산을 정리해서 주주들에게 돌려주는 절차가 법으로 정해져 있다.

코인은 기술에 치명적인 결함이 발견되거나, 해킹을 당하거나, 정부가 강력한 규제로 사용을 금지하면 가치가 0이 될 수도 있다. 특히 코인은 법적 보호 장치가 미비하여 거래소가 파산하거나 사기 프로젝트일 경우 투자금을 한 푼도 돌려받지 못할 위험이 크다.

이처럼 두 자산은 가치가 만들어지는 방식과 위험 요소가 완전히 다르다. 따라서 투자할 때도 서로 다른 방식으로 분석하고 접근해야 한다.

비교 항목	주식 (Stock)	코인 (Cryptocurrency)
본질	기업의 소유권 (지분 증서)	디지털 데이터 (네트워크 가치)
가치 근거	기업의 실적, 자산, 미래 이익	기술, 네트워크 참여자 수, 수요와 공급
수익 방식	**1. 시세차익** (매매 차익) **2. 배당수익** (기업 이익 분배)	**1. 시세차익** (매매 차익) (일부 코인은 스테이킹 이자 등)
운영 주체	기업 (CEO, 이사회), 정부 (금융감독원)	탈중앙화된 네트워크, 개발 재단
거래 시간	정해진 시간에만 가능 (한국: 09:00~15:30)	24시간 365일 연중무휴
거래소	국가의 허가를 받은 증권거래소 (한국거래소 등)	민간 기업이 운영하는 수많은 거래소
변동성	비교적 안정적 (가격제한폭 등 규제 존재)	높음 (규제가 적고 24시간 거래)

표 3-1. 주식, 코인 비교

주식, 기업의 한 조각을 사다

주식은 적은 돈으로도 투자를 시작할 수 있어 많은 사람들이 관심을 갖는 투자 상품이다. 하지만 주식이 무엇인지, 주가는 어떤 요인에 의해 결정되는지 정확히 아는 사람은 많지 않다.

주식 투자를 시작할 때 알아야 하는 기초적인 내용들을 살펴보자.

주식 사는 법

역사 속으로 들어가기 전에, 당장 스마트폰으로 주식을 어떻게 사는지부터 알아보자. 원리는 온라인 쇼핑몰과 똑같다. '상품(기업)'을 고르고, '가격'을 확인한 뒤, '결제' 버튼을 누르면 된다. 다만, 쇼핑몰 앱이 아닌 '증권사 앱'이 필요할 뿐이다.

1. 계좌 만들기(준비물)

은행 통장으로는 주식을 살 수 없다. 앱스토어에서 증권사 앱(키움, 토스, 카카오페이, 삼성 등)을 다운받아 '주식 전용 계좌'를 만들어야 한다. 신분증만 찍으면 10분 만에 비대면으로 개설할 수 있다.

2. 주문하기(쇼핑하기)

계좌에 돈(예수금)을 넣었다면 사고 싶은 기업을 검색해 '매수(사기)' 버튼을 누르자. 이때 딱 두 가지만 알면 된다.

- **지정가(Limit) :** "이 가격 아니면 안 사!"라고 가격을 딱 정하는 것이다. 내가 원하는 가격이 올 때까지 기다려야 한다.

- **시장가(Market) :** "가격 상관없으니 지금 당장 사줘!"라고 주문하는 것이다. 가장 빠르게 살 수 있지만 조금 비싸게 살 수도 있다. (초보자는 보통 '지정가'로 현재 가격에 맞춰 주문한다.)

3. 잠깐! 미국 주식(애플, 테슬라)은 뭐가 다를까?

삼성전자가 아니라 엔비디아를 사고 싶다면? 사는 방법은 같지만, 네 가지가 다르니 꼭 체크해야 한다.

- **시간(Time) :** 한국 시장은 낮(09:00~15:30)에 열리지만, 미국 시장은 우리가 자는 밤(23:30~06:00)에 열린다(예약 주문을 걸어두면 편하다).

- **돈(Currency) :** 원화가 아니라 달러가 필요하다. 앱에서 '환전'을 먼저 하거나, 원화로 바로 주문되는 서비스를 이용해야 한다.

- **단위(Unit) :** 한국 주식은 1주 단위로 사야 한다. 하지만 일부 금융사나 앱에서 미국 주식을 0.1주, 0.01주처럼 소수점으로 쪼개서 사는 것도 가능하다.

- **세금(Tax) :** 이게 제일 중요하다. 미국 주식으로 1년에 250만 원 넘게 돈을 벌었다면, 초과 수익의 22%를 세금(양도소득세)으로 내야 한다.

그림 3-1. 주식 매수창

이 과정만 거치면 여러분은 그 회사의 '주주'가 될 수 있다. 이제 본격적으로 여러분이 산 이 '주식'이 도대체 언제, 왜 탄생했는지 400년 전으로 떠나보자.

주식의 탄생

시계를 400년 전으로 돌려보자. 1600년대 초, 네덜란드 암스테르

담은 '일확천금'의 꿈으로 들끓고 있었다. 바다 건너 아시아에서 후추
와 계피 같은 향신료를 싣고 오기만 하면 수백 배의 돈을 벌 수 있는 대
항해 시대였기 때문이다.

하지만 그만큼 위험했다. 거친 파도에 배가 뒤집히거나 해적을 만
나 침몰하기 일쑤였다. 부자 상인 한 명이 전 재산을 털어 배를 띄웠다
가 침몰하면? 그는 하루아침에 알거지가 된다. 리스크가 너무 커서 아
무도 선뜻 나서지 못했다.

이때 인류의 역사를 바꿀 기막힌 아이디어가 나온다. 1602년 설립
된 '네덜란드 동인도회사(VOC)'다. 그들은 생각했다. "한 명이 위험을
모두 부담하지 말고, 수천 명이 돈을 조금씩 모아 함대 전체에 투자하
면 어떨까?"

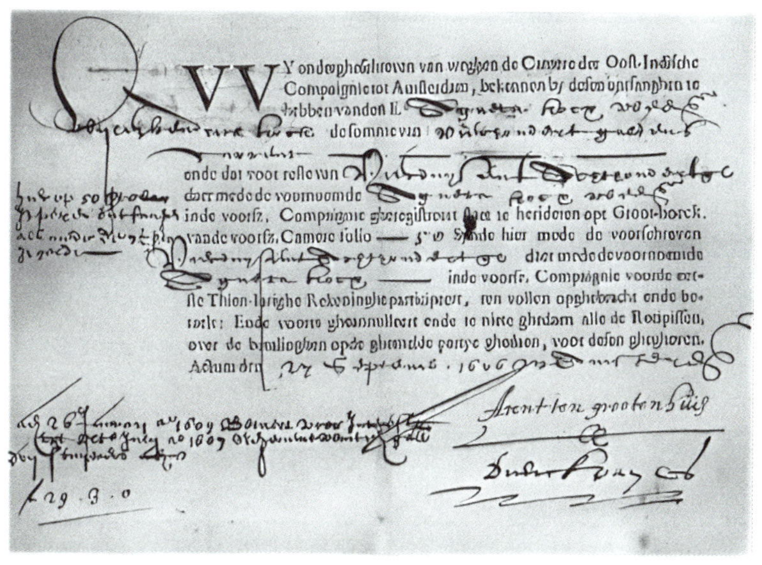

그림 3-2. 최초의 주식

그들은 회사의 소유권을 아주 잘게 쪼갠 종이 증서를 발행해 팔았다. 이것이 바로 인류 최초의 '주식'이다. 이제 돈이 많지 않은 구두 수선공도, 빵집 주인도 이 증서를 사서 거대한 무역선 주인이 될 수 있었다. 배 한 척이 가라앉아도 수천 명이 손해를 나눠가지니 타격이 크지 않았다. 반대로 무사히 항해를 마치면 투자한 지분만큼 이익을 공평하게 나눠 가졌다. '위험은 쪼개고, 이익은 함께한다.' 현대 자본주의는 이 단순하고 강력한 아이디어에서 시작됐다.

주식이란 무엇인가?

400년 전 네덜란드 동인도회사의 아이디어는 현대에도 그대로 이어진다. 주식이란 '주식회사'가 사업에 필요한 큰돈(자본금)을 마련하기 위해 발행하는 '소유권 증서'다.

여러분이 삼성전자 주식 1주를 샀다고 가정해보자. 단순히 스마트폰 화면에 숫자가 찍힌 게 아니다. 400년 전 네덜란드 상인이 동인도회사 지분을 샀듯, 삼성전자라는 거대 기업의 아주 작은 조각(1/N)을 실제로 소유한 '주주(주인)'가 된 셈이다.

이 소유권은 법적으로 강력한 권리를 보장받는다. 가장 대표적인 것이 '주주총회 의결권'이다. 회사의 중요한 경영 결정, 예를 들어 이사를 새로 뽑거나 다른 회사와 합병하는 문제에 대해 내 의견(찬성 또는 반대)을 낼 수 있는 권리다. 물론 1주를 가진 개인 주주의 힘은 미미하지만, 이 권리가 있다는 사실 자체가 주식의 본질이 '소유권'임을 증명한다. 또한 회사가 돈을 많이 벌면 그 이익의 일부를 나눠 받을 권리인 '배당권'도 가진다.

주가지수란 무엇인가?

그렇다면 '주가지수'란 무엇인가? 주식 시장 전체의 체온을 재는 온도계와 같다. 주가지수란 주식 시장에 상장된 모든 기업(혹은 대표 기업)의 주가 흐름을 한눈에 볼 수 있도록 만든 '숫자'다. 여러분이 삼성전자라는 나무 한 그루를 심었다면 코스피(KOSPI) 지수는 숲 전체가 무성해지는지 시들어가는지를 보여준다.

예를 들어, 삼성전자 주가는 올랐는데 코스피 지수가 떨어졌다면? 삼성전자는 잘했지만 시장 전체 분위기는 나빴다는 뜻이다. 반대로 삼성전자는 떨어졌는데 지수가 올랐다면? 다른 기업들은 잘나갔는데 삼성전자만 소외되었다는 뜻이다. 이처럼 주가지수는 내가 가진 종목이 시장 평균보다 잘하고 있는지, 못하고 있는지를 비교하는 '기준점'이 된다.

대표적인 주가지수로는 한국의 코스피(KOSPI), 코스닥(KOSDAQ)이 있고, 미국에는 S&P500, 나스닥(NASDAQ)이 있다.

주식의 가치를 결정하는 요인들

주식의 가치는 다양한 요인들이 합쳐져서 결정된다.

1. 기업 실적(돈을 얼마나 잘 버나)

실적은 가장 중요한 요소다. 지금 돈을 잘 벌고 있는지도 중요하고, 앞으로 수익이 얼마나 빠르게 성장할지도 중요하다. 치킨집 장사가 대박이 나 순이익이 매년 2배씩 늘어난다면 나중에 가게를 넘길 때 받는 '권리금'도 당연히 올라간다. 주식도 마찬가지다. 꾸준히 이익을 내고 성장하는 기업의 소유권(주식)은 당연히 더 비싼 값에 거래된다.

2. 경영진(누가 운영하나)

아무리 좋은 배도 선장이 무능하면 침몰할 수 있다. 훌륭한 기업도 누가 경영하느냐에 따라 운명이 바뀐다. 유능하고 정직한 경영진은 회사의 위기를 기회로 만들어 성장시키지만 무능하거나 부도덕한 경영진은 잘 나가던 회사도 한순간에 망가뜨릴 수 있다. 테슬라는 '오너 리스크'가 주가에 큰 영향을 미치는 대표적인 사례다. 일론 머스크라는 혁신가에 대한 믿음으로 투자하는 사람도 많지만 반대로 그의 돌발 행동 하나에 주가가 크게 출렁이기도 한다.

3. 산업 구조(어떤 일을 하나)

기업이 아무리 뛰어나도, 사양 산업(예: 석탄 산업, 비디오 대여업)

에 속해 있다면 성장에 한계가 있다. 그렇다면 실적이 잘 나오고, 유능한 경영자가 있더라도 시장에서 인정받지 못할 가능성이 크다. 반면, AI(인공지능)나 전기차처럼 앞으로 세상이 필요로 하고 폭발적으로 성장하는 산업에 속해 있다면 지금 실적이 좋지 않더라도 높은 가치로 평가받기도 한다.

4. 외부 요인(금리와 정책)

기업 밖의 환경도 큰 영향을 미친다. 정부의 규제나 지원 정책에 따라 기업의 희비가 엇갈린다.

특히 금리는 주식 시장을 움직이는 가장 강력한 변수다. 금리가 낮아져서 은행 예금 이자가 1%밖에 안 되면 사람들은 더 높은 수익을 찾아 주식 시장으로 몰려든다(주가 상승).

반대로 금리가 올라 은행 이자가 5%가 되면, 굳이 위험한 주식을 할 필요 없이 안전한 은행으로 돈이 빠져나간다(주가 하락).

조금 더 깊이 들어가 보면, 금리는 기업의 '돈줄(자금 조달)'과 직결된다. 기업은 공장을 짓거나 신기술을 개발하기 위해 은행에서 거액을 빌린다. 이때 금리가 오르면 기업이 내야 할 대출 이자 비용이 눈덩이처럼 불어난다. 이자 부담 때문에 기업은 새로운 투자를 주저하게 되고, 이는 결국 회사의 성장 속도를 늦춰 주가에 악영향을 준다. 반대로 금리가 낮아지면 기업은 싼 이자로 돈을 빌려 공격적으로 사업을 확장할 수 있다.

또한 금리는 '배당주'의 인기를 결정하는 경쟁자다. 꼬박꼬박 현금을 주는 배당주는 안전한 은행 예금과 늘 경쟁 관계에 있다. 만약 금리가 올라 은행이 5% 이자를 보장한다면, 투자자들은 굳이 원금 손실 위험을 감수하며 3~4% 배당을 주는 주식을 살 이유가 줄어든다. 사람들이 안전한 예금으로 몰려가면서 배당주의 인기가 떨어지는 것이다. 반면 '제로 금리'처럼 은행 이자가 아주 낮을 때는 조금이라도 더 수익을 주는 배당주의 매력이 커져 주가가 오르게 된다.

기업을 파악할 때 활용하는 문서들

이러한 가치 판단은 막연한 '감'으로 하는 것이 아니다. 주식은 법적인 실체이기에, 투자자가 반드시 확인해야 할 '공식 문서'가 있다.

1. 재무제표(기업의 가계부)

기업의 재무 상태를 숫자로 보여주는 문서다. 이름이 생소하지만 어렵게 생각할 필요 없다. 기업이 현재 재산(자산)은 얼마나 있고 빚(부채)은 얼마나 있는지 보여주는 '재무상태표', 일정 기간 동안 장사를 해서 얼마를 벌고 얼마를 썼는지 보여주는 '손익계산서'가 핵심이다. 이 숫자에 기업의 모든 성과가 담겨 있다. 원문을 읽는 게 부담스럽다면 실적을 분석해주는 영상이나 블로그 글을 읽으며 시작해도 좋다.

2. 사업보고서(기업의 자기소개서)

기업이 1년에 한 번씩 자신에 대해 상세히 적어내는 '자기소개서'다. 우리 회사가 구체적으로 어떤 사업을 하고 있고, 경쟁사는 누구이며, 앞으로 어떤 계획을 가지고 있는지 자세히 알려준다. 투자자라면 반드시 읽어봐야 한다.

3. 공시(중요한 알림)

기업에 발생한 '중요한 소식'을 실시간으로 알리는 것이다. 다른 회사와 큰 계약을 맺었다거나, 새로운 공장을 짓는다거나, 주식을 더 발행해서 자본금을 늘린다(유상증자)는 등 주가에 영향을 미칠 만한 모든 사건을 의무적으로 알려야 한다. 공시의 내용에 따라 주가가 크게 흔들리기도 하기 때문에 공시를 꼼꼼하게 확인해야 한다.

이 모든 정보는 금융감독원이 운영하는 '전자공시시스템(DART, 다트)' 사이트에서 누구나 무료로 볼 수 있다. 그리고 주요 정보를 요약해서 알기 쉽게 정리한 서비스도 많다. 대표적으로 네이버 금융에서 요약된 내용을 확인할 수 있다. 그리고 증권사 앱에서도 관련 내용을 쉽게 확인할 수 있다.

주식 투자를 시작하면 "좋은 기업을 어떻게 찾지?"라는 고민에 빠진다. 이럴 때 필요한 것이 DART(전자공시시스템)다. DART는 금융감독원이 운영하는 공식 사이트(dart.fss.or.kr)로, 상장된 모든 기업이 법으로 정해진 정보를 의무적으로 공개하는 곳이다. 회원가입 없이 무료로 볼 수 있다.

꼭 확인할 3가지는 사업보고서(연간 실적, 매년 3~4월 공개), 분기보고서(3개월마다 최신 실적), 주요사항보고서(CEO 교체, 대형 계약 등 중요 사건 수시 공개)다.

초보자 활용법은 간단하다. 사이트 접속 → 기업명 검색 → 최신 사업보고서 클릭 → 목차에서 "사업의 내용", "재무제표", "최대주주" 부분만 읽기. 처음에는 용어가 어렵지만 자주 보면 익숙해진다.

강력한 법적 보호 장치

주식이 코인보다 상대적으로 안전하다고 평가받는 이유는 바로 이 강력한 '제도적 울타리' 때문이다.

우리는 '증권사'를 통해 주식을 거래하는데 증권사는 아무나 만들 수 없다. 금융 당국의 엄격한 심사와 허가를 받아야만 설립할 수 있다. 그리고 내가 거래하던 증권사가 망하더라도 내 주식은 별도의 기관(한국예탁결제원)에 안전하게 보관되어 있어 사라지지 않는다.

또한, 금융감독원과 한국거래소 같은 규제 기관이 시장을 감시한다. 기업이 재무제표를 조작하거나 거짓 공시를 하면 강력한 처벌을 받는다. 회사 내부 정보를 미리 알고 몰래 주식을 사고파는 '내부자 거래' 같은 불법 행위도 엄격히 금지된다. 물론 모든 피해를 100% 막을 수는 없다. 하지만 투자자를 보호하기 위한 최소한의 안전장치와 법규가 촘촘하게 존재한다는 점이 코인 시장과의 결정적인 차이점이다.

기업 분석 : 좋은 회사를 찾는 방법

3

주식의 본질은 '기업의 소유권'이다. 그렇다면 수많은 기업 중에서 어떤 주식을 사야 할까? 투자의 대가 워런 버핏은 아주 명쾌한 기준을 제시했다. "훌륭한 기업을 적정한 가격에 사는 편이, 그저 그런 기업을 싼 가격에 사는 편보다 훨씬 낫다."

즉, 성공적인 투자의 첫 단추는 가격이 싼지 비싼지를 따지기 전에, "이 회사가 과연 훌륭한가?"를 판단하는 일이다.

훌륭한 회사의 두 가지 기준 : 수익성과 안정성

그렇다면 무엇이 훌륭한 회사일까? 복잡하게 생각할 필요 없다. 딱 두 가지만 기억하면 된다.

1. 수익성 : 돈을 잘 버는가?

2. 안정성 : 튼튼해서 망하지 않는가?

이 두 가지는 기업의 건강 상태를 보여주는 핵심 지표다. 그리고 이 건강 상태를 기록한 공식 문서가 바로 '재무제표'다. 재무제표는 기업의 가계부이자 건강검진표다. 아래는 상식 떡볶이의 재무제표다.

상식 떡볶이 재무상태표 (12월 31일 기준)		상식 떡볶이 1년 손익계산서
자산 (Assets) 100,000,000원	부채 및 자본 (Liabilities and Equity) 100,000,000원	I. 매출액 : 100,000,000원 (떡볶이 팔아서 받은 총금액)
I. 유동자산: 30,000,000원 (은행 예금, 금고 속 현금 등)	I. 유동부채 : 10,000,000원 (단기 대출, 외상 재료값 등)	II. 매출원가 : (40,000,000원) (떡, 소스 등 재료비)
		III. 매출총이익 : 60,000,000원
II. 비유동자산 : 70,000,000원 (가게 보증금, 튀김기, 냉장고, 인테리어 등)	II. 비유동부채 : 30,000,000원 (은행 장기 대출 등)	IV. 판매비와관리비 : (30,000,000원) (월세, 알바비, 배달 수수료)
		V. 영업이익: 30,000,000원 (장사로 순수하게 번 돈)
	자본 : 60,000,000원 (자산에서 빚을 뺀 나머지)	VI. 영업외수익/비용 : 0원
		VII. 법인세비용차감전순이익 : 30,000,000원
자산총계: 100,000,000원	부채 및 자본총계: 100,000,000원	VIII. 법인세비용 : (10,000,000원) (예상 세금)
		IX. 당기순이익 : 20,000,000원 (세금까지 다 내고 사장님 주머니에 남은 돈)

그림 3-3. 상식 떡볶이 재무제표

복잡한 숫자가 가득해 보이지만 겁먹을 필요 없다. 우리는 모든 숫자를 다 볼 필요가 없다. 이상한 기업을 걸러내기 위해 꼭 확인해야 할 핵심 지표만 골라보면 된다. 이해를 돕기 위해 여러분이 동네 맛집으로 소문난 '상식 떡볶이' 가게를 인수한다고 상상하고 장부를 펼쳐 이 가게의 속사정을 뜯어보자.

수익성 분석 : "이 가게, 돈은 잘 벌고 있나?"

'수익성'은 이 가게가 지난 1년 동안 장사를 얼마나 잘했는지를 보여주는 성적표다. 이를 확인하는 문서가 바로 '손익계산서'다. '상식 떡볶이' 가게의 1년 손익계산서를 아주 단순하게 요약하면 다음과 같다.

[상식 떡볶이 1년 손익계산서]

① 매출액 : 1억 원(떡볶이 팔아서 받은 총금액)

② 매출원가 : 4,000만 원(떡, 소스 등 재료비)

③ 판매관리비 : 3,000만 원(월세, 알바비, 배달 수수료)

④ 영업이익(①-②-③) : 3,000만 원(장사로 순수하게 번 돈)

⑤ 당기순이익 : 2,000만 원(세금까지 다 내고 사장님 주머니에 남은 돈)

이 성적표에서 투자자가 눈여겨봐야 할 포인트는 명확하다.

- 매출액(덩치) : 가게의 인기와 시장 지배력을 보여준다. 매출액이 매년 늘어나고 있다면 가게가 성장하고 있다는 증거다.

- 영업이익(본업 실력) : 가장 중요한 숫자다. 이 가게가 '떡볶이 장사'라는 본업으로 돈을 얼마나 잘 벌었는지 보여준다. 매출이 아무리 커도 재료비나 월세가 너무 많이 나가면 영업이익은 적자가 날 수 있다. 따라서 영업이익이 꾸준히 흑자를 내는지 반드시 확인해야 한다.

- 영업이익률(장사 효율) : 100원어치를 팔았을 때 얼마를 남겼느냐는

비율이다. 상식 떡볶이는 1억 원을 팔아 3,000만 원을 남겼으니 이익률이 30%다. 경쟁 가게들보다 이 비율이 높다면 장사를 훨씬 효율적으로 잘하고 있다는 뜻이다.

- **당기순이익(최종 성과)** : 영업이익에서 은행 이자나 세금처럼 장사 외적으로 나간 돈까지 모두 빼고 최종적으로 회사에 남은 돈이다. 이 돈이 주주들에게 나눠주는 '배당금'의 재원이 된다.

안정성 분석 : "빚 때문에 망하진 않을까?"

돈을 잘 버는 지는 중요하다. 하지만 흑자를 내면서도 갑자기 갚아야 할 빚을 못 막아 파산하는 '흑자 도산'의 위험도 있다. 그래서 기업이 위기를 버틸 체력이 있는지, 즉 '안정성'을 꼭 확인해야 한다. 이를 보여주는 문서가 '재무상태표'다.

[상식 떡볶이 재무상태표(12월 31일 기준)]

● **자산(가진 것 총합) : 1억 원**

- 유동자산 : 3,000만 원(1년 안에 현금으로 바꿀 수 있는 것. 은행 예금, 금고 속 현금 등)

- 비유동자산 : 7,000만 원(1년 이상 장기적으로 사용할 것. 가게 보증금, 튀김기, 냉장고, 인테리어 등)

- **부채(갚을 빚) : 4,000만 원**

  - 유동부채 : 1,000만 원(1년 안에 갚아야 할 빚. 단기 대출, 외상으로 산 재료값 등)

  - 비유동부채 : 3,000만 원(1년 이후에 갚아도 되는 빚. 은행 장기 대출 등)

- **자본(순수한 내 돈) : 6,000만 원** (자산에서 빚을 뺀 나머지)

이 장부를 통해 두 가지를 점검할 수 있다.

1. 부채비율(빚의 무게)

내 돈(자본)에 비해 빚(부채)이 얼마나 많은가? 상식 떡볶이는 내 돈 6,000만 원에 빚이 4,000만 원이니 부채비율이 약 67%다. 보통 100% 이하면 튼튼하다고 본다. 만약 이 비율이 200%를 넘어가면? 금리가 오를 때 이자 갚느라 허덕이다 무너질 위험이 크다.

2. 당좌비율(현금 동원력)

급한 불을 끌 현금이 충분한가? 1년 안에 갚아야 할 빚보다 당장 현금화할 수 있는 자산이 많아야 한다. 상식 떡볶이는 당장 갚을 돈보다 현금이 3배나 많다. 떼인 돈 못 받을까 봐 걱정할 필요가 없는, 아주 튼튼한 가게다.

결론 : 상식 떡볶이는 훌륭한 회사인가?

장부를 꼼꼼히 뜯어본 결과는 긍정적이다. 이 가게는 100원을 팔아 30원을 남길 정도로 장사 수완(수익성)이 좋고, 빚도 적어(안정성) 위기에 흔들리지 않을 만큼 튼튼하다. 워런 버핏이 말한 '훌륭한 회사'의 조건을 갖췄다.

좋은 가게라는 확신이 섰다. 그렇다면 이제 남은 질문은 하나다. 다음 장에서는 이 훌륭한 가게를 얼마에 인수하면 합리적일지, 즉 "가격이 적당한가?"를 판단하는 방법에 대해 알아보자.

흑자도산 이야기를 할 때 국내에서 자주 언급되는 회사가 코스닥 상장사 '우영'이다. 우영은 삼성전자에 LCD 부품을 납품하던 기업으로 2007년 3분기까지 매출 2,622억 원, 영업이익 93억 원을 기록한 '겉보기엔 아주 건실한 흑자 기업'이었다.

문제는 현금이었다. 장부에는 매출·이익이 잘 찍혀 있었지만 유동자산의 상당 부분이 재고와 외상매출에 묶여 있어서 당장 쓸 수 있는 현금이 넉넉하지 않았다. 경기가 나빠지면서 거래처가 대금 지급을 늦추자 우영은 2008년 2월 91억 원 규모 어음 상환을 제때 막지 못했고, 결국 최종 부도와 상장폐지로 이어졌다.

시장 분석 :
주식 가격은
적정한가?

4

앞서 우리는 장부를 털어 '상식 떡볶이'가 돈 잘 벌고 튼튼한, 아주 훌륭한 가게라는 사실을 확인했다. 이제 사장님과 마주 앉아 가격 협상을 할 차례다.

투자의 세계에서 가장 중요한 원칙이 있다. "좋은 물건을 싸게 사라." 벤츠가 아무리 좋은 차라도 10억 원을 달라고 하면 아무도 지갑을 열지 않는다. 주식도 마찬가지다. 회사가 아무리 훌륭해도 가격이 터무니없이 비싸다면 나쁜 투자가 된다. 그렇다면 도대체 얼마가 '적정한 가격'일까?

가격표 읽기 1 : PER(몇 년 만에 본전 뽑나?)

가장 널리 쓰이는 첫 번째 가격표는 PER(주가수익비율)이다. 이는 "이 가게가 1년에 버는 돈(순이익) 대비, 가게 전체 가격(시가총액)이 몇 배인가?"를 보여준다. 쉽게 말해, "이 가게를 이 가격에 인수하면, 몇 년 치 순이익을 모아야 투자 원금을 회수할 수 있는가?"라는 '원금 회수 기간'으로 이해하면 된다.

앞에서 확인한 '상식 떡볶이'의 1년 당기순이익은 2,000만 원이었다.

- **● Case 1 : '상식 떡볶이' 가게가 1억 8천만 원에 매물로 나왔다.**

  - PER 계산 : 1억 8,000만 원(가격) ÷ 2,000만 원(순이익) = **9배**

  - 의미 : 지금처럼 장사해서 내 투자금을 다 건지려면 **9년**이 걸린다
    (PER 9배).

- **● Case 2 : 옆 동네 'A 떡볶이'는 1년에 1,000만 원을 버는데,**
  가게 가격이 1억 5,000만 원이다.

  - PER 계산 : 1억 5,000만 원(가격) ÷ 1,000만 원(순이익) = **15배**

  - 의미 : 본전 뽑는 데 **15년**이나 걸린다(PER 15배).

여러분이라면 어디를 사겠는가? 당연히 본전을 더 빨리 뽑을 수 있는 '상식 떡볶이'다. 주식 시장에서도 마찬가지다. PER 숫자가 낮을수록 회사가 버는 돈에 비해 주가가 싸다는(저평가) 뜻이다.

실제 주식 투자에서는 가게 전체 가격(시가총액) 대신 주식 1주의 가격(주가)을 주로 본다. 이때는 순이익도 1주당 순이익을 나타내는 'EPS'로 바꾸어 계산하면 된다(PER = 주가 / EPS).

가격표 읽기 2 : PBR(망해도 밑지지 않나?)

두 번째 가격표는 PBR(주가순자산비율)이다. PER이 '버는 돈(수익)'을 기준으로 한다면, PBR은 "이 가게가 가진 '진짜 재산(순자산, 자본)' 대비 가격이 몇 배인가?"를 본다. 즉, "가게가 당장 망해서 냄비, 식탁, 보증금까지 다 팔아 현금화했을 때(청산 가치), 내 투자금을 얼마나 건질 수 있는가?"를 보여주는 지표다.

'상식 떡볶이'의 순자산(내 돈)은 6,000만 원이었다.

● Case 1 : 가격이 1억 8천만 원인 '상식 떡볶이'의 PBR은?

- PBR 계산 : 1억 8,000만 원(가격) ÷ 6,000만 원(순자산) = **3배**

- 의미 : 이 가게의 실제 재산 가치보다 3배나 비싼 가격에 사는 것이다. 당장 망해서 청산하면 투자금의 3분의 1밖에 못 건진다.

● Case 2 : 가격이 1억 5천만 원인 'A 떡볶이'가 알고 보니 건물을 가지고 있어서 순자산이 3억 원이라면?

- PBR 계산 : 1억 5,000만 원(가격) ÷ 3억 원(순자산) = **0.5배**

- 의미 : 가게가 당장 망해서 재산을 정리하면 3억 원이 나오는데, 가격은 그 절반인 1억 5천만 원밖에 안 된다. 극단적으로 싼 상태(저평가)다.

PBR이 1배보다 낮으면 회사의 재산 가치보다도 주가가 싸다는 뜻이다. PBR만 본다면 '상식 떡볶이'보다 'A 떡볶이'를 사는 게 훨씬 이득

지표	계산 공식	의미
PER	시가총액 / 당기순이익	몇 년 만에 원금 회수? (수익 대비 가격)
PBR	시가총액 / 자본총계(순자산)	청산 가치 대비 몇 배? (자산 대비 가격)
EV/EBITDA	(시가총액+순부채) / (영업이익+감가상각비 등)	현금 창출력 대비 몇 배? (적자 기업용)

표 3-2. 지표 비교

이다. PBR을 계산할 때 주가를 활용하려면 1주당 순자산을 나타내는 'BPS'를 이용해 구할 수 있다(PBR = 주가 / BPS).

가격표 읽기 3 : 적자 기업 분석(EV/EBITDA)

그런데 만약 당장은 적자(순이익 마이너스)지만 미래를 위해 공격적으로 투자하는 기업은 어떻게 평가할까? 순이익이 적자면 PER을 계산할 수 없다. 이럴 때는 회계상의 이익(당기순이익)이 아니라, '실제로 현금을 얼마나 벌어들이는지'를 보는 'EV/EBITDA(에비타)'라는 지표를 사용한다.

1. EBITDA(현금 창출력) : 회사가 본업으로 벌어들인 영업이익에, 실제 현금 지출은 아니지만 비용으로 처리된 '감가상각비(기계가 낡아지는 값)' 등을 다시 더해준 것이다. 순수한 현금 버는 능력을 보여준다.

2. EV(실제 인수 비용) : 회사의 시가총액에 회사가 가진 순수한 빚 (순부채)까지 더한 금액이다. 회사를 통째로 인수할 때 실제로 들어가는 총비용을 의미한다.

만약 어떤 적자 기업의 EV/EBITDA가 '10배'라면, 이 회사가 지금 처럼 현금을 버는 능력으로 10년 동안 장사해야 인수 총비용을 회수할 수 있다는 뜻이다. 당장은 적자여도 미래 성장성이 큰 플랫폼 기업이나 초기 시설 투자가 많은 기업을 분석할 때 유용하다.

시장 전체의 분위기 파악하기

지금까지 PER, PBR을 통해 개별 가게(기업)의 가격표를 읽는 법을 배웠다. 하지만 나무만 보고 숲을 보지 못하면 실패할 수 있다. 아무리 싸고 좋은 가게라도, 시장 전체가 불경기라서 손님들이 지갑을 닫는 시기라면 장사가 잘되기 어렵다. 주식 시장도 마찬가지다.

첫째, 시장의 평균 온도(주가지수)를 확인해야 한다. '코스피 (KOSPI)'는 한국 주식 시장에 있는 대표적인 기업들의 평균적인 가격 흐름을 보여준다. 만약 현재 코스피 시장 전체의 평균 PER이 역사적으로 가장 높은 수준이라면 지금은 어떤 주식을 사더라도 시장 분위기에 휩쓸려 비싸게 살 확률이 높다는 신호다.

둘째, 돈의 물살(금리)을 타야 한다. 앞서 배운 '금리'는 시장의 거대한 물살과 같다. 금리가 낮아지면 이자가 싼 은행에서 돈이 빠져나와 주식 시장으로 밀물처럼 들어온다(상승장). 반대로 금리가 높아지면 돈이 안전한 은행으로 썰물처럼 빠져나간다(하락장). 아무리 튼튼한 배(좋은 기업)도 물이 다 빠져버린 갯벌에서는 앞으로 나아갈 수 없다. 따라서 지금이 밀물 때인지, 썰물 때인지 큰 흐름을 읽는 눈이 필요하다.

글로벌 주식 시장 맛보기

우리가 지금까지 본 코스피(KOSPI)는 한국의 시장이다. 하지만 세상에는 훨씬 더 거대하고 다양한 시장이 존재한다. 투자 무대를 세계로 넓히면 더 많은 기회를 만날 수 있다. 대표적인 글로벌 시장들의 특징을 비유를 통해 살펴보자.

가장 먼저 봐야 할 곳은 미국 시장이다. 미국은 전 세계의 돈과 혁신이 모이는 가장 거대하고 활기찬 '메인 스타디움'과 같다. 세계 시가총액 1위 시장으로 압도적인 규모를 자랑하며 엔비디아, 애플, 구글, 마이크로소프트처럼 우리 삶을 바꾸는 전 세계 1등 기업들이 모두 이곳에 모여 있다. 정보가 투명하게 공개되고 주주를 우대하는 문화가 자리 잡혀 있어, 상대적으로 안정적인 장기 투자를 하기에 좋다. 대표적인 지수로는 우량 기업 500개를 모아놓은 'S&P 500'과 기술주 중심의 '나스닥(NASDAQ)'이 있다.

그 다음은 중국 시장이다. 중국은 정부의 강력한 통제 아래 빠르게 성장하는 '거대한 용'에 비유할 수 있다. 세계 2위의 경제 대국으로 엄청난 인구(내수 시장)와 성장 잠재력을 가졌지만 정부의 정책이나 규제 한 방에 시장이 크게 출렁이는 '정책 시장' 성격이 강해 변동성이 크다. 알리바바, 텐센트 같은 거대 플랫폼 기업과 전기차, 배터리 등 미래 산업이 빠르게 성장하고 있다. 외국인은 주로 홍콩 시장을 통해 투자하며, 대표 지수로는 상해종합지수와 홍콩 항셍지수가 있다.

일본 시장은 오랜 침체를 딛고 다시 변화를 모색하는 '저력 있는 기술 강국'이다. 과거 거품 경제 붕괴 후 '잃어버린 30년'이라 불리는 긴 저성장기를 겪었지만 도요타, 소니처럼 탄탄한 기술력과 브랜드 가치를 가진 전통의 우량 기업들이 여전히 건재하다. 최근에는 기업들이 주주를 위한 정책을 펴도록 정부가 유도하고, 엔화 가치가 낮아지면서(엔저) 수출 기업들의 실적이 좋아져 다시 주목받고 있다. 대표 지수는 닛케이 225(NIKKEI 225)다.

마지막으로 주목할 곳은 인도 시장이다. 인도는 젊은 인구와 거대한 잠재력으로 빠르게 질주하는 '젊은 코끼리'다. 중국을 넘어 세계 최대 인구 대국이 되었으며, 특히 생산과 소비를 활발히 하는 젊은 층 비중이 높아 경제 성장률이 높다. '넥스트 차이나'로 불리며 IT 서비스, 제약, 금융 산업이 빠르게 성장하고 있지만, 아직 도로, 항만 같은 인프라나 법적 규제가 개발도상국 수준이라 불안정한 면도 있다. 대표 지수로는 센섹스(SENSEX)와 니프티 50(NIFTY 50)이 있다.

이처럼 각 나라는 저마다의 경제 상황과 특징을 가지고 있다. 개별 국가의 주식을 직접 사고파는 것이 어렵다면, 각 나라의 대표 지수를 따라가는 'ETF(상장지수펀드)'를 이용하면 한국 시장에서도 손쉽게 글로벌 투자를 시작할 수 있다.

PER, PBR 같은 가격표를 볼 때는 '지금 내가 보고 있는 회사가 성장주인지, 가치주인지'부터 구분해 두면 이해가 훨씬 쉽다.

성장주는 당장 PER이 비싸 보여도, 앞으로 이익이 빠르게 커질 걸 기대하고 투자하는 회사다. 그래서 현재 수익성뿐 아니라 매출·이익이 얼마나 빨리 늘고 있는지, EV/EBITDA로 현금 버는 능력이 함께 커지고 있는지까지 같이 본다.

가치주는 지금 이익(PER)이나 자산(PBR)에 비해 싸 보이는 회사다. PER, PBR이 시장 평균보다 낮은데도 장사가 꾸준하고 재무가 튼튼하다면 '언젠가는 제값을 찾을 것'이라는 기대를 가지고 천천히 기다리는 투자다. 같은 PER 숫자라도 성장주냐 가치주냐에 따라 '비싼지, 싼지' 해석이 달라진다는 점을 기억해 두면 가격표를 훨씬 입체적으로 읽을 수 있다.

코인, 디지털 세상의 화폐를 사다

5

앞서 우리는 주식이란 실체가 있는 '기업의 소유권'을 사는 것임을 배웠다. 그렇다면 요즘 뉴스에 매일 나오는 코인(암호화폐)은 도대체 무엇일까? 앞서 짧게 비교했듯이, 코인은 주식과는 태생부터 본질까지 완전히 다른 자산이다. 주식이 눈에 보이는 '기업'이라는 주인을 기반으로 한다면, 코인은 디지털 세상 속 '네트워크'라는 보이지 않는 약속을 기반으로 한다.

코인 사는 법

우선 스마트폰으로 코인을 사는 방법부터 알아보자. 주식과 비슷해 보이지만, 결정적인 차이점이 몇 가지 있다.

1. 준비물

암호화폐 거래소 앱 + '짝꿍' 은행 계좌 주식은 증권사 앱을 썼지만 코인은 '암호화폐 거래소' 앱을 써야 한다. 한국에서는 업비트(Upbit),

빗썸(Bithumb), 코인원(Coinone) 등이 대표적이다. 여기서 가장 중요한 점! 아무 은행 계좌나 연결할 수 있는 주식과 달리, 코인 거래소는 각자 제휴를 맺은 '특정 은행'의 계좌만 연결할 수 있다.

- 업비트 : 케이뱅크(K-Bank) 계좌가 있어야 한다.

- 빗썸 : 농협은행(NH) 계좌가 있어야 한다.

- 코인원 : 카카오뱅크 계좌가 있어야 한다. 따라서 내가 쓰려는 거래소가 어느 은행과 짝꿍인지 확인하고, 해당 은행 계좌를 먼저 만들어야 한다.

그림 3-4. 코인 매수 창

2. 주문하기

1억 원이 없어도 비트코인을 산다? 계좌를 연결하고 돈을 입금했다면 준비는 끝났다. 가장 유명한 코인인 비트코인을 검색해 보면 1개 가격이 1억 원이 넘어서 놀랄 수 있다. 하지만 걱정할 필요 없다. 코인의 가장 큰 매력은 '소수점 구매'가 가능하다는 것이다. 주식은 1주 단위로 사야 하지만, 코인은 0.0001개 단위로 쪼개서 살 수 있다. 즉, 5,000원어치만 비트코인을 사는 것도 가능하다. 금액 입력창에 '주문 총액'을 만 원으로 입력하고 매수 버튼을 누르면 끝이다.

3. 주의사항

잠들지 않는 시장. 주문하는 방법은 주식과 같지만, 시장의 시간은 다르다. 코인 시장은 24시간 365일 멈추지 않는다. 내가 잠든 새벽에도, 주말에도, 명절에도 가격은 실시간으로 요동친다. 그래서 매수 버튼을 누르는 순간부터 스마트폰을 손에서 놓지 못하는 '코인 중독'에 빠지기 쉬우니 각별한 주의가 필요하다.

비트코인의 탄생

2008년, 세계는 충격에 빠졌다. 절대 망하지 않을 거라 믿었던 월스트리트의 거대 은행들이 탐욕에 눈이 멀어 무너졌고, 그 여파로 전 세계 경제가 얼어붙었다. 사람들은 집을 잃고 직장에서 쫓겨났다. 이때 인류는 뼈아픈 교훈을 얻는다. "내 돈을 지켜줄 거라 믿었던 은행과 정부가, 오히려 내 돈을 가장 위험하게 만들 수도 있다."

이 거대한 불신 속에서 '사토시 나카모토'라는 정체불명의 인물이 인터넷에 9페이지짜리 짧은 논문을 올린다. 바로 최초의 코인, '비트코인'의 설계도였다. 그의 목표는 명확했다. 은행이라는 믿을 수 없는 중개인을 없애버리고, 개인과 개인이 직접 거래하는 새로운 전자 화폐 시스템을 만드는 일이었다. 정부가 마음대로 돈을 찍어내 가치를 떨어뜨리는 인플레이션 없는 세상, 비트코인은 그렇게 탄생했다.

블록체인

은행 없이 어떻게 안전한 거래가 가능할까? 사토시는 '블록체인'이라는 기술로 이 난제를 해결했다.

기존 금융 시스템에서 모든 거래 장부는 은행이라는 거대한 금고 속에 숨겨져 있다. 우리는 그 금고지기(은행)가 정직하게 기록하기를 믿을 뿐이다. 하지만 블록체인은 다르다. 이것은 '전 세계인이 함께 쓰는 투명한 유리 장부'다.

네트워크에 참여한 수많은 컴퓨터가 거래 내역이 담긴 똑같은 장부를 나눠 가진다. 누군가 "A가 B에게 1비트코인을 보냈다"라고 기록하면 이 내용이 전 세계 모든 장부에 동시에 업데이트된다. 만약 해커가 장부를 조작해 돈을 훔치려 한다면? 전 세계에 흩어진 과반수 이상의 컴퓨터를 동시에 해킹해서 내용을 바꿔야 한다. 이는 현실적으로 불가능에 가깝다. 중앙의 관리자가 없어도 모두가 서로를 감시하고 검증하며 완벽한 신뢰를 만들어낸다.

특히 비트코인은 전체 발행량이 2,100만 개로 딱 정해져 있다. 정부가 원하면 무한대로 찍어내는 종이 화폐와 달리, 디지털 세상에서 '희소성'을 구현해 냈다. 사람들이 비트코인을 '디지털 금'이라고 부르는 이유다.

★ **용어 정리 : 비트코인 vs 블록체인, 헷갈리지 말자**

코인 초보자들이 가장 많이 하는 실수가 "비트코인 = 블록체인"이라고 생각하는 것이다. 뉴스에서 두 단어가 함께 나오니까 같은 것처럼 느껴지지만, 둘은 완전히 다르다.

블록체인은 정보를 기록하고 저장하는 '기술'이다. 한 곳이 아니라 전 세계 수천 대의 컴퓨터에 똑같은 거래 기록을 동시에 저장해서, 누구도 조작할 수 없게 만드는 방식이다. 비트코인은 그 블록체인 기술을 이용해 만든 '디지털 화폐'다.

블록체인 = 인터넷 기술 / 비트코인 = 유튜브(인터넷으로 만든 서비스)

인터넷으로 네이버, 카카오톡도 만들 수 있듯이, 블록체인으로 비트코인 외에 이더리움, NFT, 스마트 계약 등 다양한 것을 만들 수 있다.

"삼성이 블록체인에 투자한다"는 것은 비트코인을 사는 게 아니라, 물류·의료 같은 분야에 블록체인 기술을 활용하겠다는 뜻이다. 이 둘을 구분하지 못하면 뉴스를 제대로 이해할 수 없고 투자 판단도 틀어진다.

코인의 다양한 종류

비트코인의 성공 이후, 블록체인 기술을 활용한 수만 개의 코인(알트코인)이 쏟아져 나왔다. 이들은 쓰임새에 따라 나눌 수 있다.

1. 화폐·결제형 코인(디지털 화폐)

비트코인처럼 처음 코인이 만들어진 본래 목적, 즉 '실물 화폐처럼 지불 수단이나 가치 저장 수단으로 쓰려고' 만든 코인이다. 비트코인은 '디지털 금'이라 불리며 중앙은행이나 정부의 통제 없이 전 세계 어디서나 송금하고 보관할 수 있다. 하지만 가격 변동이 너무 심해서 일상적인 결제 수단으로 쓰기는 아직 어렵다.

이 문제를 개선하려고 라이트코인(LTC)이나 비트코인캐시(BCH) 같은 코인이 개발됐다. 이 코인들은 송금 속도를 빠르게 하거나 수수료를 낮추는 데 집중했다. 특히 리플(XRP)은 은행 간 국제 송금에 특화된 코인으로, 3~5초 안에 거래가 완료되고 수수료가 거의 무료에 가까워서 전 세계 금융기관들이 실제로 사용 중이다.

2. 플랫폼 코인(디지털 세상의 땅과 운영체제)

비트코인이나 이더리움처럼 자신만의 독립적인 블록체인 네트워크(메인넷)를 가진 가장 기초적인 코인이다. 비트코인이 '디지털 금'과 같은 화폐 역할에 집중한다면 이더리움은 '디지털 석유' 혹은 '전 세계적인 컴퓨터' 역할을 한다. 이더리움이라는 거대한 플랫폼 위에서 다양한 앱(계산기, 게임, 금융 서비스 등)을 만들고 돌릴 수 있기 때문이다.

수많은 다른 코인들이 이 이더리움 플랫폼을 기반으로 만들어졌다.

여기에 도전장을 내민 것이 솔라나(SOL)다. 이더리움이 사용자가 몰리면 속도가 느려지고 수수료가 비싸지는 단점이 있다면 솔라나는 '훨씬 빠르고 저렴한 차세대 슈퍼 컴퓨터'를 표방하며 등장했다. 현재 이더리움과 솔라나는 디지털 세상의 주도권을 잡기 위해 치열하게 경쟁 중이다. 이 외에도 폴카닷(DOT), 아발란체(AVAX), 니어(NEAR) 같은 자체 메인넷 코인들이 저마다의 기술적 특징을 내세우며 플랫폼 생태계를 만들어가고 있다.

3. 유틸리티 코인(특정 서비스 이용권)

독립적인 플랫폼이 아니라, 이더리움 같은 거대 플랫폼 위에서 만들어져 특정 서비스를 이용할 때 사용하는 '디지털 이용권'이나 '토큰'이다. 예를 들어, 거대한 놀이공원(이더리움 플랫폼) 안에서 특정 놀이기구를 탈 때만 내는 전용 티켓과 같다. 유니스왑(UNI)처럼 암호화폐 거래소에서 수수료 할인을 받거나, 체인링크(LINK)처럼 블록체인 밖의 실제 데이터를 블록체인 안으로 연결해주는 서비스를 이용할 때 쓰인다. '파일코인'처럼 남는 컴퓨터 저장 공간을 빌려 쓸 때 지불하는 수단으로 쓰이기도 한다.

4. 스테이블 코인(가치가 고정된 코인)

비트코인이나 이더리움은 하루에도 가격이 10~20%씩 오르내려서 물건을 사고파는 화폐로 쓰기에는 너무 불안하다. 이 문제를 해결하기 위해 코인 1개의 가치를 달러 1달러의 가치에 고정(연동)시킨 코인이다. '테더(USDT)'나 'USDC'가 대표적이다. 마치 카지노에서 현금을 주고 칩으로 바꾼 뒤, 그 칩으로 게임을 하고 나중에 다시 현금으로 바꾸는 것과 비슷하다. 코인 시장 내에서 기축통화 역할을 한다. 실물 자산을 담보로 잡아두는 방식도 있는데, 금 1온스를 기반으로 발행되는 PAX Gold(PAXG)나 Tether Gold(XAUT) 같은 코인도 있다.

5. 디파이·금융형 코인(탈중앙 금융 서비스)

은행이나 증권사 같은 중개 기관 없이, 블록체인 위에서 직접 예금·대출·이자·투자 서비스를 제공하는 코인이다. 예를 들어, 컴파운드(COMP)는 코인을 맡기면 이자를 받을 수 있고, 다른 사람의 코인을 빌려 쓸 수도 있다. 유니스왑(UNI)처럼 중앙 거래소 없이 개인 간 직접 코인을 사고팔 수 있는 '탈중앙 거래소' 서비스를 제공하는 코인도 이 범주에 속한다. 은행보다 높은 수익률을 노릴 수 있지만, 해킹이나 스마트 컨트랙트 오류로 투자금을 잃을 수 있는 리스크도 크다.

6. 밈 코인(유행과 재미로 만든 코인)

특별한 기술이나 목적 없이, 인터넷상의 유행(밈)이나 커뮤니티의 재미를 위해 만들어진 코인이다. 귀여운 시바견 그림을 내세운 '도지 코인'이 대표적이다. 기술적 가치보다는 유명인의 말 한마디나 인터넷상의 인기에 따라 가격이 엄청나게 폭등하거나 폭락하는, 투기성이 강한 코인이다. 솔라나 생태계에서 인기를 끈 봉크(BONK)나 시바이누(SHIB) 같은 코인들도 여기에 속한다.

7. 게임·메타버스·테마형 코인(특정 산업 전용 코인)

게임 아이템을 사고팔거나, 가상 세계에서 땅을 사고파는 등 특정 산업이나 테마에 맞춰 만들어진 코인이다. 디센트럴랜드(MANA)나 샌드박스(SAND)처럼 메타버스 안에서 부동산 거래나 게임 콘텐츠를 즐길 때 쓰이는 코인이 대표적이다. 또한 모네로(XMR)나 대시(DASH)처럼 사용자의 거래 기록을 철저히 숨겨주는 '프라이버시 코인'도 이 범주에 들어간다. 각각의 테마와 스토리에 따라 코인의 가치와 쓰임새가 결정되기 때문에 해당 산업의 성장 가능성을 함께 살펴봐야 한다.

코인 투자 시 반드시 주의해야 할 점

코인은 주식과 완전히 다른 자산이기에 투자할 때 훨씬 더 큰 주의가 필요하다. 주식 시장이 잘 정비된 도로라면 코인 시장은 아직 규칙이 없는 야생과 같다.

1. 내재가치가 모호하다

주식은 기업이 공장을 돌리고 물건을 팔아 남긴 '이익'이라는 명확한 실체(내재가치)가 있다. 하지만 코인은 기업이 아니다. 코인의 가치는 오로지 "이 기술이 미래 세상을 바꿀 것이다"라는 사람들의 '믿음'과, 얼마나 많은 사람이 그 네트워크를 쓰느냐 하는 '네트워크 효과'에 달려있다. 믿음이 사라지면 가치는 순식간에 0이 될 수 있다.

2. 극단적인 변동성과 24시간 거래

주식 시장에는 가격이 너무 오르거나 내리면 잠시 거래를 멈추는 안전장치(상한가, 하한가, 서킷 브레이커)가 있다. 하지만 코인 시장은 안전장치가 전혀 없다. 전 세계에서 24시간 365일 쉬지 않고 거래된다. 여러분이 잠든 사이에 지구 반대편에서 무슨 일이 생겨서 하룻밤 만에 가격이 반 토막(-50%)이 나거나, 심지어 -90%까지 폭락하는 일이 실제로 벌어진다.

3. 규제와 해킹의 위험

주식은 국가가 관리하는 제도권 자산이지만, 코인은 아직 법적 지위가 불분명한 나라가 많다. 미국이나 중국 같은 강대국이 강력한 규제 정책을 발표하면 시장 전체가 폭락한다. 또한, 증권사에 안전하게 보관되는 주식과 달리, 코인은 개인이 디지털 지갑에 보관하거나 민간 거래소에 맡겨야 한다. 만약 지갑 비밀번호를 잃어버리면 영원히 찾을 수 없고, 내가 이용하던 거래소가 해킹당하거나 파산하면 내 자산을 모두 날릴 수도 있다. 그럴듯한 계획만 발표하고 투자금을 모은 뒤 개발자들이 도망가버리는 사기(러그풀)도 빈번하다.

이처럼 코인은 혁신적인 기술을 바탕으로 하지만, 주식보다 훨씬 더 복잡하고 위험한 자산이다. 단순히 가격이 오른다는 이유만으로 섣불리 투자에 뛰어들기보다는 그 본질과 위험성을 충분히 공부하고 신중하게 접근해야 한다.

백서로
코인 속살
들여다보기

6

코인이 주식과 달리 기업의 실적이라는 명확한 '내재가치'
가 없고, 미래의 기술에 대한 '믿음'과 '네트워크 효과'를 기
반으로 한다는 것을 알았다. 그렇다면 DART의 사업보고
서로 '좋은 기업'을 찾았던 것처럼 코인 투자자는 무엇을 보
고 '좋은 코인'을 찾아야 할까? 그 답은 바로 '백서(White
Paper)'에 있다.

백서란 무엇인가?

백서는 본래 정부나 기관이 특정 사안에 대해 조사한 결과를 담아
발간하는 공식 보고서를 의미했다. 이것이 코인 시장으로 넘어오면서
"우리가 만들 코인은 이런 것입니다"라고 세상에 알리는 공식적인 '사
업 계획서'이자 '기술 설명서'가 되었다.

모든 백서의 시초는 2008년 사토시 나카모토가 공개한 9페이지짜
리 '비트코인 백서'다. 이 문서에는 '왜 비트코인을 만드는지(기존 금융

시스템의 문제 해결)', '어떤 기술을 사용하는지(블록체인, P2P 네트워크)', '어떻게 작동하는지(채굴을 통한 합의)'가 명확히 담겨 있었다.

주식의 '사업보고서'가 법적인 강제력을 지닌 과거의 기록이라면 백서는 코인 개발팀이 자발적으로 공개하는 미래의 '약속'에 가깝다. 따라서 이 백서를 꼼꼼히 읽어야만 내가 투자하려는 대상이 혁신적인 기술인지, 아니면 그럴듯한 말로 포장된 '사기(스캠)'인지 구별할 수 있다.

백서는 어디서 볼까? 바로 '코인마켓캡'이나 '코인게코' 같은 정보 사이트에 가면 쉽게 찾을 수 있다. 대부분 영어라 겁먹을 수 있다. 하지만 우리에겐 '구글 번역'과 '파파고'라는 훌륭한 비서가 있다. 어려운 전문 용어에 집착할 필요 없다. 우리는 개발자가 아니다. 투자자로서 핵심만 파악하면 그만이다.

백서에서 꼭 확인해야 할 3가지 핵심 질문

수십 페이지에 달하는 백서를 처음부터 끝까지 다 읽고 이해하기는 어렵다. 하지만 똑똑한 투자자라면 최소한 다음 세 가지 질문에 대한 답은 백서에서 찾아야 한다.

1. "무슨 문제를 해결하려는가?"(문제 정의와 필요성)

가장 중요한 첫 번째 질문이다. 이 코인이 세상의 어떤 불편함이나 문제를 해결하려고 하는지 명확해야 한다. 그리고 그 문제를 해결하는

데 정말 '블록체인 기술'이 꼭 필요한지 따져봐야 한다.

- **좋은 예(Good) :** "현재의 국제 송금 시스템은 은행이라는 중개인을 거쳐서 너무 느리고(2~3일 소요) 수수료가 비싸다. 우리는 리플(XRP) 원장을 통해 이를 00초 만에 00원의 싼 수수료로 해결하겠다." (구체적인 문제와 명확한 해결책 제시)

- **나쁜 예(Bad) :** "우리는 차세대 AI, 메타버스, NFT를 결합한 혁신적인 우주 최강 플랫폼이다." (좋아 보이는 유행어만 나열할 뿐, 구체적으로 어떤 문제를 해결하는지 알 수 없다.)

- **체크 포인트(Check) :** 혹시 이 문제는 굳이 복잡한 코인을 안 써도 기존의 서비스(예: 카카오페이, 신용카드)가 더 잘 해결하고 있지는 않은가? 블록체인이 꼭 필요한 이유가 납득이 가야 한다.

2. "그 문제를 어떻게 해결하고, 코인은 어떻게 쓰이나?" (기술과 토큰 이코노미)

문제를 알았다면 기술적으로 어떻게 구현할 것인지 그리고 그 과정에서 코인(토큰)이 어떻게 쓰이는지가 중요하다. 이것을 '토큰 이코노미(Token Economy)'라고 한다. 쉽게 말해 '코인 나라의 경제 규칙'이다.

- **합의 방식(어떻게 검증하나) :** 이 네트워크는 가짜 거래를 막기 위해 어떤 방식을 쓰나? 비트코인처럼 복잡한 수학 문제를 풀기 위

해 막대한 전기를 소모하는 '작업증명(PoW)' 방식인가? 아니면 이더리움처럼 코인을 많이 맡긴(지분) 사람에게 검증 권한을 주는 '지분증명(PoS)' 방식인가? PoS라면 코인을 맡겼을 때(스테이킹) 이자는 몇 %를 주는가?

- **토큰 이코노미(코인의 쓸모와 분배) :** 가장 중요하다. 이 코인(토큰)이 이 생태계에서 왜 필요한가? (예: 수수료 지불, 투표권 행사 등) 코인의 총발행량은 비트코인처럼 딱 정해져 있어서 '희소성'이 있는가?

- **체크 포인트(Check) :** 처음 발행된 코인을 누가 얼마나 가져가는지 꼭 확인해야 한다. 만약 개발팀이나 초기 투자자가 전체 물량의 50% 이상을 가져간다면, 나중에 이들이 코인을 시장에 한꺼번에 내다 팔 때(물량 폭탄) 가격이 폭락할 위험이 크다. 팀 물량이 너무 많은 코인은 피하는 게 좋다.

3. "누가, 언제까지 만들 건가?"(팀과 로드맵)

아이디어가 아무리 좋아도 실현할 능력이 없다면 사기(스캠)다.

- **팀(Team) :** 이 프로젝트를 이끄는 핵심 개발자나 경영진은 누구인가? 그들의 이름과 사진, 과거 경력(링크드인 등)이 투명하게 공개되어 있는가? 만약 가짜 사진을 쓰거나 정체를 숨기고 익명으로 활동한다면 일단 의심해야 한다(주식에서 경영진 분석과 비슷하다).

- **로드맵(Roadmap) :** "우리는 2025년 2분기에 자체 메인넷을 출시하고, 4분기에는 00 서비스를 시작하겠다"와 같은 구체적인 개발 일정표가 있는가? 그리고 과거에 약속했던 로드맵을 잘 지켜왔는가?

- **체크 포인트(Check) :** 팀의 신원이 불분명하고 로드맵이 "곧 달나라에 간다"처럼 너무 두루뭉술하거나 실현 불가능해 보인다면, 전형적인 '사기(스캠)'의 신호일 수 있다.

백서만 믿어서는 안 되는 이유

하지만 주의하자. 백서는 어디까지나 개발팀의 '주장'일 뿐이다. 주식의 사업보고서는 회계법인이 감시하고 법적 책임을 지지만, 코인의 백서는 아무도 검증해주지 않는다. 마음만 먹으면 소설을 써도 아무도 모른다.

그래서 반드시 '교차 검증'이 필요하다. 텔레그램, 디스코드, 트위터(X) 같은 커뮤니티에 들어가 보자. 개발자들이 코드를 꾸준히 업데이트하는지(깃허브 확인), 투자자의 질문에 성실히 답하는지 감시해야 한다. 가격 이야기만 가득한 방보다는 기술 토론이 활발한 곳이 진짜다. 백서가 '약속'이라면, 커뮤니티는 그 약속을 지키는지 감시하는 'CCTV'다.

코인 가격을 흔드는 플레이어들 (시장 분석)

앞에서는 코인 프로젝트의 기술력과 계획을 '백서'를 통해 확인하는 법을 배웠다. 이는 마치 주식 투자를 할 때 재무제표를 보며 튼튼한 기업을 찾는 과정과 같았다. 하지만 주식 시장에서도 아무리 훌륭한 기업의 주가가 금리 인상이나 경기 침체 같은 외부 요인으로 폭락하듯, 코인 시장 역시 백서의 내용만으로 가격이 결정되지는 않는다.

오히려 코인 시장은 주식 시장 분석보다 훨씬 더 복잡하고 예측 불가능한 '플레이어'들에 의해 가격이 움직이는 야생의 시장이다. 주식 시장이 어느 정도 '기업 실적(펀더멘털)'이라는 단단한 닻에 묶여 있다면, 코인 시장은 이 닻이 아예 없거나 밧줄이 약한 상태와 같다.

이번에는 코인의 기술력(백서)과는 상관없이, 실제 시장에서 가격을 뒤흔드는 4가지 강력한 힘, 즉 '시장의 핵심 플레이어'들을 해부해 본다.

고래(Whales)

주식 시장에 '기관 투자자'와 '외국인 투자자'라는 거대 세력이 있다면, 코인 시장에는 '고래(Whale)'가 있다. 고래는 특정 코인의 엄청난 물량을 보유하여 시장 가격을 좌지우지할 수 있는 소수의 거대 자본가를 의미한다.

- **수급의 극단적 쏠림과 익명성 :** 주식은 법적으로 대주주의 지분율이 투명하게 공시되지만 코인은 '익명성' 뒤에 숨어있다. 특정 지갑 주소 하나가 전체 발행 물량의 50% 이상을 통제하는 경우도 흔하다. 누구인지 알 수 없는 소수가 시장 전체를 쥐락펴락하는 것이다.

- **가격 통제 능력 :** 이 고래들이 코인을 팔지 않고 꽉 쥐고 있으면, 시장에 유통되는 물량이 적어져(희소성) 작은 매수세에도 가격이 쉽게 오른다. 반대로, 이들이 수익 실현을 위해 동시에 물량을 시장에 던지면(매도) 하룻밤 새 -50%, -90% 폭락이 순식간에 일어날 수 있다.

- **투자자 대응(온체인 분석) :** 일반 투자자들은 고래의 움직임에 속수무책으로 당하기 쉽다. 그래서 등장한 것이 '온체인 데이터 분석'이다. 이는 블록체인 장부에 기록된 거대 지갑들의 이동 내역을 추적하는 것이다. 예를 들어, "수천억 원어치 비트코인을 가진 고래 지갑에서 코인이 거래소 지갑으로 이동했다"는 알림이 뜨면, 조만간 고래가 코인을 팔 가능성이 높다고 보고 미리 대비하는 식이다.

거래소(Exchanges)

코인은 주식처럼 정부(한국거래소)가 관리하는 단 하나의 중앙 시장에서 거래되지 않는다. 바이낸스, 코인베이스, 업비트 같은 수백 개의 '민간 거래소'가 각자의 시장을 운영한다.

- **상장(Listing)과 상장 펌핑 :** 코인 프로젝트에 있어 '대형 거래소 상장'은 주식의 '기업 공개(IPO)'와 맞먹는 초대형 호재다. 특히 세계 1위 거래소인 바이낸스나 미국 상장사인 코인베이스에 상장된다는 것은, 그 거래소가 까다로운 심사를 통해 이 코인을 검증했다는 '신뢰의 보증수표'이자, 전 세계 수백만 명의 투자자가 새로 유입된다는 '수요 폭발'의 신호다. 이 때문에 상장 공지가 뜨는 순간, 몇 분 만에 가격이 수백 퍼센트씩 폭등하는 '상장 펌핑(상장빔)' 현상이 자주 발생한다. 하지만 이 거품은 고래들이 물량을 떠넘기면서 순식간에 꺼지기도 하므로 추격 매수는 위험하다.

- **상장폐지(Delisting)는 사망 선고 :** 반대로 거래소가 특정 코인을 '상장폐지'시키는 것은 사실상의 사망 선고다. 백서 내용이 허위로 밝혀지거나, 팀원 간 분쟁이 생기거나, 법적 규제 문제가 생기면 거래소는 투자자 보호를 명목으로 코인을 퇴출시킨다. 이 순간, 해당 코인을 현금으로 바꿀 수 있는 주요 통로가 막혀버려 가격이 0에 수렴하게 된다.

- **김치 프리미엄(Kimchi Premium) :** 한국 투자자라면 꼭 알아야

할 특이한 현상이다. 한국 내 코인 가격이 해외 거래소보다 더 비싸게 거래되는 현상을 말한다. 한국의 높은 코인 투자 열기와 엄격한 외환 규제로 인해 국내에서 해외로 돈을 보내 코인을 사오기가(재정거래) 어렵기 때문에 발생한다. 김치 프리미엄이 5%라면, 같은 비트코인이라도 한국에서 사는 것이 해외보다 5% 더 비싸다는 뜻이다. 폭락장에서는 이 프리미엄이 '역프리미엄(해외보다 쌈)'으로 바뀌기도 하므로 항상 국내외 가격 차이를 확인하는 습관이 필요하다.

규제 당국(Governments)

코인 시장에서 '금리'보다 더 강력하게 시장 전체를 단번에 움직이는 변수는 바로 '정부의 규제'다. 아직 코인의 법적 지위가 명확하지 않기에 강대국 정부의 말 한마디가 법이 된다.

- **미국 증권거래위원회(SEC)의 막강한 영향력 :** 현재 글로벌 코인 시장의 방향을 결정하는 가장 중요한 심판이다. SEC가 2024년 1월 "비트코인 현물 ETF를 승인한다"는 역사적인 결정을 내리자, 이는 코인이 제도권 금융 시장의 정식 자산으로 인정받았다는 '합법화'의 신호탄이 되어 시장 전체에 엄청난 자금이 유입되는 계기가 되었다.

- **증권이냐, 상품이냐(증권성 시비) :** 반면, SEC가 특정 코인(예: 리

플)을 향해 "이것은 등록되지 않은 불법 '증권'이다"라고 소송을 거는 순간, 해당 코인은 존재 자체가 위협받는다. 만약 증권으로 판명되면 주식처럼 까다로운 공시 의무와 규제를 모두 지켜야 하는데, 대부분의 코인은 이를 감당하기 어려워 상장폐지될 가능성이 높기 때문이다. 이 '법적 지위의 불확실성'이 코인 시장의 가장 큰 잠재적 리스크다.

- **국가별 정책 리스크 :** 특정 국가의 정책 하나가 시장 전체를 뒤흔들기도 한다. 2021년 코인 채굴의 중심지였던 중국 정부가 "모든 암호화폐 채굴과 거래를 금지한다"고 발표했을 때, 비트코인 가격은 단기간에 반 토막이 났다. 이처럼 코인 시장은 펀더멘털과 무관한 '정치적 리스크'에 항상 노출되어 있다.

유명인과 커뮤니티

코인은 실체가 없는 '믿음'을 기반으로 하기에 사람들의 '투자 심리'와 인터넷상의 '유행(밈)'에 극도로 취약하다.

- **인플루언서의 말 한마디 :** '도지코인'은 아무런 기술적 가치(백서)가 없었지만, 테슬라의 CEO '일론 머스크'가 트위터에서 지지하는 발언을 했다는 이유만으로 단기간에 수백 배 폭등했다. 이는 코인 시장이 펀더멘털이 아닌, 유명인의 말 한마디에 수조 원의 자금이 움직일 수 있는 비이성적인 시장임을 보여주는 극단적인 사례다.

- **극단적인 공포와 탐욕 지수 :** 코인 시장 참여자들의 심리는 주식 시장보다 훨씬 극단적이다. 이를 수치로 보여주는 '암호화폐 공포-탐욕 지수(Fear & Greed Index)'가 있다. 수치가 높을수록 (탐욕) 사람들이 '나만 돈을 못 벌 것 같다(FOMO)'는 생각에 흥분해 너도나도 코인을 사고 있다는 뜻이고, 수치가 낮을수록(공포) 폭락에 질려 코인을 던지고 있다는 뜻이다. 현명한 투자자는 대중이 탐욕에 빠졌을 때 조심하고, 공포에 질렸을 때 기회를 엿본다.

결국 주식 투자는 기업 분석이라는 튼튼한 '펀더멘털의 닻'을 기반으로 시장 분석이라는 파도를 타는 것이라면, 코인 투자는 '백서'라는 희미한 닻 하나에 의지한 채 '고래', '거래소', '규제', '심리'라는 예측 불가능한 거대한 4개의 태풍을 동시에 상대하는 것과 같다.

주식을 통해 코인 시장에 투자하는 방법

8

앞선 우리는 코인 시장이 기술력보다는 '고래'나 '규제' 같은 예측 불가능한 거대한 파도에 의해 움직인다는 것을 확인했다. 하루아침에 반 토막이 나는 극단적인 변동성과 허술한 안전장치는 초보 투자자에게 너무나 큰 공포다.

그렇다면 코인 시장의 성장 가능성은 믿지만, 너무 큰 위험은 피하고 싶은 투자자는 어떻게 해야 할까? 아예 투자를 포기해야 할까?

다행히 방법이 있다. 바로 '주식 시장'을 통해 간접적으로 코인 시장에 투자하는 것이다. 세계 금융의 중심인 미국 주식 시장에는 코인 생태계와 밀접하게 연결된 기업들이 상장되어 있다. 이들은 '재무제표'가 있고, '미국 증권거래위원회(SEC)'의 엄격한 규제를 받는 제도권 기업들이다. 즉, 최소한의 안전벨트를 매고 코인 시장이라는 롤러코스터에 탑승하는 것과 같다.

코인과 관련된 주식은 그 기업이 코인 시장과 어떻게 엮여 있는지에 따라 크게 세 가지 유형으로 나눌 수 있다.

유형 1 : 직접 보유형

가장 직관적인 방법이다. 회사 돈으로 비트코인 같은 코인을 직접 사서 자산으로 보유하고 있는 기업에 투자하는 것이다.

대표적인 기업이 미국의 '마이크로스트래티지(MicroStrategy, 티커: MSTR)'다. 이 회사는 원래 기업용 소프트웨어를 만드는 곳이지만, CEO의 강력한 의지로 회사 자산의 상당 부분을 비트코인으로 바꿨다. 사실상 '비트코인을 담고 있는 주식 바구니'나 다름없다.

이런 기업의 주가는 회사의 본업 실적보다 회사가 보유한 코인의 가격 변화에 더 민감하게 반응한다. 비트코인 가격이 오르면 회사의 자산 가치가 커져 주가가 폭등하고, 내리면 같이 폭락하는 식이다. 코인을 직접 사고 보관하는 것이 번거롭고 무서운 투자자에게 대안이 된다.

유형 2 : 인프라 제공형

과거 금광 발견으로 '골드러시'가 일어났을 때 정작 가장 큰 돈을 번 사람은 금을 캐러 온 광부가 아니라 그들에게 '삽과 곡괭이'를 판 상인이었다는 말이 있다. 코인 시장도 마찬가지다. 코인 가격이 오르든 내리든, 사람들이 코인을 거래할 수 있는 환경(인프라)을 제공하고 돈을 버는 기업들이 있다.

대표적인 예가 미국의 최대 코인 거래소인 '코인베이스(Coinbase, 티커: COIN)'다. 사람들이 코인을 사고팔 때마다 코인베이스는 수수료를 챙긴다. 코인 열풍이 불어 거래량이 폭발하면 이 회사의 이익도 급증한다.

또한, '페이팔(PayPal)'이나 '블록(Block)'처럼 코인으로 결제할 수 있는 시스템을 제공하는 핀테크 기업들도 이 유형에 속한다. 이들은 코인 시장이 커질수록 수혜를 입는 구조다.

유형 3 : 기술 및 채굴형

마지막은 코인이 존재하고 유지되는 데 필요한 핵심 기술이나 장비를 만드는 기업이다.

앞서 비트코인 같은 코인은 '채굴(복잡한 수학 문제 풀기)'을 통해 유지된다고 배웠다. 이 채굴을 하려면 고성능의 컴퓨터 칩(반도체)이 필요하다. 엔비디아(Nvidia)는 원래 게임용 그래픽 카드를 만드는 회사지만, 이 회사의 칩이 코인 채굴에 엄청난 성능을 발휘한다는 것이 알려지면서 코인 열풍의 중심에 섰다. 코인 가격이 올라 채굴 경쟁이 치열해지면 엔비디아의 칩이 불티나게 팔려 실적이 좋아진다.

이 외에도 전문적으로 거대한 채굴장을 운영하며 코인을 캐는 '채굴 전문 기업(예: 마라톤 디지털 홀딩스)'들도 미국 증시에 상장되어 있다.

주의할 점

이러한 '코인 관련주'에 투자하는 것은 코인을 직접 사는 것보다는 안전하다. 회사가 하루아침에 사라지거나 대표가 돈을 들고 도망갈 확률이 현저히 낮기 때문이다.

하지만 명심해야 한다. 이 기업들의 주가는 결국 코인 시장의 분위기에 엄청난 영향을 받는다. 일반적인 주식(예: 코카콜라, 삼성전자)보다는 주가 변동성이 훨씬 크다. 코인 시장이 폭락하면 이 기업들의 주가도 덩달아 곤두박질칠 수 있다. 따라서 이 방법 역시 코인 시장의 위험성을 충분히 이해하고 감당할 수 있는 투자자에게 적합한 투자 방식이다.

기술적 분석 9

좋은 주식과 코인을 고르는 법, 즉 '펀더멘털(기초 체력)' 분석을 배웠다. 이것은 "무엇을 살까?"를 결정하는 과정이다. 하지만 아무리 좋은 주식이라도 너무 비쌀 때 사면 손해를 볼 수 있다. 반대로, 별로인 종목이라도 쌀 때 사서 비쌀 때 팔면 이익을 본다. 여기서 필요한 것이 바로 "언제 사고팔까?"를 결정하는 '기술적 분석(차트 분석)'이다.

차트는 가격과 거래량의 과거 기록을 그림으로 그린 것이다. 차트 분석가들은 "역사는 반복된다"고 믿는다. 사람들의 욕심과 공포가 반복되기에, 가격의 움직임에도 일정한 패턴이 생긴다는 것이다. 복잡해 보이는 차트도 결국 세 가지 기본 요소인 캔들, 이동평균선, 거래량을 알면 그 흐름을 볼 수 있다.

캔들

차트를 보면 빨간색과 파란색 막대가 빽빽하게 차 있다. 이 막대 하나하나를 양초를 닮았다고 해서 '캔들(Candle)'이라고 부른다. 캔들은 정해진 시간 동안 주식을 사려는 사람(매수)과 팔려는 사람(매도)이 벌인 치열한 싸움의 기록이다.

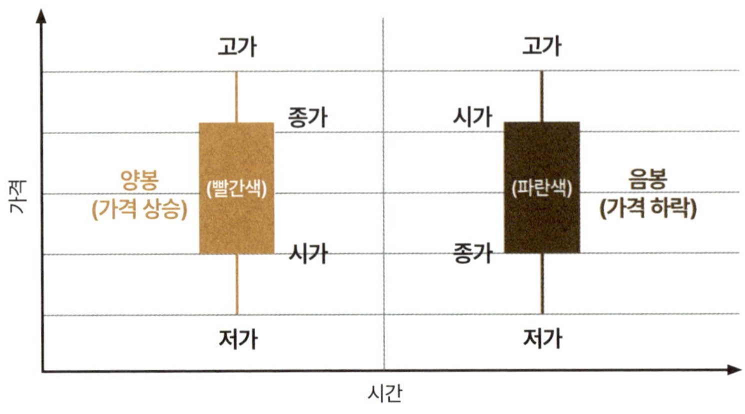

그림 3-5. 캔들

한국에서는 빨간색을 '양봉', 파란색을 '음봉'이라고 한다. 양봉은 아침에 시작한 가격(시가)보다 장이 끝날 때 가격(종가)이 올랐다는 뜻이다. 사려는 힘이 더 강해서 가격을 끌어올린 것이다. 반대로 음봉은 시작 가격보다 끝날 때 가격이 떨어졌다는 뜻이다. 팔려는 힘이 더 강해 가격이 눌린 것이다.

캔들 위아래로 삐져나온 얇은 선은 '꼬리'라고 부른다. 위쪽 꼬리는 장중에 가격이 어디까지 올라갔었는지를, 아래쪽 꼬리는 어디까지 떨어졌었는지를 보여준다. 예를 들어 몸통은 짧은데 아래쪽 꼬리가 아주 길다면, 장중에 가격이 크게 떨어졌지만 누군가 다시 강력하게 사들여서 가격을 회복시켰다는 뜻이다. 이는 바닥을 찍고 올라갈 가능성이 있다는 신호로 해석된다.

이동평균선

캔들이 하루하루의 전투 기록이라면 이동평균선(이평선)은 전쟁의 흐름을 보여주는 지도다. 5일, 20일, 60일 등 일정 기간의 가격 평균을 점으로 찍어 선으로 이은 것이다. 주가는 매일 춤을 추듯 요동치지만, 평균을 내보면 추세가 보인다.

가장 많이 보는 것은 '5일 선(단기)', '20일 선(심리)', '60일 선(수급)'이다. 5일 선은 최근 1주일(휴일 제외) 동안의 평균 가격이다. 이 선이 위를 향하고 있다면 단기적으로 상승세라는 뜻이다. 20일 선은 약한 달간의 평균이다. 투자자들의 심리가 반영되는 중요한 선으로, 주가가 20일 선 위에 있으면 상승 추세, 아래에 있으면 하락 추세로 본다.

이동평균선이 서로 교차할 때도 중요한 신호가 나온다. 단기 이평선이 장기 이평선을 뚫고 위로 올라가면 '골든 크로스(Golden

그림 3-6. 이동평균선과 골든크로스, 데드크로스

Cross)'라고 하며, 앞으로 주가가 오를 강력한 신호로 본다. 반대로 단기 이평선이 장기 이평선을 뚫고 아래로 내려가면 '데드 크로스(Dead Cross)'라고 하며, 하락의 신호로 받아들인다.

거래량

차트 분석의 대가들은 "가격은 속일 수 있어도 거래량은 속일 수 없다"라고 말한다. 거래량은 해당 기간 동안 매매된 주식이나 코인의 총 개수다. 차트 맨 아래에 있는 막대그래프가 바로 이것이다.

자동차가 언덕을 오르려면 엑셀을 밟아 연료를 많이 써야 하듯, 주가가 오르려면 거래량이 터져줘야 한다. 가격은 오르는데 거래량이 아주 적다면, 이는 사는 사람이 별로 없는데 가격만 억지로 올린 것일 수

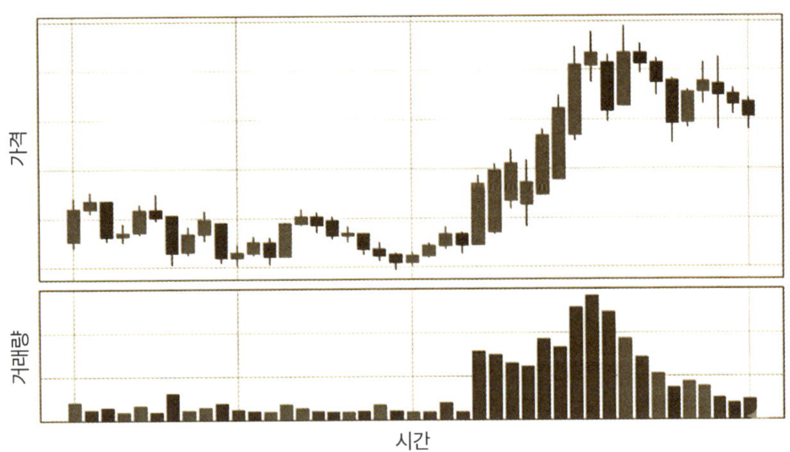

그림 3-7. 거래량

있다. 이런 상승은 모래성처럼 금방 무너진다. 반대로 주가가 바닥권일 때 거래량이 갑자기 폭발적으로 늘어난다면, 큰손(세력)이 매집을 시작했다는 신호일 수 있어 상승을 기대해 볼 수 있다. 즉 거래량은 가격 움직임이 '진짜'인지 확인해 주는 보증수표다.

많이 활용하는 보조지표

기본적인 세 가지 요소 외에도, 수학적 계산을 통해 매매 타이밍을 알려주는 다양한 '보조지표'들이 있다. 수백 가지가 넘지만, 투자자들이 가장 많이 참고하는 대표적인 3가지만 알아두자.

1. RSI(상대강도지수) : 과열과 침체 경보

현재 가격이 너무 많이 올랐는지(과매수), 아니면 너무 많이 떨어졌는지(과매도)를 0에서 100 사이의 숫자로 알려준다. 보통 수치가 70을 넘으면 "너무 과열됐으니 조만간 떨어질 수 있다"고 보고 매도를 고려한다. 반대로 30 밑으로 떨어지면 "너무 많이 팔았으니 반등할 수 있다"고 보고 매수 기회로 삼는다.

2. 볼린저 밴드(Bollinger Bands) : 가격의 도로

주가의 위아래에 밴드(띠)를 그려 가격의 움직임 범위를 보여준다. 고무줄처럼 주가가 밴드 위쪽 선을 뚫고 나가면 다시 안으로 들어오려는 성질이 있다. 밴드의 폭이 좁아지면 조만간 가격이 위든 아래든 크

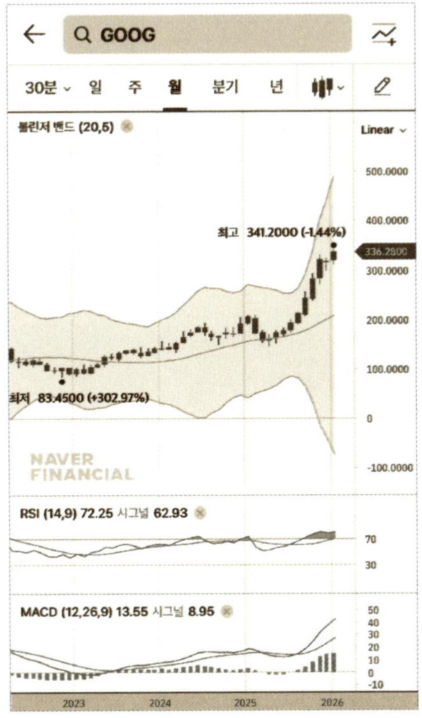

그림 3-8. 보조지표 세 가지

게 움직일 준비를 하고 있다는 뜻이다.

3. MACD(이동평균 수렴확산지수) : 추세의 변화 탐지

단기 이동평균선과 장기 이동평균선이 얼마나 멀어지고 가까워지는지를 통해 추세가 바뀌는 시점을 찾아낸다. 0선 위에서 막대그래프가 커지면 상승의 힘이 강해지는 것이고, 줄어들면 힘이 빠지는 것이다. 상승과 하락의 '에너지'를 파악하는 데 유용하다.

기술적 분석의 유용성과 한계

기술적 분석은 분명 유용한 도구다. 차트를 볼 줄 알면 지금 시장이 공포에 질려 투매하고 있는지, 아니면 탐욕에 눈이 멀어 과열되었는지를 객관적으로 알 수 있다. 깜깜한 밤길에 헤드라이트를 켜고 운전하는 것과 같다.

하지만 치명적인 한계도 있다. 차트는 어디까지나 '과거의 기록'이라는 점이다. 백미러만 보고 운전하다가는 앞에 나타난 돌발 장애물을 피할 수 없다. 전쟁, 금리 인상, 정부의 규제 같은 강력한 외부 충격이 오면 차트의 지지선은 종잇장처럼 뚫려버린다. 또한 누구나 아는 보조지표 신호는 오히려 이를 역이용하려는 세력에게 당하는 함정이 되기도 한다.

따라서 현명한 투자자는 한 가지 방법에만 의존하지 않는다. '기본적 분석'으로 튼튼하고 좋은 자산을 고르고, 이번 장의 '기술적 분석'으로 가장 유리한 매매 타이밍을 잡는 것이 정석이다. 펀더멘털이 목적지를 정하는 것이라면, 기술적 분석은 그곳에 가는 가장 좋은 길을 찾는 지도다.

GOLD

4장

금융

: 돈을 어디에 두어야 할까

돈을 버는 것만큼이나 중요한 문제는 돈을 어디에 두느냐다. 많은 사람들이 힘들게 번 돈을 이자가 낮은 통장에 방치하거나, 잘 알지 못하는 곳에 무작정 투자하곤 한다. 돈이 머무는 위치가 곧 미래 자산의 크기를 결정함에도 불구하고, 정작 금융 기관을 목적에 맞게 활용하는 방법을 아는 사람은 드물다.

은행, 증권사, 보험사 등 우리 주변에는 수많은 금융 회사가 존재한다. 이 장에서는 금융의 기본 개념을 정립하고 다양한 금융 상품의 올바른 활용법을 다룬다. 먼저 저축과 투자의 차이를 명확히 구분하고, 각 금융 기관의 역할과 수익 구조를 설명한다. 또한 주식, 채권, 펀드, 금, 달러 등 돈을 불리기 위해 알아야 할 핵심 자산의 특징을 구체적으로 살펴보자. 금융 지식은 자본주의 사회를 살아가기 위한 필수 생존 기술이다. 이 장을 통해 내 돈이 가장 효율적으로 일할 수 있는 방법을 익히게 될 것이다.

저축과 투자, 무엇이 다를까?

어렸을 적 명절에 어른들께 용돈을 받거나, 심부름을 하고 용돈을 받으면 우리는 행복한 고민에 빠졌다. 이 돈을 어떻게 할지 결정해야 하기 때문이다. 당장 맛있는 간식을 사 먹을 수도 있고, 사고 싶었던 장난감을 살 수도 있다. 그런데 미래를 위해 돈을 쓰지 않고 모으기로 결정한 친구들이 있었다. 이들은 두 가지 선택지 앞에 서게 된다. 하나는 안전한 은행에 돈을 맡기는 '저축'이고, 다른 하나는 돈을 불리기 위해 어딘가에 돈을 보내는 '투자'다. 많은 사람들이 이 둘을 비슷하다고 생각하지만, 저축과 투자는 완전히 다른 성격을 가지고 있다. 금융 공부의 첫걸음은 이 둘의 차이를 명확히 구분하는 것에서 시작된다.

저축

저축은 쉽게 말해 나의 소중한 돈을 가장 안전한 곳에 보관하는 행위다. 우리가 집에서 돼지 저금통에 동전을 넣는 것도 저축이고, 은행에 가서 예금이나 적금 통장을 만드는 것도 저축이다. 저축의 가장 큰 특징이자 장점은 '원금(Principal)'이 보장된다는 것이다. 원금이란 내가 처음에 맡긴 돈을 말한다. 은행은 아주 튼튼한 금고와 같다. 은행에

100만 원을 맡기면, 무슨 일이 있어도 내 통장에는 100만 원이라는 숫자가 그대로 찍혀 있고 줄어들지 않는다. 오히려 은행은 우리에게 고맙다며 '이자'라는 보너스까지 얹어준다. 비록 그 금액이 크지는 않지만, 돈을 잃어버릴 걱정 없이 차곡차곡 쌓아갈 수 있다는 점에서 저축은 마음의 평화를 주는 방법이다. 그래서 저축은 돈을 모으는 초기 단계, 즉 투자를 위한 씨앗인 '종잣돈'을 만들 때 반드시 필요한 과정이다. 흙이 단단해야 나무가 잘 자라듯, 저축을 통해 기초 체력을 튼튼히 해야 한다.

구매력을 지킬 수 있을까?

그렇다면 평생 은행에 저축만 열심히 하면 경제적인 자유를 얻을 수 있을까. 안타깝게도 정답은 '아니요'다. 앞서 우리는 돈의 가치가 떨어지고 물건 가격이 오르는 '인플레이션'에 대해 배웠다. 바로 이 인플레이션 때문에 저축만으로는 자산을 지킬 수 없다. 은행 금고 안에 있는 내 돈의 '숫자'는 그대로일지 몰라도, 그 돈으로 살 수 있는 물건의 양인 '구매력(Purchasing Power)'은 시간이 갈수록 줄어들기 때문이다.

아주 쉬운 예를 들어보자. 10년 전, 1만 원을 들고 분식집에 가면 떡볶이, 튀김, 순대를 배불리 먹고도 돈이 남았다. 하지만 지금 1만 원으로는 떡볶이와 튀김 몇 개를 사면 끝이다. 내 통장에 1만 원이 그대로 있다고 해서 내 재산이 지켜진 것이 아니다. 10년 전의 1만 원과 지금의 1만 원은 힘의 크기가 완전히 다르다. 이것이 바로 저축의 치명적인 약점이다. 안전하지만 인플레이션을 이길 힘은 없다.

은행 통장에 1,000만 원을 넣고 1년간 2% 이자를 받으면 20만 원이 생긴다. 하지만 같은 기간 물가가 5% 올랐다면 어떻게 될까? 작년에 1,000만 원으로 살 수 있었던 물건들이 올해는 1,050만 원이 필요하다. 내 통장 잔액은 1,020만 원이지만, 실제 구매력은 30만 원 손해를 본 셈이다.

2022년 한국 소비자물가 상승률은 5.1%였고 1년 만기 정기예금 평균 금리는 3% 초반이었다. 통장에 돈을 넣어뒀다고 안심했지만 실질적으로는 매년 자산이 줄어든 것이다. 이것이 저축만으로는 부족한 이유다. 안전하지만 물가를 이길 수 없다면, 돈의 가치는 시간이 갈수록 녹아내린다.

투자

물가 상승의 속도를 따라잡고, 더 나아가 내 돈을 크게 불리기 위해서는 다른 방법이 필요하다. 바로 '투자'다. 저축이 돈을 금고에 가두어 지키는 것이라면, 투자는 돈을 세상 밖으로 내보내 일을 시키는 것이다. 내가 잠을 자고 학교에 있는 시간에도 내 돈은 기업에 들어가 공장을 돌리거나(주식), 건물의 주인이 되어 월세를 받아온다(부동산). 투자의 핵심은 '수익'이다. 투자를 하면 은행 이자보다 훨씬 높은 수익을 기대할 수 있다. 앞서 배운 '복리의 마법'이 제대로 작동하려면 투자라는 엔진이 꼭 필요하다.

하지만 세상에 공짜는 없다. 높은 수익을 기대하는 만큼 반드시 치러야 할 대가가 있다. 바로 '리스크(Risk)', 즉 위험이다. 투자는 저축과 달리 원금을 잃을 수도 있다. 내가 투자한 회사가 망하거나, 경제 위기가 닥쳐서 주가가 폭락하면 내 돈은 반 토막이 날 수도 있다. 은행 통장처럼 숫자가 지켜지지 않는다. 그래서 투자는 마치 농사를 짓는 것과 같다. 잘 키우면 풍성한 열매를 얻지만, 태풍이 오거나 가뭄이 들면 농사를 망칠 수도 있다. 이 위험을 감수하고서라도 미래를 위해 씨앗을 뿌리는 용기 있는 행동이 바로 투자다.

저축과 투자 모두 필요하다

튼튼한 경제 생활을 꾸리기 위해서는 '방패'와 '창'이 모두 필요하다. 전쟁터에 나가는 장수가 공격 무기와 방어 무기를 모두 챙겨야 하는 것과 같다. 저축은 우리를 지켜주는 단단한 방패다. 갑자기 아프거나 급한 돈이 필요할 때, 혹은 투자를 하다가 실패했을 때 나를 보호해주는 안전한 자산이 있어야 한다. 반면 투자는 사냥을 할 수 있는 날카로운 창이다. 물가 상승을 이겨내고 자산을 빠르게 불려 경제적 여유를 얻기 위해서는 반드시 투자를 해야 한다. 방패만 들고 있으면 적을 이길 수 없고, 창만 들고 있으면 내가 다칠 위험이 크다.

가장 현명한 방법은 순서를 지키는 것이다. 처음에는 안전한 저축을 통해 투자를 할 수 있는 덩어리 돈(종잣돈)을 모아야 한다. 그리고 그 돈이 모이면, 그때부터는 공부를 통해 리스크를 관리하며 투자로 돈을 불려 나가야 한다. 저축으로 모으고, 투자로 불린다. 이 단순하지만 강력한 원칙을 지키는 사람만이 냉혹한 자본주의 세상에서 돈의 주인

이 될 수 있다. 이제 우리는 저축과 투자의 차이를 명확히 알았다. 다음
절부터는 내 돈이 일할 수 있는 구체적인 장소인 금융 기관들에 대해
알아보자.

저축과 투자가 모두 필요하다는 건 알겠는데, "그럼 도대체 얼마를 저축하고, 얼마를 투자해야 하지?"라는 고민이 자연스럽게 생긴다. 이때 많이 쓰는 간단한 기준이 바로 '100-나이 법칙'이다.

예를 들어 30살이라면 100에서 30을 뺀 70을 투자 비율로 잡는다. 즉, 전체 금융 자산 중 70%는 주식·펀드 같은 투자 자산으로 두고 나머지 30%는 예·적금처럼 안전한 저축으로 가져가는 식이다. 나이가 들수록 이 숫자가 줄어들기 때문에 시간이 지날수록 저축 비중은 점점 늘고 투자 비중은 자연스럽게 줄어든다.

물론 이건 정답이라기보다 방향을 잡기 위한 간단한 척도로 보면 된다. 빚이 많거나 소득이 불안정하다면 저축 비중을 더 높이는 게 좋고, 반대로 안정적인 직장과 두터운 비상 자금이 있다면 투자 비중을 조금 더 키울 수도 있다. 중요한 건 나이, 소득, 가족 상황에 따라 나만의 비율을 정하되 저축이라는 방패와 투자라는 창을 모두 들고 가겠다는 큰 원칙을 유지하는 것이다.

은행 활용법

2

우리는 용돈을 받거나 세뱃돈을 받으면 은행으로 간다. 통장에 돈을 넣으면 은행은 그 돈을 아주 안전하게 보관해 준다. 그래서 많은 사람들은 은행을 단순히 '돈을 맡아주는 튼튼한 금고'라고 생각한다. 하지만 은행의 역할은 보관에서 끝나지 않는다. 은행은 우리 몸의 심장과 비슷한 역할을 한다. 심장이 멈추지 않고 펌프질을 해서 온몸에 혈액을 보내야 사람이 살 수 있듯이, 은행은 경제라는 거대한 몸집에 '돈'이라는 혈액이 멈추지 않고 돌게 만드는 아주 중요한 기관이다.

예대마진 : 은행이 돈을 버는 확실한 방법

은행도 이익을 남겨야 운영되는 하나의 기업이다. 건물을 짓고, 수많은 직원에게 월급을 주고, 복잡한 전산 시스템을 유지하려면 돈이 필요하다. 그렇다면 은행은 어떻게 돈을 벌까? 핵심은 '빌리는 가격'과 '빌려주는 가격'의 차이에 있다. 은행은 사람들에게 예금을 받는다. 이때 은행은 돈을 맡겨줘서 고맙다며 고객에게 이자를 준다. 이것이 은행 입장에서 돈을 빌리는 비용이다.

반대로 돈이 필요한 개인이나 기업에게는 돈을 빌려준다. 이때는 돈을 빌려준 대가로 이자를 받는다. 이것이 은행의 수입이다. 중요한 점은 은행이 고객에게 주는 예금 이자보다, 돈을 빌려간 사람에게 받는 대출 이자를 더 비싸게 받는다는 것이다. 예를 들어 은행이 예금 고객에게 2%의 이자를 준다면, 대출 고객에게는 5%의 이자를 받는다. 이 3%의 차이가 바로 은행의 이익이 된다. 이것을 '예대마진(예금과 대출의 금리 차이)'이라고 부른다. 실제로 은행이 벌어들이는 전체 이익의 80% 이상이 이 예대마진에서 나온다. 은행이 너무 쉽게 돈을 번다는 비판도 있지만, 은행이 충분한 이익을 내지 못해 흔들리면 경제 전체가 위험해질 수 있기에 안정적인 수익 구조는 필수적이다.

은행이 멈추면 경제가 멈춘다

'대마불사'라는 말이 있다. 아주 큰 말은 죽지 않는다는 뜻으로, 너무 중요한 대상은 쉽게 망하도록 내버려 둘 수 없다는 의미다. 은행이 바로 그렇다. 만약 편의점 하나가 문을 닫으면 동네 사람들이 조금 불편하고 말겠지만, 거대 은행이 문을 닫으면 나라 전체가 마비된다. 은행은 돈이 흐르는 파이프와 같다. 기업은 은행을 통해 직원들에게 월급을 보내고, 가게 사장님은 물건 값을 치른다. 우리는 은행 카드로 밥을 먹고 버스를 탄다. 그런데 은행 전산망이 멈추거나 은행에 돈이 말라버리면 이 모든 흐름이 순식간에 끊긴다.

기업은 흑자 부도를 맞고, 사람들은 생필품을 살 수 없게 된다. 경제가 멈추는 것이다. 그래서 국가적인 위기가 닥치면 정부와 중앙은행은 가장 먼저 은행을 살리기 위해 움직인다. 지난 2020년 코로나19 위기 때, 전 세계 중앙은행이 금리를 0%대로 낮추고 은행에 막대한 돈을 공급했던 이유도 이 때문이다. 은행이라는 심장이 멈추지 않고 계속 뛰어야, 기업과 가계라는 세포들에게 산소(돈)를 공급할 수 있기 때문이다. 정부가 세금을 투입해서라도 은행을 지키는 것은 은행 주인을 위해서가 아니라, 경제 시스템 붕괴를 막기 위한 '금융 안전망'을 지키기 위해서다.

신용 평가

은행이 가진 가장 중요한 능력은 '돈을 적절하게 빌려주는 것'이다. 은행의 돈은 은행 것이 아니라 고객들이 맡긴 돈이다. 따라서 돈을 빌려줬다가 돌려받지 못하면 큰일이 난다. 그래서 은행은 돈을 빌리러 온 사람을 아주 꼼꼼하게 심사한다. 이 사람이 돈을 잘 갚을 능력이 있는지, 과거에 돈을 갚지 않은 적은 없는지 등을 따져보는 것을 '신용 평가'라고 한다.

은행 대출 이자가 예금 이자보다 비싼 이유에는 은행의 마진도 있지만, '돈을 떼일 위험에 대한 비용'도 포함되어 있다. 신용 점수가 높고 직장이 튼튼한 사람에게는 "돈 떼일 위험이 적으니 이자를 조금만 내세요"라며 낮은 금리를 적용한다. 반면 신용 점수가 낮거나 소득이 불분명한 사람에게는 "위험하니까 이자를 많이 내세요"라며 높은 금리를 부르거나, 아예 대출을 거절한다. 은행은 냉정해 보이지만, 이것은 고객의 예금을 안전하게 지키기 위한 필수적인 과정이다. 신용이 없으면 돈을 빌릴 수 없거나 아주 비싼 대가를 치러야 한다. 이것이 자본주의 사회에서 신용이 곧 '돈'인 이유다.

똑똑한 은행 활용법

은행을 단순히 돈을 보관하는 창고로만 생각해서는 안 된다. 부자들은 은행을 자신의 자산을 불려주는 든든한 파트너로 활용한다. 은행이 제공하는 다양한 기능을 내 목적에 맞게 똑똑하게 이용하는 것이 재테크의 시작이다. 은행을 내 편으로 만들기 위해서는 무작정 돈을 넣는 것이 아니라, 전략적으로 접근해야 한다. 이를 위해 반드시 기억해야 할 세 가지 핵심 원칙이 있다.

첫째, 내 목표에 딱 맞는 통장을 선택해야 한다. 은행 통장이라고 다 같은 것이 아니다. 돈을 모으는 단계와 지키는 단계에 따라 사용하는 통장이 다르다. 이제 막 돈을 모으기 시작해서 목돈을 만들고 싶다면 매달 일정 금액을 차곡차곡 쌓는 '정기적금'이 유리하다. 반면, 이미 모아둔 목돈을 안전하게 보관하면서 이자를 받고 싶다면 큰돈을 한 번에 맡겨두는 '정기예금'을 선택해야 한다. 자신의 상황이 종잣돈을 모으는 씨앗 단계인지, 수확한 열매를 지키는 단계인지 파악하고 그에 맞는 통장을 써야 자산이 단단한 기초 위에 쌓인다.

둘째, 대출은 잘 쓰면 약이 되고 못 쓰면 독이 되는 '양날의 검'임을 명심해야 한다. 많은 사람이 빚을 무조건 나쁜 것으로 여기지만, 경제 공부를 한 사람에게 대출은 기회가 된다. 내가 감당할 수 있는 범위 내에서 집을 사거나 투자를 하기 위해 빌리는 돈은 나의 자산 크기를 키워주는 '지렛대(레버리지)' 역할을 한다. 이것은 좋은 빚이다. 하지만 단순히 갖고 싶은 물건을 사거나 소비를 위해 빌리는 대출은 나를 가난하게 만드는 지름길이다. 또한 대출을 받을 때는 눈에 보이는 금리만 볼 것이 아니라, 중간에 갚을 때 내야 하는 '중도상환수수료' 같은 숨은 조건까지 꼼꼼히 비교하는 습관을 가져야 한다.

셋째, 신용점수는 보이지 않는 또 다른 자산이다. 자본주의 사회에서 신용은 곧 돈의 가격을 결정하는 성적표와 같다. 평소에 통신비나 카드 값을 연체 없이 약속된 날짜에 잘 내는 작은 습관들이 쌓여 신용점수가 된다. 신용점수가 높으면 나중에 집을 사거나 사업을 할 때, 남들보다 훨씬 싼 이자로 큰돈을 빌릴 수 있는 강력한 무기를 얻게 된다. 신용 관리는 어른이 되어서 갑자기 하는 것이 아니다. 지금부터 약속을 잘 지키는 습관을 들이는 것이 튼튼한 금융 생활의 가장 중요한 기초다.

증권사, 보험사 활용법

은행이 돈을 안전하게 보관하고 빌려주는 역할을 한다면, 돈을 불리거나 미래의 위험에 대비하기 위해서는 다른 전문적인 금융 기관이 필요하다. 대표적인 곳이 바로 증권사와 보험사다. 이들은 은행과는 다른 목적으로 운영되며 돈을 버는 수익 구조 또한 독특하다. 우리가 금융 생활을 폭넓게 하기 위해서는 이 두 기관의 정확한 역할과 이들이 어떻게 이익을 내는지 그 원리를 명확히 이해해야 한다.

증권사가 하는 일

주식이나 채권에 투자하고 싶다면 은행이 아닌 증권사를 찾아가야 한다. 증권사의 가장 기본적인 역할은 투자자가 주식, 채권, 펀드 등 다양한 금융 상품을 사고팔 수 있도록 연결해 주는 '중개'다. 우리가 스마트폰 앱을 통해 삼성전자 주식을 사겠다고 주문을 넣으면, 이 주문은 증권사를 거쳐 한국거래소(KRX)로 전달되어 거래가 체결된다. 개인 투자자가 거래소에 직접 가서 주식을 살 수는 없기 때문에 반드시 증권사라는 창구를 통해야만 한다. 또한 기업이 주식을 처음 발행하여 자금을 모으는 과정(IPO)을 주관하거나, 기업에게 필요한 자금을 조달해

주는 역할도 수행한다. 즉, 자금이 필요한 기업과 자금을 불리려는 투자자를 연결해 주는 다리 역할을 하는 것이다.

증권사의 수익 구조

그렇다면 증권사는 어떻게 돈을 벌까? 가장 큰 수입원은 '수수료'다. 투자자들이 주식이나 채권을 사고팔 때마다 일정 비율의 돈을 증권사에 지불한다. 이를 위탁매매 수수료라고 한다. 사람들이 주식 투자를 많이 하고 거래를 자주 할수록 증권사의 이익은 늘어난다. 또한 자산운용사가 만든 펀드나 ELS 같은 금융 상품을 고객에게 대신 팔아주고 받는 판매 수수료도 중요한 수입원 중 하나다. 증권사는 단순히 중개만 하는 것이 아니다. 회사가 가진 거대한 자금을 직접 굴려서 수익을 내기도 한다. 이를 '트레이딩'이라고 한다. 고객의 돈이 아니라 증권사 자신의 돈으로 주식, 채권, 파생상품 등에 직접 투자하여 이익을 얻는 것이다. 따라서 증권사의 실적은 주식 시장의 분위기에 큰 영향을 받는다. 시장이 활발하고 주가가 오르면 수수료 수입과 트레이딩 수익이 함께 늘어나지만, 시장이 침체되면 수입이 줄어들 수 있다.

보험사가 하는 일

살다 보면 예기치 못한 사고를 당하거나 큰 병에 걸릴 수 있다. 이때 감당하기 힘든 큰돈이 필요해진다. 보험사는 이러한 미래의 불확실한 위험에 대비하기 위해 존재하는 금융 기관이다. 보험의 기본 원리는 '다수의 협력'이다. 비슷한 위험을 가진 수많은 사람이 매달 일정한 돈(보험료)을 낸다. 그리고 그중에서 실제로 사고를 당한 사람에게 모아둔 돈을 몰아주어(보험금) 위기를 극복하게 돕는다. 즉, 보험사는 특정한 개인에게 닥칠 수 있는 위험을 다수의 사람이 나누어 짊어지게 함으로써 사회적 안전망 역할을 수행한다.

보험사의 수익 구조

보험사의 수익 구조는 은행이나 증권사와는 확연히 다르다. 보험사가 돈을 버는 공식은 다음과 같다.

'고객에게 받은 보험료'와 그 돈을 굴려서 번 '운용 수익'을 더한 뒤, 사고가 난 고객에게 지급한 '보험금'과 회사를 운영하는 데 쓴 '사업비'를 뺀 나머지가 보험사의 이익이 된다. 보험사는 고객에게 받은 돈을 금고에 그대로 쌓아두지 않는다. 고객이 보험료를 내는 시점과 나중에 사고가 나서 보험금을 타가는 시점 사이에는 긴 시간 차이가 있다. 보험사는 그 기간 동안 거대한 자금을 채권, 주식, 부동산 등에 투자하여 수익을 올린다. 이를 운용 수익이라고 한다. 따라서 보험사는 보험료를 많이 걷는 것도 중요하지만, 고객의 돈을 잘 굴려서 투자 수익을 내는 것이 중요하다. 또한 사고가 적게 나서 나가는 보험금이 줄어들수록 보험사의 이익은 커진다. 이를 위해 보험사는 가입 심사를 까다롭게 하여 사고 위험이 너무 높은 사람의 가입을 제한하기도 한다.

보험과 투자는 구별해야 한다

많은 사람이 보험을 저축이나 투자 상품과 혼동하곤 한다. "나중에 원금을 돌려준다"는 말이나 "복리 이자를 준다"는 광고에 혹해 가입하기도 한다. 대표적인 상품이 변액보험이다. 하지만 보험의 본질은 투자가 아니라 '위험 대비'다. 우리가 내는 보험료에는 사고 시 지급할 위험 보험료뿐만 아니라, 보험사 직원의 월급이나 건물 유지비 같은 '사업비'가 꽤 많이 포함되어 있다. 내가 낸 돈에서 사업비를 먼저 떼고 남은 돈만 굴리기 때문에 순수하게 돈을 불리는 목적으로는 은행이나 증권사 상품보다 효율이 떨어질 수밖에 없다.

투자는 내 돈을 불리기 위해 위험을 감수하고 수익을 쫓는 행위라면 보험은 내가 감당할 수 없는 큰 위험을 막기 위해 비용을 지불하는 행위다. 따라서 암이나 사망, 화재 같은 치명적인 위험에 대비하는 보장성 보험에는 가입하되, 돈을 불리려는 목적이라면 보험사가 아닌 은행이나 증권사의 상품을 이용하는 것이 현명하다. 각 금융 기관은 저마다의 설립 목적이 다르기 때문에 그 목적에 맞게 활용할 때 가장 큰 효과를 볼 수 있다.

펀드와 ETF

주식 투자를 처음 시작하는 사람들은 보통 "어떤 회사를 사야 할까?"를 가장 먼저 고민한다. 삼성전자를 살지, 애플을 살지, 아니면 요즘 뜨는 인공지능 회사를 살지 고민에 빠진다. 운 좋게 고른 회사가 대박이 나면 좋겠지만, 반대로 그 회사가 망하거나 주가가 폭락하면 내 소중한 돈은 순식간에 사라진다. 하나의 바구니에 모든 달걀을 담았다가 바구니를 떨어뜨리면 달걀이 모두 깨지는 것과 같다. 그래서 투자의 세계에는 "달걀을 한 바구니에 담지 마라"라는 아주 유명한 격언이 있다. 위험을 피하기 위해 여러 회사에 돈을 나누어 담으라는 뜻이다. 이것을 '분산투자'라고 한다. 하지만 초보자가 수천 개나 되는 기업 중에서 좋은 회사를 여러 개 골라내는 것은 사실상 불가능에 가깝다. 이때 우리를 도와주는 아주 훌륭한 도구가 있다. 바로 '펀드'와 'ETF'다.

펀드

펀드(Fund)는 쉽게 말해 '돈 모임'이다. 나 혼자서는 큰돈이 없어서 여러 회사에 투자할 수 없고, 어떤 회사가 좋은지 공부할 시간도 부족하다. 이럴 때 여러 사람의 돈을 한곳에 모은다. 이렇게 모인 거대한 돈 뭉치를 투자 전문가인 '펀드 매니저'에게 맡긴다. 펀드 매니저는 이 돈으로 주식, 채권, 부동산 등 다양한 자산을 대신 사들인다. 마치 요리사가 맛있는 반찬을 골고루 담아 도시락을 만드는 것과 같다.

우리는 이 도시락(펀드)을 사기만 하면, 그 안에 들어있는 수십, 수백 개의 회사에 동시에 투자하는 효과를 누릴 수 있다. 내가 직접 회사를 고르는 수고를 덜 수 있고, 전문가가 대신 관리해 주니 마음도 편하다. 이것이 바로 '간접 투자'다. 하지만 세상에 공짜는 없다. 요리사가 요리를 대신해 주면 수고비를 줘야 하듯, 펀드를 이용하면 펀드 매니저와 운용 회사에 '수수료'를 내야 한다. 또한 펀드는 가입하고 해지하는 절차가 은행이나 증권사를 거쳐야 하므로 조금 복잡하고 시간이 걸린다는 단점이 있다. 내가 원할 때 바로 팔아서 현금으로 만들기 어렵다는 뜻이다.

ETF

펀드의 장점은 그대로 가져오면서 단점은 보완한 획기적인 상품이 등장했다. 바로 'ETF(상장지수펀드)'다. 이름이 조금 어렵지만 원리는 간단하다. 펀드라는 도시락을 주식 시장에 상장시켜서 마치 삼성전자 주식처럼 실시간으로 사고팔 수 있게 만든 것이다. 일반 펀드는 하루가 지나야 가격이 정해지고 돈을 찾는 데 며칠이 걸린다. 하지만 ETF는 스마트폰 앱을 켜서 장이 열려 있는 동안 언제든지 현재 가격으로 사고팔 수 있다. 거래가 훨씬 쉽고 빠르다. 무엇보다 가장 큰 장점은 '수수료가 싸다'는 것이다. 펀드 매니저가 일일이 종목을 고르는 일반 펀드와 달리 ETF는 컴퓨터 프로그램에 따라 기계적으로 시장 전체를 따라가도록 설계된 경우가 많다. 사람의 손이 덜 가니 수수료도 훨씬 저렴하다.

지수 투자 : 시장 전체를 사는 기술

ETF가 초보자에게 제격인 진짜 이유는 '시장 전체'에 투자할 수 있기 때문이다. 이것을 이해하려면 '지수(Index)'라는 개념을 알아야 한다. 뉴스를 보면 "오늘 코스피 지수가 올랐다"거나 "미국 S&P500 지수가 떨어졌다"는 말을 듣는다. 여기서 지수는 시장에 있는 대표적인 기업들의 성적표 평균 점수다. 예를 들어 '코스피 200 ETF'를 1주 샀다고 가정해 보자. 이것은 한국을 대표하는 1등부터 200등까지의 우량 기업 200개를 쪼개서 한 번에 산 것과 똑같다. 삼성전자가 망해도 다른 199개 기업이 버티고 있으니 내 돈은 안전하다. 내가 산 것은 특정 회사가 아니라 '대한민국 경제' 그 자체이기 때문이다. 미국 시장 전체를 따라가는 ETF를 사면 미국 경제 전체에 투자하는 셈이 된다. 개별 기업은 1등이었다가도 시대가 변하면 망할 수 있다. 하지만 자본주의 시스템이 유지되는 한, 국가와 시장 전체는 장기적으로 계속 성장한다. 기업들이 끊임없이 돈을 벌고 기술을 개발하기 때문이다. 따라서 어떤 회사가 대박이 날지 맞히려고 애쓰는 것보다, 시장 전체를 담은 ETF를 꾸준히 사 모으는 것이 초보자가 실패하지 않는 가장 확실한 방법일 수 있다.

어떤 ETF를 골라야 할까

ETF의 종류는 다양하다. 한국 시장, 미국 시장 같은 국가별 ETF도 있고, 반도체, 2차 전지, 인공지능처럼 특정 산업만 모아놓은 ETF도 있다. 심지어 금이나 석유 같은 원자재에 투자하는 ETF도 있다. 초보자라면 특정 산업보다는 국가 전체 지수를 따라가는 '시장 지수 ETF'로 시작하는 것이 좋다. 예를 들어 미국의 대표 지수인 'S&P500'이나 기술주 중심의 '나스닥 100'을 추종하는 ETF는 전 세계 투자자들이 가장 사랑하는 상품이다. 한국 주식 시장 전체에 투자하고 싶다면 'KODEX 200'이나 'TIGER 200'같은 상품을 고르면 된다. 이름 앞에 붙은 영어는 운용하는 회사의 이름일 뿐, 내용은 거의 비슷하다.

투자는 대박을 노리는 도박이 아니다. 위험을 줄이면서 천천히, 하지만 확실하게 자산을 불려 나가는 과정이다. 전문가가 밥상을 차려주는 펀드 그리고 그 밥상을 더 쉽고 싸게 즐길 수 있는 ETF는 초보 투자자가 가장 먼저 활용해야 할 상품이다.

ETF 브랜드	운용사
KODEX	삼성자산운용
TIGER	미래에셋자산운용
ACE	한국투자신탁운용
RISE (구 KBSTAR)	KB자산운용
SOL	신한자산운용
KOSEF	키움투자자산운용
PLUS (구 ARIRANG)	한화자산운용
HANARO	NH-Amundi자산운용
TIMEFOLIO	타임폴리오자산운용
Woori	우리자산운용

표 4-1. 주요 ETF 브랜드 및 운용사

배당주

주식 투자로 돈을 버는 방법은 크게 두 가지다. 첫 번째는 '시세차익'을 얻는 것이다. 1만 원에 산 주식이 2만 원이 되었을 때 팔아서 이익을 남기는 방식이다. 회사가 크게 성장하면 짧은 시간에도 자산을 빠르게 불릴 수 있는 아주 매력적인 방법이다. 두 번째는 '현금흐름'을 만드는 것이다. 주식을 팔지 않고 계속 보유하면서, 회사가 정기적으로 주는 돈을 받는 방식이다. 마치 건물주가 건물을 팔지 않고 매달 월세를 받는 것과 비슷하다. 주식 가격이 오르내리는 것에 스트레스를 받지 않고, 매달 꼬박꼬박 들어오는 용돈이나 월세 같은 안정적인 돈을 원한다면 두 번째 방법인 '배당주 투자'가 제격이다. 이것은 주식을 '사고파는 대상'이 아니라, 매달 현금을 가져다주는 '자산'으로 바라보는 투자 전략이다.

주식회사의 기본 약속, 이익을 나누다

주식(Stock)을 산다는 것은 단순히 종이 조각을 사는 것이 아니라, 그 회사의 '주인'이 된다는 뜻이다. 우리가 삼성전자나 코카콜라 같은 회사의 주식을 단 1주라도 사면, 그 회사의 지분을 가진 주주(Shareholder)가 된다. 주주는 회사의 주인으로서 회사가 번 돈을 나눠 가질 정당한 권리가 있다. 기업은 열심히 물건을 팔아 이익을 남긴다. 그리고 그 이익의 일부를 주인인 주주들에게 현금으로 나눠준다. 이것이 바로 '배당금(Dividend)'이다. 배당주 투자는 주식의 가장 기본적인 가치인 '이익 공유'에 집중하는 방법이다. 내가 잠을 자거나 학교에 있는 동안에도 회사의 직원들은 열심히 일해서 돈을 번다. 그리고 그 성과를 내 통장에 현금으로 입금해 준다. 내가 일하지 않아도 내 자본이 나를 위해 돈을 벌어오는 시스템을 만드는 것이다.

은행 이자와 비슷하면서도 다른 점

돈을 맡겨두고 정기적으로 현금을 받는다는 점에서 배당금은 은행 이자와 비슷해 보인다. 하지만 결정적인 차이가 있다. 은행 예금은 안전하지만, 받을 이자가 처음부터 고정되어 있다. 10년이 지나도 이자율은 크게 변하지 않거나 오히려 떨어질 수도 있다. 가장 큰 문제는 물가 상승을 따라잡기 힘들다는 점이다.

반면 배당금은 회사가 성장하면 함께 늘어난다. 회사가 장사를 잘해서 돈을 더 많이 벌면, 주주들에게 주는 배당금도 올려준다. 실제로 우리가 즐겨 마시는 음료수를 만드는 '코카콜라'나 로션과 밴드로 유명한 '존슨앤드존슨' 같은 세계적인 기업들은 무려 60년이 넘는 기간 동안 매년 배당금을 늘려왔다. 전쟁이 나거나 경제 위기가 닥쳐도 멈추지 않고 배당금을 올려준 것이다. 이런 기업들은 물가가 오르면 기업은 물건 가격을 올려 이익을 지키고, 그 늘어난 이익은 다시 늘어난 배당금으로 주주에게 돌아온다. 즉, 배당주 투자는 고정된 이자를 받는 것이 아니라, 성장하는 이자를 받음으로써 인플레이션을 방어하는 효과적인 수단이 된다. 회사가 성장하여 주가가 상승한다면 여기서 나오는 이익은 덤이다.

흔들리지 않는 현금 흐름

직장인이 회사에 다니는 이유는 매달 꼬박꼬박 들어오는 월급 때문이다. 이 월급이 우리의 생활을 지켜준다. 배당주 투자의 목표는 바로 이 월급 같은 '현금 흐름(Cash Flow)'을 만드는 것이다. 주식 시장은 날씨처럼 변덕스럽다. 어제는 폭등했다가 오늘은 폭락하기도 한다. 주식 가격에 너무 몰입하게 되면 마음이 불안해서 일상 생활이 힘들 수 있다. 하지만 배당을 주는 회사에 투자하면 주가가 떨어져도 걱정이 적다. 주가는 변해도 내 통장에 꽂히는 배당금은 변하지 않거나 오히려 늘어나기 때문이다. 주가가 떨어지면 오히려 좋다. 더 싼 가격에 배당을 주는 주식을 더 많이 살 수 있는 기회이기 때문이다. 이렇게 꾸준히 들어오는 배당금은 '제2의 월급'이 된다. 처음에는 통신비를 낼 정도의 적은 돈이겠지만, 꾸준히 모으면 월세를 내고, 나중에는 생활비 전체를 감당할 수 있게 된다.

배당금 재투자의 마법

배당주 투자로 자산을 빨리 불리는 핵심 비결은 '재투자'다. 배당금이 들어왔을 때 그 돈을 써버리지 않고, 다시 그 회사의 주식을 사는 데 쓴다면 자산은 가파르게 늘어난다. 이것은 나무에서 열린 열매를 먹지 않고, 땅에 심어 또 다른 나무로 키우는 것과 같다. 처음에는 나무가 한 그루였지만, 심은 열매가 자라 숲이 되면 감당할 수 없을 만큼 많은 열매가 쏟아진다. 이것이 앞서 배운 '복리' 효과다. 배당금으로 주식을 사면 주식 수가 늘어나고, 늘어난 주식은 다음 배당일에 더 많은 배당금을 준다. 이 과정을 반복하면 자산은 눈덩이처럼 불어난다. 배당주 투자는 시간을 내 편으로 만드는 좋은 방법이다.

배당주 투자, 이것만은 조심하자

배당주 투자가 은행 이자보다 좋다고 해서 무조건 안전한 것은 아니다. 세상에 위험이 없는 투자는 없다. 배당주 투자에서 가장 조심해야 할 것은 '주가 하락'이다. 예를 들어보자. 내가 1만 원짜리 주식을 샀고, 회사가 500원의 배당금을 주기로 했다. 5%의 수익이니 은행보다 훨씬 좋다. 그런데 경제가 나빠져서 주가가 9,000원으로 떨어졌다면 어떻게 될까. 나는 배당금으로 500원을 벌었지만, 주가 하락으로 1,000원을 잃었다. 계산해 보면 결국 500원 손해다. 아무리 배당을 많이 줘도, 주식 자체의 가격이 계속 떨어지는 회사를 사면 내 자산은 줄어든다. 따라서 배당금만 볼 것이 아니라, 그 회사가 앞으로도 돈을 잘 벌어서 주가를 유지할 수 있는지 꼭 살펴봐야 한다.

또한 '대박'을 기대해서는 안 된다. 배당을 많이 주는 회사들은 이미 성장이 끝난 기업인 경우가 많다. 덩치가 커서 안정적이지만, 키가 쑥쑥 크는 '어린이 기업(성장주)'처럼 주가가 하루아침에 두 배, 세 배로 뛰기는 어렵다. 배당주는 토끼가 아니라 거북이다. 느리지만 꾸준하게 가는 것이 목표다.

배당금을 안 주면 나쁜 회사일까?

배당주 투자를 처음 시작한 사람들이 가장 많이 하는 오해가 있다. "배당금을 안 주거나 적게 주는 회사는 주주를 무시하는 나쁜 회사다"라는 생각이다. 하지만 이것은 틀린 생각이다. 세계적인 기업인 구글, 아마존, 테슬라는 오랫동안 배당금을 한 푼도 주지 않았다. 그렇다면 이들은 나쁜 회사일까? 아니다. 이런 회사들은 지금 번 돈을 주주들에게 나눠주는 대신, 그 돈으로 공장을 짓고, 새로운 기술을 개발하고, 다른 회사를 사는 데 쓴다. 이것을 '재투자'라고 한다. 회사가 번 돈을 다시 회사에 투자해서 몸집을 더 빠르게 키우는 것이다.

이렇게 회사가 쑥쑥 성장하면 주식의 가격(주가)이 크게 오른다. 주주 입장에서는 배당금(현금)을 못 받는 대신, 주가가 10배, 20배 오르는 '시세 차익'으로 더 큰 돈을 벌 수 있다. 그래서 한창 성장하는 회사는 배당을 주지 않는 것이 오히려 주주에게 이득일 수 있다. 반대로 배당을 너무 많이 주는 회사는 "우리는 더 이상 투자할 곳도 없고 성장하기도 힘들어서 그냥 돈을 나눠드립니다"라는 뜻일 수도 있으니 무조건 좋아해서는 안 된다.

금과 달러

6

경제가 평화로울 때 사람들은 더 많은 돈을 벌기 위해 주식이나 부동산 같은 '위험 자산'에 투자한다. 세상이 계속 좋아질 것이라는 믿음이 있기 때문이다. 하지만 세상은 늘 평화롭지 않다. 우리가 예상하지 못한 순간에 전쟁이 터지거나, 전염병이 돌거나, 거대한 금융 회사가 파산하는 경제 위기가 닥치기도 한다. 이때 투자자들은 공포에 휩싸인다. 겁을 먹은 돈은 가장 안전한 곳으로 도망치려 한다. 세상이 무너져도 내 재산의 가치를 지켜줄 수 있는 '안전 자산'을 찾는 것이다. 이때 사람들이 가장 먼저 찾는 두 가지가 바로 '금'과 '달러'다.

금 : 변하지 않는 진짜 돈

인류 역사상 가장 오랫동안 '돈'으로 대접받은 것은 금이다. 우리가 쓰는 지폐는 사실 종이에 불과하다. 정부가 그 가치를 보증하기 때문에 돈으로 쓰는 것이다. 만약 정부가 망하거나 경제가 파탄 나서 돈을 무제한으로 찍어낸다면, 지폐는 휴지 조각이 될 수 있다. 하지만 금은 다르다. 금은 그 자체로 귀한 광물이다. 어느 나라, 어느 시대에 가더라도 금은 가치를 인정받는다. 금은 녹슬지 않고, 정부 마음대로 기계를 돌려 찍어낼 수도 없다. 지구상에 존재하는 양이 한정되어 있기 때문에 그 가치가 쉽게 훼손되지 않는다. 그래서 사람들은 세상이 불안할수록 금을 찾는다. 특히 물가가 미친 듯이 오르는 인플레이션 시기에 금은 빛을 발한다. 돈의 가치가 떨어져서 종이 돈으로 살 수 있는 물건이 줄어들 때, 실물 자산인 금의 가격은 오히려 오르는 경향이 있다. 금은 단순히 반짝이는 보석이 아니라, 내 돈의 구매력이 사라지는 것을 막아주는 최후의 방어막이다.

1944년 브레튼우즈 협정 이후 전 세계는 달러를 기축통화로 사용했다. 당시 미국은 "달러 35달러를 가져오면 금 1온스(약 31g)로 바꿔주겠다"고 약속했다. 달러는 금과 연결돼 있었고, 세계는 이를 믿었다.

하지만 1971년 8월 15일, 닉슨 대통령이 갑자기 발표했다.

"더 이상 달러를 금으로 바꿔주지 않겠다."

베트남 전쟁 비용과 복지 지출로 돈이 부족했기 때문이다. 이 사건을 '닉슨 쇼크'라고 부른다.

이날 이후 달러는 금이 아닌 '미국 정부의 신용'만으로 가치를 유지하게 됐다. 금 본위제가 무너지고 오늘날처럼 중앙은행이 마음대로 돈을 찍어낼 수 있는 시대가 열렸다. 이후 금값은 폭등했고, 달러 가치는 변동성이 커졌다.

나라를 구한 금

금이 얼마나 강력한 안전 자산인지는 우리나라의 역사가 증명한다. 1997년, 한국은 'IMF 외환위기'라는 큰 시련을 겪었다. 국가가 갚아야 할 달러가 부족해서 나라가 부도날 위기에 처했다. 한국 돈인 원화의 가치는 바닥으로 떨어졌고, 외국인들은 한국을 떠났다. 이때 국민들이 장롱 속에 넣어두었던 금을 꺼내 나라 빚을 갚자고 나섰다. 이것이 그 유명한 '금 모으기 운동'이다. 당시 한국 돈은 외국에서 아무도 받아주지 않았지만 금은 달랐다. 전 세계 어디서나 통하는 '진짜 돈'이었기 때문에 금을 팔아 달러를 마련할 수 있었고, 우리나라는 위기를 빠르게 극복할 수 있었다. 만약 국민들이 금 대신 원화 지폐를 모았다면 빚을 갚는 데 큰 도움이 되지 못했을 것이다. 이처럼 금은 국가의 신용이 무너지는 최악의 상황에서도 끝까지 가치를 지키는 자산이다.

미국 달러

금과 함께 대표적인 안전 자산으로 꼽히는 것이 미국의 돈, '달러($)'다. 우리는 한국에 살기 때문에 한국 돈(원화)을 쓴다. 하지만 세계 금융 시장의 주인공은 미국 달러다. 달러는 전 세계 어디서나 통하는 기준이 되는 돈, 즉 '기축통화'다. 기축통화란 국제 거래의 기본이 되는 통화다. 전 세계 어디서나 통하는 '돈 중의 돈'이며, 현재는 미국의 달러($)가 그 지위를 갖고 있다. 원유나 금을 살 때도 반드시 달러가 필요하다.

미국은 세계에서 군사력이 가장 강하고 경제 규모가 가장 큰 나라다. 지구가 망하지 않는 한 미국은 망하지 않는다는 믿음이 있다. 그래서 경제 위기가 닥치면 전 세계 투자자들은 주식이나 다른 나라의 돈을 팔고 달러를 사들이기 시작한다. "그래도 달러를 들고 있는 게 제일 안전하다"고 생각하기 때문이다. 사려는 사람이 많아지니 달러의 가치는 급등한다. 우리나라 입장에서 보면 환율이 치솟는 것이다. 평소에 1달러를 사는 데 1,000원이 들었다면, 위기 때는 1,500원, 2,000원을 줘야 한다. 만약 내가 미리 달러를 사두었다면, 한국 돈 기준으로 내 자산은 크게 늘어난 셈이 된다.

금과 달러의 치명적인 단점

그렇다면 금과 달러가 무조건 좋은 것일까? 물론 단점도 있다. 가장 큰 단점은 '새끼를 치지 않는다'는 것이다. 앞서 배운 은행 예금은 '이자'를 주고, 주식은 '배당금'을 준다. 시간이 지나면 돈이 돈을 낳는다. 하지만 금 덩어리를 금고에 10년 넣어둔다고 해서 금이 두 덩어리가 되지는 않는다. 달러도 지갑에 넣어두면 그대로다. 금과 달러는 오직 '가격이 오를 때'만 돈을 벌 수 있다. 이것을 '시세 차익'이라고 한다. 만약 경제가 평화롭고 주식 시장이 좋아서 금과 달러의 인기가 떨어지면, 가격은 오르지 않고 오히려 내려갈 수도 있다. 이 기간 동안 이자나 배당금 같은 추가 수입이 없기 때문에 투자의 효율성은 떨어질 수 있다. 이것이 바로 안전함을 선택한 대가다.

어떻게 투자해야 할까

금과 달러에 투자하기 위해 반드시 금은방에 가거나 공항 환전소에 갈 필요는 없다. 스마트하게 투자하는 방법들이 있다. 금을 살 때는 한국거래소(KRX) 금시장을 이용하는 것이 가장 좋다. 증권사 앱을 통해 주식처럼 1g 단위로 금을 사고팔 수 있다. 수수료가 저렴하고 세금 혜택도 있다. 혹은 은행에서 '골드뱅킹' 통장을 만들어 돈을 입금하면 그 시세만큼 금의 무게로 통장에 찍히는 방법도 있다. 달러도 마찬가지다. 은행 외화 통장에 돈을 넣어두거나, 증권사에서 '달러 ETF'나 '미국 국채 ETF'를 사면 된다. 이렇게 하면 실제로 달러 지폐를 집에 쌓아두지 않아도 달러에 투자하는 효과를 낼 수 있다.

공격수(주식)와 골키퍼(금과 달러)의 조화

많은 초보 투자자가 "수익도 잘 안 나는 금이나 달러를 왜 귀한 돈을 들여 사야 하나요?"라고 묻곤 한다. 맞다. 냉정하게 말해서 금과 달러는 벼락부자가 되거나 단기간에 큰돈을 벌기 위해 사는 자산이 아니다. 화려한 승리를 위해서가 아니라 시장이라는 거친 파도 속에서 끝까지 '살아남기 위해' 사는 것이다.

자산 관리를 축구 경기에 비유해 보자. 만약 골을 넣는 능력만 출중한 공격수(주식)만 11명을 경기장에 내보내면 어떻게 될까? 운이 좋아 경기가 술술 풀릴 때는 기록적인 득점을 올리며 승승장구할 것이다. 하지만 상대 팀이 거세게 반격해 올 때 우리 팀의 골문은 텅 비어 있어 속수무책으로 실점을 허용하고 결국 경기를 망치게 된다. 투자도 마찬가지다. 주식처럼 공격적인 자산만 가득 채우면 상승장에서는 신이 나겠지만 하락장이 오면 자산이 속절없이 무너지는 것을 지켜볼 수밖에 없다. 그래서 반드시 골문을 든든하게 지켜줄 골키퍼(안전 자산)가 팀에 포함되어 있어야 한다.

평소 평화로운 시기에는 공격수가 화려하게 골을 넣어 자산을 불려준다. 이때 골키퍼는 눈에 띄지 않고 심심해 보일 수도 있다. 그러나 예상치 못한 위기 상황이 닥쳐서 공격수가 힘을 못 쓸 때는 골키퍼가 실점을 막아줘야 경기를 망치지 않는다. 그런데 최근 우리가 목격한 시장은 골키퍼가 단순히 실점을 막는 것을 넘어, 직접 골까지 넣는 진풍경을 연출하기도 했다.

실제로 2025년 한 해 동안 금값은 무려 50차례 넘게 사상 최고가를 갈아치우며 약 65%라는 경이로운 수익률을 기록했다. 2025년 초 온스당 2,600달러 선에서 출발한 금값이 그해 10월 4,000달러를 돌파하고 2026년 초에는 5,000달러 고지마저 넘어선 것이다. 주식 시장이 혼란에 빠졌을 때 든든한 골키퍼였던 금은 오히려 공격수보다 더 높은 점수를 올렸다.

이처럼 금과 달러(골키퍼)의 가격이 오르면서 전체 자산이 줄어드는 것을 막아주는 것을 '자산 배분'이라고 부른다. 금과 달러를 자산 바구니에 일정 부분 담아두는 것은 대박을 터뜨리기 위해서가 아니다. 그것은 인생에 몇 번은 반드시 찾아오는 결정적인 위기의 순간에 내 자산 전체가 무너지는 것을 막기 위한 가장 확실하고 강력한 '보험'이다.

연금 :
월급 없는
40년을 버티는 힘

직장인이 가장 진지하게 바라봐야 할 숫자는 통장 잔고나 카드 값이 아니다. 바로 '내가 얼마나 오래 사는가'와 '언제까지 일할 수 있는가' 사이의 간격이다. 한국인의 기대수명은 80세를 훌쩍 넘었지만, 회사는 60세 전후까지만 우리를 필요로 한다. 30세에 취업해 60세에 은퇴한다면 30년 동안 돈을 벌고, 그 후 30~40년을 벌이 없이 살아가야 한다. '돈을 버는 기간'보다 '돈을 쓰기만 하는 기간'이 더 긴 구조가 된 것이다.

월급이 끊긴 뒤에도 숨만 쉬어도 생활비와 의료비는 계속 나간다. 이때 우리를 지탱해 줄 가장 현실적인 장치가 바로 연금이다. 연금을 3개로 나누어 어떻게 준비해야 하는지 정리해 보자.

1층 방어막 : 국민연금, 애증의 첫 단추

연금 준비의 출발점은 국가가 운영하는 국민연금이다. 다만 직장인 입장에서 국민연금은 '고마운 제도'라기보다, 월급 명세서에서 9%나

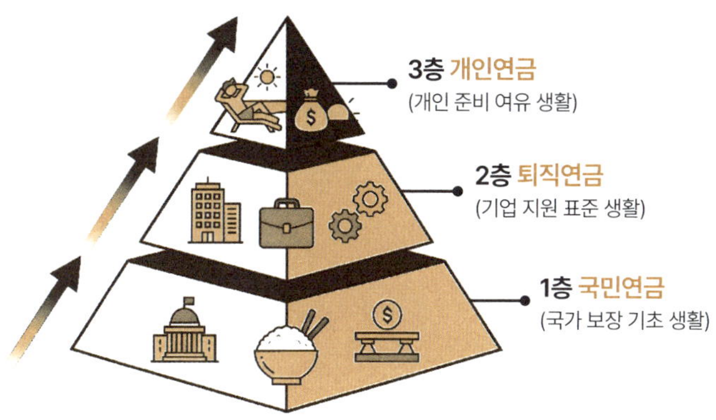

그림 4-1. 연금 종류

떼어 가는(내 부담분 4.5%) 의무 부담처럼 느껴지기 쉽다. 선택권 없이 강제로 가입해야 하고 미래에 제대로 돌려받을 수 있을지에 대한 불안도 크기 때문이다.

사회 생활을 시작한 2030세대나 연금수령까지 많은 시간이 남은 3040세대가 국민연금에 불만을 느끼는 배경에는 부모 세대와의 구조적 차이가 있다. 제도가 처음 설계될 때는 적은 보험료를 내고 소득의 70% 수준을 받는, 지금 기준으로 보면 후한 조건이 적용되었다. 시간이 지나며 저출산·고령화가 심해지자 제도는 여러 차례 손질되었고, 현재는 보험료율은 크게 올랐지만 장래에 받게 될 소득대체율은 40% 수준까지 낮아졌다. 적게 내고 많이 받던 시대가 지나가고, 더 많이 내고 상대적으로 덜 받는 구조로 바뀐 것이다.

여기에 "나중에 받기나 할까"라는 불안감이 겹친다. 각종 추계에서는 지금과 같은 구조가 유지될 경우 2050년대 중반이면 국민연금 기금이 소진될 수 있다는 전망을 제시한다. 그렇다고 제도가 바로 사라지는 것은 아니다. 그 시점 이후에는 적립해 둔 돈을 쓰는 방식에서 그 해 일하는 세대가 낸 보험료로 그 해 노인 세대에게 바로 지급하는 방식(부과 방식)에 더 많이 의존하게 된다.

국민연금의 문제, 그럼에도 필요한 이유

문제는 이때 현역 세대가 부담해야 할 보험료율이다. 여러 분석에서 아무런 추가 개혁 없이 현 제도를 방치할 경우 장래 보험료율이 소득의 30% 안팎까지 치솟을 수 있다는 경고가 나온다. 월급의 3분의 1을 국민연금 보험료로 납부해야 한다면 젊은 세대의 반발과 세대 갈등이 커질 수밖에 없다. 그래서 지금도 보험료율 인상, 급여 수준 조정, 국가 재정 지원 확대 등 다양한 개혁안이 논의되고 있는 것이다.

그렇다고 국민연금을 포기할 수 있는 선택지는 없다. 법적으로 탈퇴가 거의 불가능할 뿐 아니라, 국민연금에는 민간 상품이 따라오기 어려운 핵심 기능이 하나 있기 때문이다. 바로 '물가 상승 반영', 즉 실질 가치 보장이다.

많은 개인연금 상품은 20~30년 뒤에 받는 금액이 가입 당시 약속된 숫자로 고정되어 있다. 이 경우 물가가 많이 오르면 같은 100만 원이라도 실제 체감 가치는 크게 떨어진다. 반면 국민연금은 물가가 오르면 연금액도 그에 맞춰 조정해 준다. 단순히 액수만 채워주는 것이 아니라, 그 돈으로 살 수 있는 '구매력', 즉 실질 가치를 일정 부분 지켜 주려는 장치가 내장되어 있는 셈이다. 이 때문에 국민연금은 완벽하진 않지만, 은퇴 후 기본 생활비를 방어하는 1층 안전망으로서는 여전히 의미가 크다.

결국 국민연금은 "이것만 있으면 노후가 해결된다"는 만능 해결사가 아니다. 대신 "최소한 굶지 않고 기본적인 생활을 유지하도록 돕는 기초 안전망"으로 이해하는 것이 현실적이다. 그 위에 2층(퇴직연금)과 3층(개인연금)을 어떻게 쌓느냐에 따라 노후의 질이 달라진다.

2층 방어막 : 퇴직연금, 묻어두면 손해다

우리는 회사를 그만둘 때 받는 돈을 흔히 '퇴직금'이라고 부른다. 예전에는 회사가 퇴직금을 직접 쌓아 두었다가, 직원이 퇴사할 때 한꺼번에 지급하는 방식이 일반적이었다. 문제는 회사가 부도가 나거나 어려워지면 직원이 퇴직금을 제대로 받지 못하는 사례가 반복되었다는 점이다.

이런 위험을 줄이기 위해 도입된 제도가 퇴직연금(Retirement Pension)이다. 회사는 직원 몫의 퇴직금을 회사 통장이 아니라, 은행·증권사·보험사 같은 외부 금융회사에 맡겨 운용해야 한다. 이렇게 하면 회사가 망하더라도, 퇴직금 자체는 별도의 금융회사 계좌에 보관되어 있으므로 보호받을 수 있다.

문제는 많은 사회 초년생이 이 퇴직연금을 '언젠가 퇴사할 때 자동으로 받는 돈' 정도로만 여기고, 어떤 상품에 들어 있는지, 수익률은 어떤지 거의 관심을 두지 않는다는 점이다. 그러나 퇴직연금은 단순한 예금이 아니라, 어떻게 운용하느냐에 따라 노후 자산 규모가 크게 달라지는 장기 투자 자금이다.

DB와 DC 구별하기

퇴직연금을 가입할 때 마주치는 가장 큰 갈림길이 DB형과 DC형이다. 복잡해 보이지만 핵심은 하나다. "돈을 어떻게 굴릴지, 누가 책임지는가"다.

• DB형(Defined Benefit, 확정급여형)

회사가 운전대를 잡는 방식이다. 회사가 금융회사에 퇴직금을 맡겨 운용하고, 그 결과와 상관없이 직원이 받을 퇴직금은 미리 정해져 있다. 보통 '퇴사 직전 3개월 평균 임금 × 근속 연수'로 계산한다. 직원 입장에서는 운용을 따로 신경 쓰지 않아도 되고 대신 본인의 연봉과 근속 연수가 핵심 변수가 된다. 한 직장에서 오래 일하고 승진과 연봉 인상 폭이 큰 사람에게 유리하다.

• DC형(Defined Contribution, 확정기여형)

내가 직접 운전대를 잡는 방식이다. 회사는 매년 내 연봉의 12분의 1을 퇴직연금 계좌에 넣어준다. 그 다음부터는 이 돈을 어떻게 굴릴지는 전적으로 나의 선택이다. 예금에 둘지, 채권·주식형 펀드에 투자할지, ETF를 살지는 본인이 결정한다. 투자 성과가 좋으면 퇴직금이 크게 불어나지만, 잘못 운용하면 줄어들 수도 있다. 승진 폭이 크지 않거나 이직이 잦은 사람 혹은 장기 투자에 관심이 있고 스스로 운용할 의지가 있는 사람에게 적합하다.

최근에는 젊을수록 투자 가능한 기간이 길다는 점을 활용해, 초년생들이 DC형을 선택해 적극적으로 운용하는 흐름도 나타나고 있다. 다만 이는 '공짜 점심'이 아니라, 스스로 공부하고 관리해야 가능한 선택이라는 점을 함께 이해할 필요가 있다.

3층 방어막 : IRP, 세금 혜택까지 챙기는 개인 주머니

DB형과 DC형 퇴직연금이 회사 돈을 회사가 대신 넣어주는 장치라면, IRP(Individual Retirement Pension, 개인형 퇴직연금)는 거기에 내 돈을 추가로 얹어 노후 자금을 불리는 개인 계좌다. 동시에 이직할 때 받은 퇴직금을 한 번에 써버리지 않고, 연금 자산으로 이어가기 위한 '환승 주차장' 역할도 한다.

"월급 받기도 빠듯한데, 굳이 내 돈을 더 넣을 필요가 있을까?"라는 질문이 자연스럽게 나온다. IRP의 답은 '세금'이다. 국가는 국민이 2층·3층 연금까지 준비하도록 유도하기 위해 IRP에 강력한 세제 혜택을 붙여 두었다.

IRP 계좌에 일정 한도 내에서 돈을 넣으면 연말정산 때 세액공제를 통해 낸 세금을 일부 돌려준다. 예를 들어, 연 소득 5,500만 원 이하인 직장인이 IRP에 납입하면 납입액의 16.5%를 세금에서 깎아준다. 100만 원을 넣었을 때 연말정산으로 16만 5천 원을 돌려받는 셈이니, 세제 혜택만 놓고 보면 그 금액만큼의 확정 수익을 선취하는 효과가 있다.

또한 IRP 계좌 안에서 예금·펀드·ETF 등에 투자해 수익이 나더라도, 일반 금융상품처럼 이자·배당소득세 15.4%를 매번 바로 떼지 않는다. 연금을 받기 시작하는 시점(통상 55세 이후)까지 과세를 미루는 '과세 이연' 구조이기 때문에, 원래 세금으로 빠져나갔을 돈까지 계좌 안에 남아 계속 굴러가며 복리 효과를 키운다. 장기 투자일수록 이 차이는 점점 더 크게 벌어진다.

방치하지 말고 일을 시키자

현실에서는 많은 직장인의 퇴직연금과 IRP 계좌가 연 1~2%대 예금 상품에 묶여 있다. "손해 보기 싫어서", "투자가 무서워서", "바빠서 신경 쓸 겨를이 없어서" 그대로 방치해 둔 결과다. 하지만 물가 상승률을 감안하면 이런 방식은 겉으로는 원금이 유지되는 것처럼 보여도 실제 구매력은 줄어드는 상황에 가깝다.

연금 자산은 최소 20년, 길게는 30년 이상 묻어둘 돈이다. 단기간의 등락에 휘둘릴 이유가 적고, 오히려 장기 투자라는 시간적 이점을 가장 잘 활용할 수 있는 자금이다. 사회 초년생이라면 퇴직연금 · IRP 자산의 일부는 주식형 펀드나 ETF 등 실적배당형 상품에 배분해, 원금 보장에만 머무르지 않고 합리적인 범위에서 수익률을 관리하는 연습이 필요하다.

월급 명세서에 찍히는 '이번 달 월급'만 신경 쓸 것이 아니라, 눈에 잘 보이지 않는 곳에서 차곡차곡 쌓이고 있는 '미래의 월급', 즉 연금 자산에도 관심을 가져야 한다. 같은 소득과 같은 기간을 일했더라도 연금을 어떻게 운용했는지에 따라 30년 뒤 은퇴 시점의 자산 격차는 상상 이상으로 크게 벌어질 수 있다.

채권

8

친구에게 돈을 빌려달라는 부탁을 받아본 적이 있을 것이다. 아주 친한 친구라면 그냥 빌려줄 수도 있겠지만 금액이 크다면 "언제까지 갚을게"라고 적힌 약속 종이를 받고 싶어진다. 우리는 이 종이를 '차용증'이라고 부른다. 돈을 빌려준 날짜, 갚을 날짜 그리고 고마움의 표시로 더 얹어줄 이자까지 적혀 있는 증서다. 이 차용증이 금융 시장으로 넘어오면 '채권(Bond)'이라는 이름으로 바뀐다. 개인이 아니라 국가나 거대한 기업이 돈을 빌릴 때 써주는 차용증이 바로 채권이다.

정부는 세금만으로만 댐을 짓거나 도로를 깔기에 자금이 부족할 때가 있다. 이때 "나중에 이자를 쳐서 갚을 테니 돈 좀 빌려주세요"라며 종이(채권)를 발행한다. 삼성전자나 현대차 같은 기업도 공장을 짓기 위해 큰돈이 필요하면 은행에서 빌리기도 하지만, 채권을 발행해서 사람들로부터 직접 돈을 빌리기도 한다. 즉, 채권 투자는 내가 나라나 기업의 '돈줄'이 되어주는 것이다.

주식과 다른 점

많은 사람이 주식과 채권을 헷갈려 한다. 둘 다 증권사에서 사고팔 수 있기 때문이다. 하지만 돈을 낸 사람의 '신분'이 완전히 다르다. 주식을 산 사람은 회사의 '주인(주주)'이 된다. 주인이기 때문에 회사가 돈을 잘 벌면 배당금도 받고 주가도 오르지만 회사가 망하면 같이 망한다. 내 돈을 돌려달라고 할 권리가 없다. 사업 파트너이기 때문이다.

반면 채권을 산 사람은 회사의 '채권자', 즉 돈을 빌려준 사람이 된다. 채권자는 회사가 장사를 잘하든 못하든 상관없이 약속한 날짜에 이자를 받고 원금을 돌려받을 권리가 있다. 만약 회사가 망하더라도 주식 가진 주인들보다 먼저 남은 재산을 팔아서 돈을 돌려받을 수 있다. 그래서 채권은 주식보다 훨씬 안전하다. 주식처럼 대박은 없지만 은행 예금보다는 이자가 높고 주식보다는 안전한 '중위험 중수익' 상품의 대표 주자가 바로 채권이다.

신용 등급

친구에게 돈을 빌려줄 때를 생각해 보자. 평소 약속을 칼같이 지키는 친구에게는 아무 걱정 없이 빌려줄 수 있다. 하지만 빌린 돈을 잘 안 갚기로 소문난 친구라면 어떨까? 돈을 안 빌려주거나, "대신 이자를 아주 많이 줘야 빌려줄게"라고 할 것이다. 채권 시장도 똑같다. 돈을 빌리는 주체(국가, 기업)가 얼마나 믿을 만한지를 점수로 매기는데, 이것이 '신용 등급'이다. 가장 믿을 수 있는 건 망할 확률이 거의 없는 국가, 즉 정부다. 정부가 발행한 '국채'는 가장 안전한 대신 이자가 낮다.

반면 기업이 발행한 '회사채'는 국채보다는 위험하므로 이자를 더 많이 줘야 사람들이 사준다. 기업 중에서도 삼성전자처럼 튼튼한 회사는 이자가 낮고, 이름 모를 중소기업이나 재무 상태가 나쁜 회사는 이자를 아주 많이 줘야 돈을 빌릴 수 있다. 채권에 투자할 때는 이 '신용

국가	S&P	Moody's
독일	AAA	Aaa
네덜란드	AAA	Aaa
스웨덴	AAA	Aaa
싱가포르	AAA	Aaa
미국	AA+	Aa1
한국	AA	Aa2
영국	AA	Aa3
프랑스	A+	Aa3
일본	A+	A1
중국	A	A1
인도	BBB+	Baa3
브라질	BB+	Ba2
베트남	BB+	Ba2
남아프리카공화국	BB	Ba2
터키	B+	B3

표 4-2. 주요 국가 신용등급 (2026년 1월 기준)

기업	본사 국가	S&P	Moody's
마이크로소프트 (Microsoft)	미국	AAA	Aaa
애플 (Apple)	미국	AA+	Aaa
엔비디아 (NVIDIA)	미국	AA−	Aa1
알파벳 (Alphabet)	미국	AA+	Aa2
아마존 (Amazon)	미국	AA	A1
삼성전자 (Samsung Electronics)	한국	AA−	Aa2
테슬라 (Tesla)	미국	BBB	Baa3

표 4-3. 주요 기업 신용등급 (2026년 1월 기준)

등급'을 반드시 확인해야 한다. 이자를 많이 준다고 덜컥 샀다가, 그 회사가 부도가 나면 약속한 이자는 커녕 원금도 못 받을 수 있다. 세상에 이유 없이 이자를 많이 주는 곳은 없다. 이자가 높다는 건 그만큼 위험하다는 신호다.

안전한 채권으로 돈을 잃는 이유

"채권은 안전하다면서요? 그런데 왜 손해를 보나요?"라고 묻는 사람들이 많다. 맞다. 채권을 만기(돈을 갚기로 한 날짜)까지 꼭 쥐고 있으면 원금과 이자를 받으니 손해 볼 일이 거의 없다. 하지만 채권은 만기가 되기 전에도 주식처럼 시장에서 사고 팔 수 있다. 이때 '채권 가격'이 변하기 때문에 손실이 발생할 수 있다. 채권 가격은 시장의 금리(이자율)와 반대로 움직이는 시소와 같다. 이 원리를 이해하는 것이 채권 투자의 핵심이다. 예를 들어보자. 내가 이자 3%를 주는 1만 원짜리 채권을 샀다. 그런데 갑자기 은행 금리가 올라서 이자 5%를 주는 새로운 채권이 나왔다. 사람들은 당연히 5%를 주는 새 채권을 사려고 할 것이다. 내가 가진 3%짜리 채권은 인기가 없어진다. 이걸 시장에 팔려면 어떻게 해야 할까? 가격을 깎아줘야 한다. "이자율은 낮지만, 대신 채권 가격을 1만 원이 아니라 9,800원에 드릴게요"라고 해야 팔린다. 이때 내가 산 가격보다 싸게 팔았으니 손해를 보게 된다. 반대로 금리가 1%로 떨어지면, 3%를 주는 내 채권은 상대적으로 가치가 올랐기 때문에 가격도 오른다.

장단기 금리차, 미래를 보는 신호

채권 금리는 경제 상황이 위험한지 판단하는 데 활용되기도 한다. 바로 '장단기 금리차'이다. 쉽게 풀어보자. 친구에게 돈을 빌려줄 때 1년 뒤에 갚는 것과 10년 뒤에 갚는 것 중 언제 이자를 더 많이 받아야 할까? 당연히 10년이다. 10년이라는 긴 시간 동안 친구가 망할 수도 있고, 물가가 어떻게 변할지 모르기 때문이다. 그래서 일반적으로 만기가 긴 채권(장기채)이 만기가 짧은 채권(단기채)보다 이자가 비싸다. 그런데 아주 가끔, 이상한 일이 벌어진다. 곧 갚아야 할 단기채의 이자가 장기채보다 비싸지는 현상이다. 이것을 '장단기 금리 역전'이라고 한다. 이것은 경제에 비상등이 켜졌다는 강력한 신호다.

사람들이 당장의 경제 상황을 너무 불안하게 생각해서 돈을 꽉 쥐고 안 빌려주려 하기 때문에 단기 금리가 치솟는 것이다. 역사적으로 이 현상이 나타나면 얼마 지나지 않아 큰 경제 위기가 닥치곤 했다. 채권 시장의 금리 차이는 단순히 이자율의 차이가 아니라, 경제의 날씨를 예보하는 중요한 지표가 된다.

파생상품과 리스크

9

높은 산에 올라가 본 적이 있는가. 정상에 서면 가슴이 뻥 뚫리는 멋진 풍경을 볼 수 있다. 하지만 그곳에 가기 위해서는 가파른 절벽과 미끄러운 바위 길을 지나야 한다. 발을 잘못 디디면 천 길 낭떠러지로 떨어질 수 있다. 투자의 세계도 이와 똑같다. 높은 수익이라는 멋진 풍경을 보기 위해서는, 반드시 손실이라는 깊은 골짜기를 건너야 한다. 금융 시장에는 절대 변하지 않는 법칙이 하나 있다. 바로 '하이 리스크, 하이 리턴(High Risk, High Return)'이다. 위험이 크면 수익도 크고, 위험이 작으면 수익도 작다.

가격 맞히기 게임, 선물과 옵션

금융 시장에는 주식이나 채권 말고도 '파생상품(Derivatives)'이라는 아주 복잡하고 위험한 상품이 있다. 대표적인 것이 '선물(Futures)'과 '옵션(Options)'이다. 이름은 어렵지만 원리는 '미래의 가격 맞히기 내기'와 비슷하다. '선물'은 미래의 특정 날짜에 물건을 얼마에 사고팔지 지금 미리 약속하는 것이다. 예를 들어, 농부가 가을에 수확할 쌀값이 폭락할까봐 걱정된다고 하자. 이때 미리 "가을에 쌀 한 가마니를 10

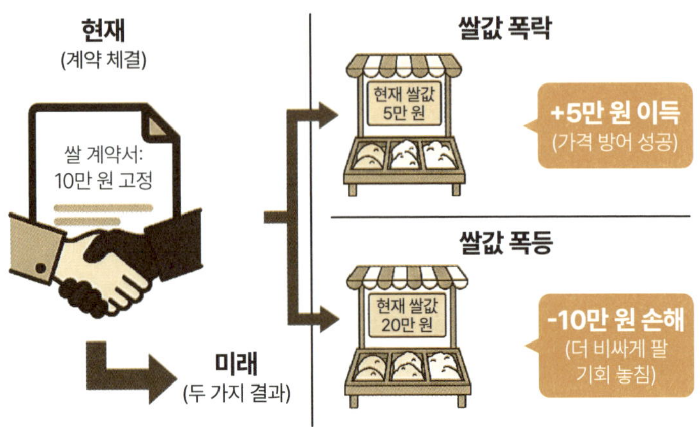

그림 4-3. 선물

만 원에 팔겠다"고 약속하는 계약을 맺을 수 있다. 나중에 쌀값이 5만 원으로 떨어져도 농부는 10만 원에 팔 수 있어 이득이다. 반대로 쌀값이 20만 원으로 오르면 농부는 손해를 본다. 이렇게 미래 가격을 예측해서 계약하는 것이 선물이다.

'옵션'은 살 수 있는 권리(콜 옵션)나 팔 수 있는 권리(풋 옵션)를 사고파는 것이다. 예를 들어 "한 달 뒤에 삼성전자 주식을 7만 원에 살 수 있는 권리"를 1천 원 주고 샀다고 치자. 한 달 뒤 주가가 8만 원이 되면, 나는 7만 원에 살 권리가 있으니 1만 원을 번다. 투자금 1천 원으로 1만 원을 벌었으니 수익률이 1,000%다. 어마어마한 대박이다. 하지만 주가가 6만 원이 되면? 그 권리는 휴지 조각이 되고 내 돈 1천 원은 0원이 된다.

이런 파생상품은 적은 돈(증거금)만 있어도 수십 배, 수백 배 큰 금

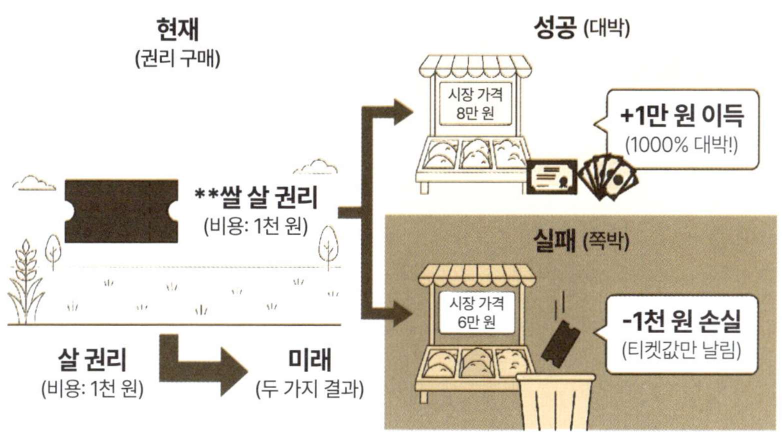

그림 4-4. 옵션

액을 거래할 수 있다. 앞서 배운 레버리지를 이용하는 것이다. 운 좋게 방향을 맞히면 큰 수익을 얻을 수 있지만 틀리면 원금을 다 날리는 것은 물론이고 빚까지 생길 수 있다.

떨어지는 쪽에 돈을 건다, 공매도와 인버스

보통 투자는 가격이 올라야 돈을 번다. 하지만 가격이 떨어져야 돈을 버는 독특한 방법도 있다. 바로 '공매도(Short Selling)'다. 공매도는 '없는 것을 판다'는 뜻이다. 원리는 이렇다. 현재 1만 원짜리 주식이 있다. 나는 이 주식이 내일 5천 원으로 떨어질 것 같다. 그러면 주식을 빌려서 오늘 1만 원에 먼저 판다. 내 주머니에는 현금 1만 원이 생긴다. 그리고 내일 진짜로 주가가 5천 원이 되면, 시장에서 주식을 5천 원에 사서 갚는다. 1만 원에 팔고 5천 원에 갚았으니, 차액인 5천 원이 내 이익이 된다. 이것이 바로 공매도다.

공매도는 주가가 떨어질수록 돈을 버는 구조다. 일반 개인 투자자들은 공매도를 하기 어렵기 때문에 지수가 떨어지면 수익이 나는 '인버스 ETF'같은 상품을 이용하기도 한다. 하지만 하락에 베팅하는 것은 위험하다. 주식은 오를 때는 한계가 없지만(무한대), 떨어질 때는 0원이 바닥이다. 만약 1만 원에 공매도를 했는데 주가가 10만 원이 되면 어떻게 될까? 나는 10만 원에 사서 갚아야 하므로 9만 원 손해를 본다. 원금보다 더 큰돈을 잃을 수 있다.

고위험 투자가 위험한 이유

선물, 옵션, 공매도 같은 고위험 투자는 사실상 '홀짝 게임'과 같다. 방향을 맞히면 돈을 벌고, 틀리면 잃는다. 사람들은 자신의 실력으로 미래를 맞힐 수 있다고 믿지만, 이것은 착각이다. 카지노가 돈을 버는 비밀을 알면 이해하기 쉽다. 카지노의 게임 승률은 수학적으로 51 대 49 정도로 카지노가 아주 조금 유리하게 설계되어 있다. 손님이 한두 판은 운 좋게 이겨서 돈을 딸 수 있다. 하지만 게임을 100번, 1,000번 계속하면 어떻게 될까? '큰 수의 법칙'에 따라 결국 승률은 수학적 확률로 수렴하게 된다. 판돈은 서서히, 하지만 확실하게 카지노 주머니로 들어간다. 고위험 파생상품도 마찬가지다. 수수료와 위험성을 고려하면 개인 투자자의 승률은 50%가 채 되지 않는다. 한 번의 대박을 맛보고 계속 투자하면 결국 카지노에서처럼 가진 돈을 모두 잃게 되는 것이 수학적인 결론이다.

살아남는 것이 강한 것이다

워렌 버핏과 같은 대가들이 입을 모아 강조하는 투자의 격언이 있다. "제1원칙은 돈을 잃지 않는 것이며, 제2원칙은 첫 번째 원칙을 지키는 것"이라는 점이다. 수익을 내는 것보다 더 본질적인 목표는 시장에서 밀려나지 않고 끝까지 살아남는 것이다. 위험을 간과한 채 욕심을 앞세우다 보면 공들여 쌓은 자산을 한순간에 잃을 수도 있다. 회복하기 힘든 손실을 입게 되면 다시 시작할 기회마저 잡기 어려워진다. 그렇기에 투자란 일확천금을 좇는 것이 아니라, 스스로 감당할 수 있는 위험의 범위 안에서 차근차근 자산을 키워가는 과정이어야 한다.

4장에서 우리는 은행, 증권사, 보험사를 거쳐 주식, 채권, 배당주 그리고 위험한 파생상품까지 금융의 넓은 세계를 여행했다. 금융 상품은 요리 재료와 같다. 어떤 재료는 달콤하지만 몸에 나쁘고, 어떤 재료는 쓰지만 몸에 좋다. 중요한 것은 이 재료들을 내 입맛과 체질에 맞게 잘 섞어서 '나만의 튼튼한 밥상(포트폴리오)'을 차리는 능력이다.

GOLD

5장

부동산

: 거대한 장벽 넘기

서점에 가서 부동산 책을 펼쳤다가 조용히 덮은 적이 있는가? 뉴스에 나오는 부동산 전문가들의 말이 다른 나라 이야기처럼 들린 적은 없는가? 많은 사회 초년생에게 부동산은 넘을 수 없는 거대한 벽처럼 느껴진다. "금수저나 하는 거지", "이번 생은 틀렸어"라며 포기해 버리기도 한다.

하지만 부동산은 괴물이 아니다. 우리가 매일 마트에서 물건을 사듯, 사고파는 원리가 작동하는 하나의 '시장'일 뿐이다. 단지 가격표의 '0'이 조금 더 많이 붙어 있고, 지켜야 할 규칙이 조금 더 많을 뿐이다.

이 장에서는 그 규칙들을 아주 쉽게 풀어낼 것이다. 좋은 물건을 고르는 눈(입지), 적정 가격을 계산하는 법(가치 평가), 남의 돈을 활용하는 기술(대출) 그리고 각종 규제들과 국가에 내야 할 비용(세금)까지 부동산 투자의 A to Z를 쉽고 재미있게 배워볼 것이다.

어려운 용어 뒤에 숨겨진 원리만 알면 부동산만큼 정직하고 안전한 자산도 없다. 막연한 공포를 걷어내고, 내 집 마련이라는 목표에 한 걸음 다가가보자.

부동산 투자를 꼭 해야 하는 이유

1

부동산 공부를 시작하자니 막막함부터 앞선다. 서점에 가서 부동산 책을 펼쳐보면 모르는 용어가 쏟아지고, 뉴스를 보면 억 단위의 돈이 오간다. 많은 사람이 부동산 투자를 어렵게 느끼는 이유는 크게 세 가지다.

첫째, 돈이 너무 많이 든다. 주식은 몇 만 원으로도 시작할 수 있지만, 부동산은 최소 수천만 원에서 수억 원의 종잣돈이 필요하다.

둘째, 투자 대상이 너무 다양하다. 아파트, 빌라, 오피스텔, 상가, 지식산업센터, 토지 등 무엇을 사야 할지 감조차 잡기 어렵다. 각 분야의 전문가들은 자기가 추천하는 투자를 꼭 하라고 강조하는데 뭐부터 시작해야 할지 혼란스럽기만 하다.

셋째, 절차와 법이 복잡하다. 등기부등본을 볼 줄 알아야 하고, 세금 계산도 해야 하며, 대출 규제도 알아야 한다. 잘못 계약했다가 큰돈을 날릴까 봐 두려운 마음이 드는 건 당연하다.

부동산의 3가지 종류

복잡해 보이지만 부동산은 '사용 목적'에 따라 딱 세 가지로 정리할 수 있다. 각기 매력도 있지만 위험도 존재한다.

가장 먼저 '사는 곳(주거용)'이다. 아파트나 빌라처럼 우리가 먹고 자는 집이다. 가장 필수적인 공간이며 부동산 중에서 그나마 현금으로 바꾸기(환금성) 쉽다. 하지만 정부의 규제가 가장 심하다.

다음은 '돈 버는 곳(상업용)'이다. 상가나 빌딩이 대표적이다. 많은 사람들의 꿈이 건물주다. 안정적으로 매달 월세를 받을 수 있기 때문이다. 하지만, 경기가 나빠져 세입자가 들어오지 않으면(공실) 대출 이자와 관리비만 나가기 때문에 오히려 손해를 볼 위험이 크다.

마지막은 '재료가 되는 곳(토지)'이다. 건물을 짓기 전의 빈 땅이다. 개발이 되면 큰돈을 벌 수 있지만 개발 되기 전까지는 활용이 어렵다. 임대료를 받을 수 없어 그냥 묻어둬야 한다. 기획 부동산 사기도 많아 초보자가 잘못 사면 10년이 지나도 팔리지 않아 돈이 묶일 위험이 가장 크다.

그럼에도 부동산을 가져야 하는 이유

이렇게 어렵고 위험해 보이는데, 왜 사람들은 기를 쓰고 부동산을 사려고 할까? 자본주의 사회에서 내 자산을 지키기 위한 가장 강력한 수단이기 때문이다.

첫 번째 이유는 '인플레이션 방어'다. 물가는 계속 오르고 돈의 가치는 떨어진다. 20년 전 1천 원의 가치와 지금의 1천 원은 다르다. 하지만 실물자산인 부동산은 물가가 오르는 만큼 가격이 함께 올라 내 돈의 가치를 보존해 준다.

두 번째 이유는 '레버리지(지렛대)' 활용이 쉽기 때문이다. 부동산은 실물이 있기 때문에 이를 담보로 돈을 빌리기가 다른 투자 대상들보다 수월하다. 내 돈과 은행에서 빌린 돈을 합쳐 더 비싼 부동산을 사면 가격이 올랐을 때 수익률이 훨씬 커진다.

세 번째 이유는 '상대적 안정성'이다. 주식이나 코인은 하루에도 수십 퍼센트씩 오르내리지만 부동산은 실체가 있어 변동 폭이 적다. 하락장이 와도 내가 들어가서 살면 그만이니 버티기가 수월하다.

"집부터 사라"고 말한 투자의 대가들

부동산이 좋은 투자대상이라고 해서 땅, 상가, 빌딩을 모두 공부할 필요는 없다. 하지만 '내 집'에 대한 공부 만큼은 선택이 아니라 필수다.

주식 투자의 전설로 불리는 피터 린치는 이렇게 말했다.

"주식 투자를 하기 전에 먼저 집을 장만하라. 집은 훌륭한 투자 수단이자, 당신이 파산하지 않도록 지켜주는 안전장치다."

투자의 귀재 워런 버핏 역시 자신의 인생에서 가장 잘한 투자 중 하나로 "가족이 살 집을 산 것"을 꼽았다. 그는 "집은 가족에게 안정감을 주고, 30년 모기지(대출)를 활용하면 인플레이션 헤지 수단으로 최고"라고 강조했다.

아파트부터 공부해야 하는 이유

우리는 이 책에서 아파트와 관련된 내용에 집중하려고 한다. 아파트는 우리나라 주거 형태의 표준이다. 수많은 거래를 통해 '시세'가 형성되어 있어 가격을 파악하기 쉽고, 초보자가 공부하기에 가장 효율적이다.

아파트를 공부하면 입지를 보는 눈이 생긴다. 대출과 세금의 기본 원리를 깨닫게 된다. 이 기초 체력이 쌓이면 나중에 상가를 보든, 땅을 보든 훨씬 수월하게 접근할 수 있다. 가장 쉽고 안전한 길인 아파트부터 시작해보자.

가격, 면적 관련 용어 정리하기

부동산 앱을 켜보면 같은 아파트인데 가격이 제각각이다. '매매 10억 원'이라고 적혀 있는데, 바로 밑에는 '최근 실거래가 9억 원'이라고 뜬다. 뉴스에서는 "공시가격이 6억 원이라 세금이 줄었다"고 한다. 하나의 집에 왜 이렇게 많은 가격표가 붙어 있는 걸까?

부동산 초보가 가장 먼저 헷갈려 하는 건 가격과 면적에 대한 용어다. 이 숫자의 의미를 모르면 집을 비싸게 사거나, 생각보다 좁은 집을 계약하는 실수를 할 수 있다. 집의 '진짜 가격'과 '진짜 크기'를 보는 법을 알아보자.

가격표가 네 개나 되는 이유

부동산 가격은 크게 네 가지다. 호가, 실거래가, 공시가격 그리고 KB시세. 이들은 각각 쓰이는 용도가 다르다.

1. 호가(부르는 값)

집주인이 "나는 이 가격을 받고 싶다"며 내놓은 희망 가격이다. 중개업소나 앱에 올라온 매물 가격이 대부분 호가다. 하지만 호가는 집주인의 희망사항일 뿐 실제 이 가격에 팔린다는 보장은 없다. 시장 분위기가 안 좋으면 호가보다 수천만 원 깎아서 거래되고, 과열됐을 땐 호가가 몇 억 비싸게 올라오기도 한다.

2. 실거래가(진짜 팔린 값)

매수자와 매도자가 도장을 찍고 거래한 금액이다. 국토교통부에 신고된 가격이고, 시장에서 인정하는 '진짜 시세'다. 대출을 받을 때 은행에서 참고하는 기준도 실거래가와 시세다. 실거래가는 거래 후 30일 이내에 신고하면 된다. 따라서 실거래가와 호가 사이의 차이가 생길 수 있는 것이다.

3. 공시가격(세금 기준)

정부가 세금을 걷으려고 정해놓은 가격이다. 보통 실거래가보다 낮다. 재산세나 종합부동산세를 낼 때는 실거래가가 아니라 이 공시가격으로 계산한다. 그리고 건강보험료나 기초연금 대상자를 결정할 때도 쓴다.

4. KB시세(대출 기준)

초보자가 가장 놓치기 쉽지만 가장 중요한 가격이다. 은행에서 주택담보대출을 해줄 때 KB시세를 기준으로 삼는다. 은행은 내가 10억 원에 계약했다고 해서 10억 원을 기준으로 대출해 주지 않는다. 보수적으로 정한 'KB시세'를 기준으로 한도를 정한다. 만약 내가 10억 원에 집을 샀는데 KB시세가 9억 원이라면 대출은 9억 원 기준으로 나온다. 이 차이를 모르면 자금 계획이 완전히 꼬일 수 있다. 따라서 집을 살 때는 반드시 국민은행 부동산 사이트(KB부동산)에 들어가서 해당 아파트의 '일반 평균가'를 확인해야 한다.

정리하면 집을 살 때는 '실거래가'를 보고 협상하고, 집주인이 부르는 '호가'에 휘둘리지 말아야 하며, 세금은 '공시가격'으로 내고, 대출은 'KB시세'로 받는다고 기억하자.

34평 아파트인데 왜 25평이라고 할까?

가격을 파악했으면 이제 집의 크기를 볼 차례다. 모델하우스에 가면 '이 집은 34평(112㎡)'라고 소개한다. 그런데 안내 책자에는 '전용면적 84㎡(약 25평)'라고 적혀 있다. 이 때 내 집은 34평인가, 25평인가? 여기서 공급면적과 전용면적의 차이가 발생한다.

전용면적은 현관 문을 열고 들어가서 사용하는 거실, 방, 화장실, 주방처럼 우리가 실제로 신발 벗고 생활하는 공간이다. 나만의 전용 공간이라는 뜻이다. 등기부등본에 적히는 법적 면적이고 세금을 매기는 기준이 된다.

공급면적은 전용면적에다가 공용면적을 합친 것이다. 공용면적은 엘리베이터, 복도, 계단 같은 곳의 면적이다. 아파트 평수를 말할 때 흔히 쓰는 "34평 아파트"는 바로 이 공급면적이다. 즉, "34평 아파트(공급

그림 5-1. 전용면적, 공용면적, 공급면적

면적)"를 샀어도, 내가 실제로 쓰는 방과 거실의 크기는 "25평(전용면적)"이라는 뜻이다. 나머지 9평은 복도와 엘리베이터, 주차장 등의 지분으로 나눠 가진 셈이다.

부동산 관련 상담을 할 때 한 명은 전용면적을, 다른 사람은 공급면적을 기준으로 얘기한다면 둘 사이에 오해가 생길 수밖에 없다. 따라서 면적에 대한 대화를 할 때는 어떤 면적에 대해 얘기하고 있는지 확인이 꼭 필요하다.

'국평'은 몇 평일까?

부동산 뉴스를 보면 '84제곱미터', '59제곱미터'라는 말이 밥 먹듯이 나온다. 제곱미터(m^2)법이 공식 단위이지만 여전히 현장에서는 '평' 단위를 많이 쓴다. 초보자라면 딱 두 가지 숫자만 외우면 된다.

첫째, '전용 $59\,m^2$ = 25평형(구 20평대)'은 방 3개에 화장실 2개가 들어가는 구조로, 신혼부부나 3인 가족이 살기에 딱 좋다. 과거에는 24평, 25평이라고 불렀다.

둘째, '전용 $84\,m^2$ = 34평형(구 30평대)'은 가장 대중적인 크기라 '국민평형(국평)'이라고 부른다. 4인 가족이 살기에 적합한 크기다. 왜 하필 $85\,m^2$가 아니고 $84\,m^2$일까? 전용면적 $85\,m^2$ 이하 주택에만 농어촌 특별세 비과세 등 각종 세금 혜택을 주기 때문이다. 그래서 건설사들이 세금 혜택을 꽉 채워 받기 위해 $84.9\,m^2$ 정도로 짓는 것이다.

평수를 계산하는 팁도 있다. 제곱미터로 된 숫자를 3.3으로 나누면 대략적인 평수가 나온다.

- 84 ÷ 3.3 = 약 25.4 (전용면적 평수)

- 112 ÷ 3.3 = 약 33.9 (공급면적 평수 → 우리가 부르는 34평)

'평단가'를 알면 비싼 동네가 보인다

면적을 이해했다면 '평단가(3.3m^2당 가격)'를 계산해 보자. "강남은 평당 1억 원이 넘는다"는 말을 들어봤을 것이다. 집의 전체 가격만 보면 어디가 진짜 비싼지 비교하기 어렵다. 이때 전체 집값을 '공급면적(평수)'으로 나누면 1평당 얼마인지 알 수 있다.

예를 들어보자.

- A아파트 : 매매가 10억 원 / 34평 = 평당 약 2,941만 원
- B아파트 : 매매가 8억 원 / 25평 = 평당 3,200만 원

겉보기에는 A아파트가 2억 원이나 비싸지만, 평당 가격(밀도)으로 따지면 B아파트의 가치가 더 높다. 평단가는 다른 크기의 아파트 가치를 비교할 때 아주 유용한 도구다.

평단가는 지역끼리 비교할 때도 많이 쓴다. 지역 평단가는 특정 지역(구, 동)에 있는 아파트들의 평단가를 모두 더해 평균을 낸 값이다. 물론 우리가 직접 계산기를 두드릴 필요는 없다. '호갱노노', '아실' 같은 부동산 앱에서 '평단가 지도'를 켜면 서울 강남구는 평당 7천만 원, 노원구는 3천만 원 하는 식으로 지역별 평균값이 지도 위에 뜬다.

호갱노노는 더 작은 단위로 지역을 쪼개 분위지도를 제공하고 있다. 이 기능을 쓰면 좀 더 자세하게 지역 차이를 확인할 수 있다.

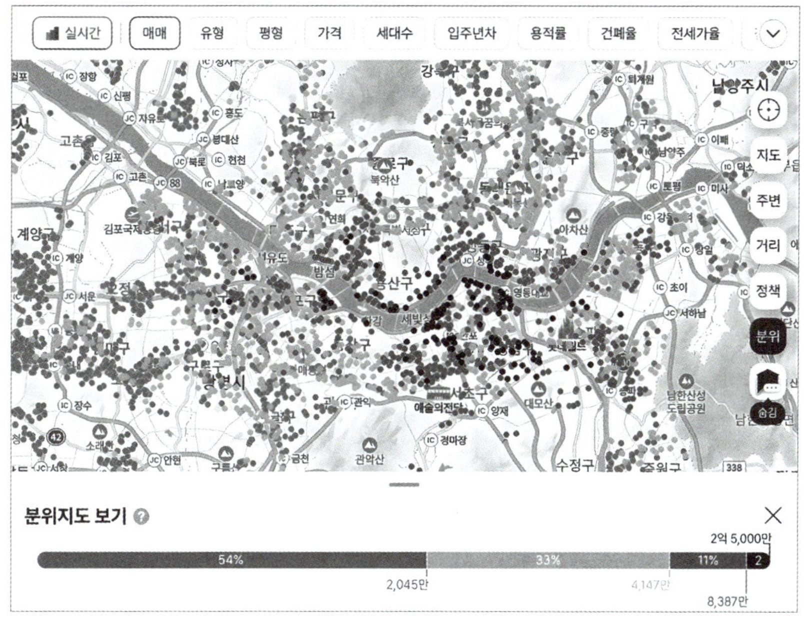

그림 **5-2.** 분위지도

급지를 나눠야 하는 이유

평단가로 1급지, 2급지를 나누면 거부감을 느끼는 사람이 있다. 사는 곳 가격으로 사람의 등급을 매기는 것처럼 느껴져 불편하기 때문이다. 실제로 일부는 낮은 급지에 사는 사람을 무시하는 잘못된 태도를 보이기도 한다.

하지만 투자자는 감정을 걷어내고 자본주의의 냉정한 원리를 봐야 한다. 가격은 '차별의 도구'가 아니라, 수많은 사람이 그곳에 얼마나 살고 싶어 하는지를 보여주는 지표다. 가격이 비싼 지역은 교통, 일자리, 학군, 편의시설 등 사람들이 선호하는 조건이 잘 갖춰져 있을 확률이 높다. 반대로 가격이 낮은 곳은 그런 요소가 부족할 가능성이 크다.

그래서 비싼 급지, 싼 급지를 부지런히 돌아다니며 비교해야 한다. "여기는 평당 5천만 원인데, 왜 저기는 2천만 원일까?", "비싼 곳에는 있고, 싼 곳에는 없는 게 뭘까?" 이 질문에 답을 찾는 과정에서 좋은 입지를 보는 안목이 생긴다.

물론 평단가가 낮다고 살기 나쁜 동네인 것도 아니고, 비싸다고 무조건 좋은 아파트인 것도 아니다. 하지만 급지는 돈의 흐름을 이해하고 내 자산의 위치를 파악하는 데 가장 효율적인 기준이다. 사람을 차별하지 않되, 자산의 가치는 냉정하게 봐야 현명한 투자를 할 수 있다.

같은 평수인데 오피스텔이 더 좁은 이유

사회 초년생들은 아파트보다 저렴한 주거용 오피스텔(아파텔)을 고민하기도 한다. 그런데 같은 34평(공급면적)이라고 해서 가봤더니, 아파트보다 훨씬 좁아서 당황하는 경우가 많다. 이는 '전용률'과 '서비스 면적' 때문이다.

첫째, 전용률이 다르다. 아파트는 공급면적 대비 전용면적 비율(전용률)이 약 70~80%다. 34평을 계약하면 약 25평을 내 공간으로 쓸 수 있다. 하지만 오피스텔은 전용률이 50% 수준이다. 34평 오피스텔을 계약해도 실제 내 방 크기는 15~17평밖에 안 된다. 복도나 주차장 같은 공용 면적이 많이 빠지기 때문이다.

둘째, '발코니'의 유무다. 이것이 결정적이다. 아파트에는 '서비스 면적'인 발코니가 있다. 요즘은 대부분 발코니를 확장해서 거실이나 방으로 쓴다. 이 면적은 전용면적에도 포함되지 않는 진짜 '보너스 공간'이다. 25평(전용) 아파트라도 발코니를 확장하면 30평에 가깝게 넓어지기도 한다.

반면 오피스텔은 법적으로 발코니 설치가 제한된다. 서비스 면적이 없으니 확장해서 넓힐 공간도 없다. 그래서 같은 34평형이라도 아파트는 방 3개에 화장실 2개가 넉넉하게 나오지만, 오피스텔은 방 2개나 아주 작은 방 3개 구조가 나오는 것이다. 오피스텔이 아파트보다 싸 보이는 착시 효과는 바로 이런 면적의 차이에서 비롯된다.

집값을 결정하는 수요

3

많은 사람이 부동산 가격이 오르면 '투기꾼 때문'이라고 욕을 하거나 '거품'이라고 말하곤 한다. 하지만 20년, 30년이 지나도 강남이나 주요 도심의 집값이 굳건히 비싼 이유는 무엇일까? 투기꾼들이 장난을 쳐서가 아니다. 그곳에 살고 싶어 하는 '수요'가 압도적으로 많기 때문이다.

물론 집값에 영향을 미치는 요인은 수요 외에도 다양하다. 하지만 부동산 투자의 핵심은 결국 어떤 집이 가치 있는지, 그래서 어떤 집을 사야 하는지를 아는 것이다. 이것은 투자의 가장 중요한 기초이며, 오직 사람들의 수요를 분석할 때만 제대로 이해할 수 있다.

가격이 비싸다는 것은 그만큼 많은 사람이 그곳을 원한다는 뜻이다. 그렇다면 사람들은 도대체 어떤 집에 살고 싶어 할까? 단순히 '새 집이라서', '보기에 좋아서'가 아니다. 사람들의 수요가 몰리는 집에는 공통적인 법칙이 있다. 바로 '시간을 아껴주는 집'이다.

살다 보면 집이 필요한 순간이 온다

"굳이 집을 사야 할까?"라는 의문을 갖는 사람들도 있다. 이 주장도 충분히 일리가 있다. 주로 향후 집값이 떨어질 것이라고 생각하거나 부동산에 큰돈을 묶어 두기보다 다른 곳에 투자해 더 높은 수익을 낼 수 있다고 믿는 경우다. 이런 관점에서는 거주를 전세나 월세로 해결하고 남은 자금으로 주식이나 코인 등에 투자를 하는 것이 훨씬 이득이다. 실제로 짐이 적고 이동이 자유로운 시기라면 이 방식이 훨씬 효율적이고 합리적인 선택일 수 있다.

하지만 결혼하고 아이가 태어나면 '빌린 집'의 한계가 명확해지는 순간이 온다. 단순히 평지나 학군 같은 입지 조건 때문이 아니다. 좋은 입지의 집은 전세나 월세로도 구할 수 있다. 진짜 문제는 시간과 통제권에 있다.

우리나라 임대차 계약은 기본 2년이다. 갱신을 해도 4년 뒤에는 집주인 상황이나 폭등한 보증금 때문에 짐을 싸야 할 수도 있다. 반면 아이의 초등학교는 6년, 중고등학교는 각 3년이다. 아이가 학교에 적응하고 친구를 사귀었을 때쯤, 어른들의 사정으로 원치 않는 전학을 가야 하는 상황은 부모로서 가장 피하고 싶은 일이다.

전세금을 올려달라는 연락에 가슴 졸일 필요 없고, 아이가 학교를 다 마칠 때까지 이사 갈 걱정 없이 맘 편히 사는 것. 집주인 사정에 휘둘리지 않고, 내 집에서 내 식구들과 마음대로 살고 싶은 것. 결국 이런 마음 때문에 사람들은 비싼 값을 치르더라도 '내 집'을 산다. 이게 바로 시장을 움직이는 '실수요'다.

실수요자들은 집값이 떨어진다고 해서 살던 집을 팔고 전세나 월세로 옮겨가려 하지 않는다. 집값이 떨어질 위험이 있더라도 내 가족이 안정적으로 살 공간을 지키는 것이 더 중요하기 때문이다. 그래서 실수요가 탄탄한 지역은 하락기에도 집값이 쉽게 무너지지 않는다.

사람들은 '시간'을 사기 위해 비싼 돈을 낸다

수요가 많은 집의 첫 번째 핵심 조건은 '직주근접'이다. 직장과 집이 가깝다는 뜻이다.

대부분의 사람은 먹고 살기 위해 직장에 다녀야 한다. 돈을 벌어야 생활을 유지할 수 있기 때문이다. 그런데 좋은 일자리는 우리 집 앞에 있는 게 아니라 특정 지역에 몰려 있다. 수많은 사람이 매일 아침 그곳으로 동시에 이동해야 한다. 이때 꽉 막힌 도로 위에서 시간을 버리지 않으려면 시간이 정확한 지하철이 가장 효율적인 이동 수단이 된다.

출퇴근 시간을 아끼는 것은 돈으로 환산할 수 없을 만큼 큰 가치가 있다. 만약 콩나물시루 같은 지옥철에서 왕복 3시간을 허비한다면 삶의 질은 바닥으로 떨어진다. 반대로 이 시간이 30분으로 줄어든다면, 남은 에너지를 가족과 저녁을 먹거나 자기계발을 하는 데 쓸 수 있다.

우리나라의 핵심 업무지구는 서울의 강남, 광화문, 여의도이다. 이곳에 양질의 일자리가 가장 많이 모여 있다. 수도권 지하철 노선도를 펴놓고 집값을 확인해 보면 흥미로운 사실을 발견할 수 있다. 이 세 곳의 업무지구와 물리적으로 가깝거나, 지하철을 타고 환승 없이 빠르게 갈 수 있는 지역일수록 집값이 비싸다. 집값이 비싼 이유는 가장 소중한 자원인 '시간'을 아껴주기 때문이다.

학군과 슬세권

직장 다음으로 수요를 결정하는 요인은 '교육(학군)'이다. 자녀가 학교에 들어갈 나이가 되면 부모의 기준은 아이에게 맞춰진다. 출퇴근 시간이 조금 늘어나더라도 자녀가 좋은 환경에서 자랐으면 하는 사람들도 많다.

"아이가 걸어서 학교에 갈 수 있는가?(초품아)", "밤늦게 학원 차를 타지 않고 걸어 다닐 수 있는가?", "면학 분위기가 잡혀 있는가?" 이 조건들이 갖춰진 곳을 '학군지'다. 맹모삼천지교라는 옛말처럼, 자녀 교육을 위해 비싼 주거비를 지불하려는 부모들의 수요는 경기 침체와 상관없이 늘 강하다.

최근에는 '슬세권'이라는 말도 유행이다. 슬리퍼를 신고 편의점, 카페, 마트, 병원, 공원을 이용할 수 있는 지역을 말한다. 젊을 때는 편의 시설을 쉽게 이용할 수 있는 곳, 나이가 들수록 대형 병원이 가까운 곳을 선호하게 된다. 결국 사람들이 몰리는 곳은 교통, 교육, 편의시설이 촘촘하게 모여 있어 '이동 시간을 최소화해주는 곳'이다.

그 외 요소들

입지(땅)가 좋다고 끝이 아니다. 그 땅 위에 지어진 건물(상품)이 얼마나 매력적인지도 가격에 큰 영향을 미친다. 사람들은 나홀로 아파트보다 1,000세대 이상의 '대단지'를 선호한다. 관리비가 저렴하고 단지 내 조경이나 상가가 잘 갖춰져 있기 때문이다.

여기에 유명 건설사가 지은 '브랜드'와 지은 지 얼마 안 된 '신축'이라면 더 좋다. 최신식 커뮤니티 시설(헬스장, 카페 등)과 편리한 주차장은 삶의 질을 높여준다. 또한, 유명 브랜드 아파트에 산다는 사실 자체가 주는 심리적 만족감과 우월감도 무시할 수 없는 가격 요소다.

'뷰(조망권)'도 중요하다. 특히 한강 뷰나 숲세권 같은 조망은 희소성이 높아 가격을 끌어올린다. 하지만 기억해야 할 점은 뷰는 입지가 받쳐줄 때 힘을 발휘하는 '조미료'라는 사실이다. 똑같은 한강이 보여도 강남 반포에서 보는 것과 외곽인 김포나 하남에서 보는 것의 가치는 천지차이이다. 기본 입지가 훌륭한 곳에서 뷰까지 좋을 때 비로소 최고의 가격이 형성된다.

무엇을 포기할 것인가

문제는 직주근접, 학군, 대단지, 브랜드, 신축, 뷰를 모두 갖춘 곳은 평범한 직장인이 접근하기 어려울 정도로 비싸다는 점이다. 우리의 예산은 한정되어 있다. 모든 것을 다 가질 수는 없다.

결국 집을 고르는 과정은 '무언가 포기하는 과정'이다. 한정된 예산 안에서 우리 가족에게 덜 중요한 것을 하나씩 지워나가야 한다. 몸이 좀 고생하더라도 새 아파트가 좋은지, 집이 좀 낡았어도 출퇴근 편한 곳이 좋은지 선택해야 한다.

아무리 유능한 부동산 강사라도 이것까지 정해줄 수는 없다. 이것은 투자의 영역이 아니라 '삶의 가치관'의 영역이기 때문이다. 가치관이 정해지지 않으면 모든 투자 대상이 아쉽다. 어떤 집은 너무 낡았고, 어떤 집은 너무 멀며, 어떤 집은 환경이 안 좋다. 결정을 내릴 수 없는 문제가 되는 것이다. 따라서 집을 마련할 때는 어떤 요소를 중요시하는지 스스로도 깊이 생각해봐야 한다. 그리고 배우자와 끊임없이 대화해야 한다.

수요를 파악할 수 있는 지표들

좋은 입지(변하지 않는 수요)를 알았다면, 지금 사람들이 집을 사고 싶어 하는지, 아니면 팔고 싶어 하는지 '시장의 심리(변하는 수요)'는 어떻게 알 수 있을까? 뉴스만 믿을 수는 없다. 이때 확인해야 할 객관적인 데이터들이 있다.

첫째, 거래량이다. 일반적으로 집값이 오르려면 누군가 비싼 가격에 계속 사줘야 한다. 거래량이 늘어난다는 것은 "지금 가격이라도 사겠다"는 수요가 많다는 긍정적인 신호다. 반대로 거래량이 뚝 끊기면 "이 가격에는 안 산다"는 뜻이므로 집값이 조정될 가능성이 크다.

하지만 주의할 점이 있다. 거래량이 줄어든다고 무조건 집값이 떨어지는 것은 아니다. 상승세가 너무 강할 때는 집주인들이 매물을 다 거둬들여서, 거래가 거의 없는데도 어쩌다 체결되는 한 건이 최고가(신고가)를 찍으며 가격을 밀어 올리기도 한다. 따라서 거래량 하나만 믿지 말고 전체적인 시장 분위기를 함께 봐야 한다.

둘째, 매수우위지수다. KB부동산 등에서 발표하는 지표로, 0부터 200까지 숫자로 나타낸다. 100을 넘으면 '집을 사려는 사람(매수자)'이 많다는 뜻이고, 100보다 낮으면 '집을 팔려는 사람(매도자)'이 많다는 뜻이다.

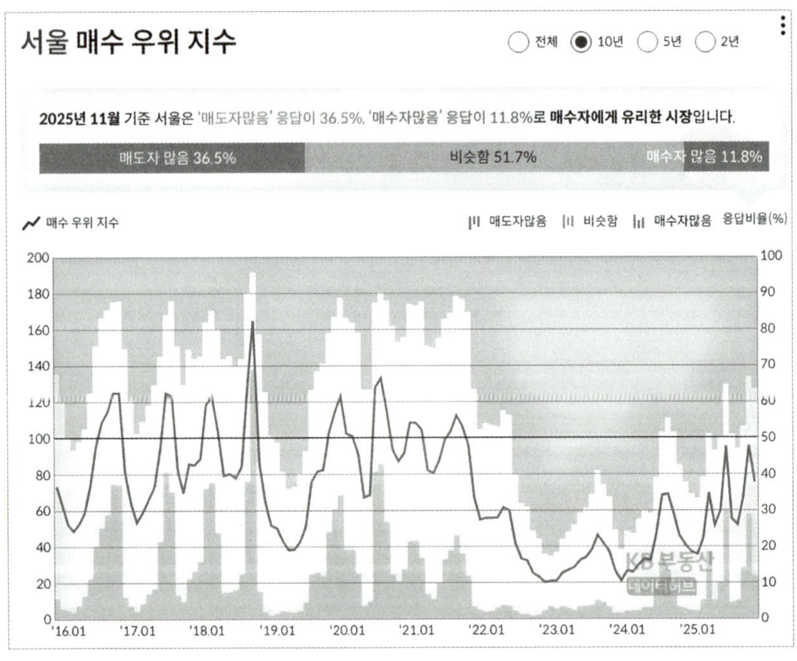

그림 5-3. 매수 우위 지수(출처 : KB부동산)

이 지수가 100을 넘어 계속 오르고 있다면, 사람들의 마음속에 "지금 집을 사야 한다"는 심리가 뜨거워지고 있다는 증거다. 단, 이 지표는 고정된 것이 아니다. 정부의 규제 발표나 금리 변화 같은 외부 환경에 따라 사람들의 심리는 갈대처럼 변한다. 어제까지 사겠다던 사람이 뉴스 하나를 보고 마음을 바꿀 수 있으므로 매주 흐름(추세)이 어떻게 변하는지를 관찰하는 것이 중요하다.

적정 수요량

그렇다면 구체적으로 매년 집이 몇 채나 공급되어야 집값이 안정될까? 이를 가늠해 보는 기준으로 '적정 수요량'이라는 개념을 사용하기도 한다.

가장 널리 쓰이는 계산법은 '인구수 × 0.5%' 공식이다. 예를 들어 인구 1,000만 명인 서울이라면 매년 약 5만 호(1,000만 × 0.005)의 새 집이 필요하다고 단순 계산하는 방식이다. 낡아서 멸실되는 주택이나 결혼 등으로 새로 생기는 세대수를 감안한 수치다.

하지만 이 공식에도 맹점이 있다. 요즘은 1인 가구가 급격히 늘어나면서 인구는 줄어도 필요한 집(세대수)은 늘어나는 추세다. 또한, 사람들이 선호하는 똘똘한 한 채에 대한 '투자 수요'는 이 계산에 포함되지 않는다.

따라서 "적정 수요보다 공급이 많으니 집값이 떨어질 거야"라고 단순하게 단정 지으면 안 된다. 적정 수요량은 참고용 기준일 뿐, 실제 시장은 사람들의 심리와 유동성(돈의 양)에 의해 훨씬 복잡하게 움직인다는 사실을 기억해야 한다.

부동산 시장을 읽으려면 감이 아니라 데이터를 봐야 한다. 본문에서 배운 거래량과 매수우위지수 등의 정보를 직접 확인할 수 있는 사이트들을 소개한다.

1. KB부동산 (liiv.kb.com)

매수우위지수를 가장 먼저 확인할 수 있는 곳이다. 지역별 시세와 아파트 단지별 실거래가 그래프를 제공한다. 매주 업데이트되는 주간 시장 동향도 유용하다.

2. 국토교통부 실거래가 공개시스템 (rt.molit.go.kr)

정부가 공식 인정하는 실제 거래 가격을 공개한다. 지역, 단지, 면적별로 검색할 수 있으며, 최근 거래량 추세도 함께 확인할 수 있다. 아파트뿐 아니라 빌라, 오피스텔, 토지까지 조회할 수 있다.

3. 한국부동산원 부동산통계정보시스템 (r-one.co.kr)

전국 아파트 매매·전세 가격지수를 제공한다. 지역별 상승률과 거래량 통계를 한눈에 볼 수 있어 장기 추세를 파악하기 좋다.

4. 네이버 부동산 / 호갱노노

시세 비교와 호가 vs 실거래가 차이를 쉽게 확인할 수 있다. 학군, 교통, 편의시설 정보까지 한 번에 제공한다. 단지별 시세 그래프도 볼 수 있다.

집값을 결정하는 공급

앞서 수요(사람들의 마음)는 뉴스 하나에도 쉽게 바뀐다고 했다. 하지만 집값의 향방을 결정하는 또 다른 축인 '공급(물건의 양)'은 성격이 완전히 다르다. 공급은 거짓말을 하지 않으며 갑자기 바꿀 수도 없다.

라면이나 빵이 부족하면 공장을 밤새 돌려 다음 날 마트에 채워 넣으면 된다. 하지만 아파트는 오늘 부족하다고 해서 내일 뚝딱 만들어낼 수 없다. 땅을 파고 건물을 올리는 데 최소 3년이라는 긴 시간이 걸리기 때문이다. 이 '시간차'가 부동산 시장의 폭등과 폭락을 만드는 결정적인 원인이다.

공급 앞에 장사 없다

부동산 공급이 얼마나 무서운지 보여주는 대표적인 사례가 바로 '대구'다. 대구는 2021년까지만 해도 상승세였으나, 건설사들이 앞다퉈 지은 아파트들이 2023년과 2024년에 집중적으로 완공되면서 상황이 급변했다.

당시 대구의 적정 입주 물량은 연간 약 1만 2천 호 수준이었다. 하지만 2023년 한 해에만 무려 3만 3천 호가 쏟아져 나왔다. 필요한 양의 3배 가까운 물량이 시장에 투하된 것이다.

그 결과 '미분양의 무덤'이라는 오명이 생길 정도로 빈집이 쌓였다. 이 공급 폭탄은 가장 먼저 '전세 가격'을 무너뜨렸다. 집주인들은 잔금을 치르기 위해 세입자를 구해야 했지만, 주변에 온통 새 아파트뿐이라 세입자를 찾을 수 없었다. 경쟁적으로 가격을 내리다 보니, 5억 원 하던 전세가 2억 원대까지 반토막이 났다. 일부 단지에서는 1억 원대 전세 매물까지 등장했다.

전세가 무너지자 매매가격도 버틸 수 없었다. 세입자에게 돌려줄 전세금이 부족해진 집주인들이 울며 겨자 먹기로 집을 팔기 시작했기 때문이다. 매매가격지수는 2021년 고점 대비 30포인트 이상 큰 폭으로 하락했고(한국부동산원 기준), 실제 거래 가격은 30~40% 빠진 단

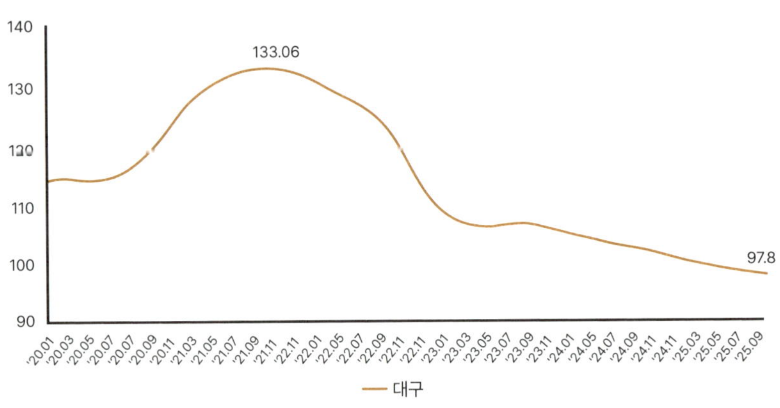

그림 5-4. 대구의 매매가격지수(출처 : 부동산원)

지들이 속출했다. 이는 수요가 아무리 있어도, 감당할 수 없는 공급 앞에서는 집값이 힘을 쓸 수 없다는 것을 잔인하게 증명한 사례다.

서울과 지방의 결정적 차이

그렇다면 서울은 어떨까? 서울과 지방의 공급 구조에는 결정적인 차이가 있다. 바로 '빈 땅(택지)'의 유무다.

지방 도시는 아직 외곽에 빈 땅이 많다. 집값이 오르면 건설사들이 빈 땅에 아파트를 지어 공급을 늘릴 수 있다. 그래서 지방은 상승장이 오더라도 공급이 쏟아지면 몇 년 뒤 가격이 조정받는 사이클이 비교적 정직하게 돌아간다.

반면 서울은 빈 땅이 없다. 이미 빽빽하게 건물이 들어차 있다. 서울에 새 아파트를 공급하는 유일한 방법은 낡은 집을 부수고 다시 짓는 '재건축'과 '재개발'뿐이다.

하지만 재건축과 재개발은 주민들의 동의를 얻고 인허가를 받는 과정이 복잡하고 오래 걸린다. 10년이 넘게 걸리기도 한다. 그래서 서울은 구조적으로 공급이 늘 부족할 수밖에 없다. 서울 집값이 지방보다 비싸고, 잘 떨어지지 않는 근본적인 이유가 여기에 있다. 공급을 늘리고 싶어도 물리적으로 늘리기 어렵기 때문이다.

인허가, 착공, 입주물량

수요는 사람의 마음이라 예측하기 어렵지만, 공급은 100% 예측 가능하다. 아파트가 하루아침에 솟아날 수 없기 때문이다. 우리는 최소 3년 뒤의 미래를 미리 알 수 있다. 이때 봐야 할 지표는 세 가지다.

1. **인허가 물량(5~6년 뒤 공급)** : 정부가 "여기 아파트 지어도 좋아"라고 도장을 찍어준 단계다. 실제 공급으로 이어지지 않을 수도 있지만, 장기적인 공급 계획을 가늠할 수 있다.

2. **착공 물량(2~3년 뒤 공급)** : 실제로 땅을 파고 공사를 시작한 단계다. 이 물량은 2~3년 뒤에 반드시 시장에 나온다.

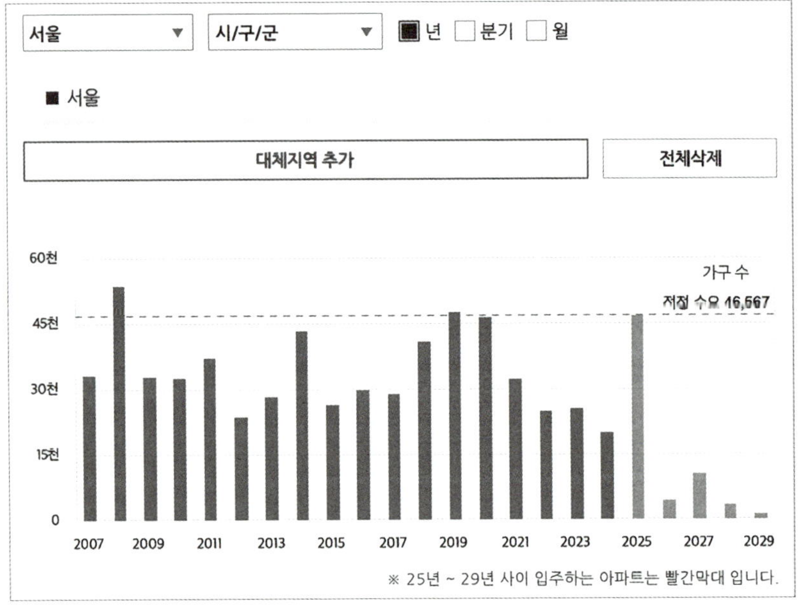

그림 5-5. 입주 물량(출처 : 호갱노노)

3. 입주 물량(현재 공급) : 공사가 끝나고 사람들이 입주하는 단계다. 전세 가격과 매매 가격에 즉각적인 영향을 미친다.

초보자라면 복잡하게 생각할 것 없다. '아실'이나 '호갱노노' 같은 부동산 앱에서 '입주 물량' 그래프만 확인해도 된다. 내가 살고 싶은 지역의 그래프가 '적정 수요(빨간 선)'보다 한참 높게 치솟아 있다면, 당분간 전세와 매매 가격이 약세를 보일 확률이 높다. 반대로 그래프가 바닥을 기고 있다면, 공급 부족으로 집값이 오를 준비를 하고 있다는 신호로 해석할 수 있다.

금리와 통화량

5

앞서 우리는 입지(수요)가 좋은 곳이 비싸고, 공급이 부족하면 집값이 오른다는 부동산의 기본 원리를 배웠다. 그런데 시장을 지켜보다 보면 이 법칙이 전혀 통하지 않는 미스터리한 시기가 있다. 공급이 턱없이 부족해 전세난이 일어났는데도 매매 가격은 오히려 폭락하거나, 입지가 좋지 않은 시골의 아파트까지 미친 듯이 가격이 오르는 시기다.

왜 이런 일이 벌어질까? 우리가 나무(아파트)만 보고 숲(거시 경제)을 보지 못했기 때문이다. 부동산 시장 뒤에는 집값을 쥐락펴락하는 거대한 두 개의 손이 있다. 바로 '금리'와 '통화량'이다. 부동산도 결국은 거대한 금융 시장의 일부다. 돈의 흐름을 이해하지 못하면, 열심히 입지 공부를 해놓고도 정작 중요한 매수 타이밍을 잡지 못하는 실수를 하게 된다.

금리

집값을 결정하는 강력하고 즉각적인 외부 변수는 금리(이자율)다. 금리는 쉽게 말해 '돈의 사용료'다. 우리가 은행에서 남의 돈을 빌려올 때 치러야 하는 대가다.

부동산은 내 돈만 가지고 사는 경우가 거의 없다. 대부분 은행 대출을 끼고 산다. 따라서 금리는 아파트 구매력에 결정적인 영향을 미친다. 이를 물리 법칙에 비유하자면 '중력'과 같다.

금리가 낮다는 것은 돈의 가격이 싸다는 뜻이다. 중력이 약해지는 것이다. 예를 들어 대출 금리가 2%라고 가정해보자. 3억 원을 빌려도 한 달 이자가 50만 원 수준이다. 이 정도면 월급으로 충분히 감당할 만하다. 이자가 싸니 사람들은 대출을 두려워하지 않는다. 내 돈이 부족해도 은행 돈을 빌려 더 좋은 집, 더 넓은 집을 사려는 욕망이 폭발한다. 너도나도 집을 사려 하니 집값은 천정부지로 솟구친다. 실제로 2020년부터 2021년, '제로 금리' 시대에는 실수요와 투자수요가 동시에 팽창하며 집값이 급등했다.

반대로 금리가 오르면 상황은 180도 바뀐다. 중력이 강해져서 자산 시장을 짓누른다. 금리가 5%로 오르면 3억 원 대출의 이자는 월 125만 원으로 2배 넘게 뛴다. 원금까지 합치면 한 달에 200만 원 가까이 갚아야 할 수도 있다. 아무리 좋은 집이라도 매달 월급의 절반 이상을 은행에 바쳐야 한다면 살 엄두를 낼 수 없다.

⭐ 실제 사례 : 2022년 금리 인상으로 인한 이자 증가

2021년 기준금리 0.5% 시절, 많은 사람들이 변동금리로 주택담보대출을 받았다. 당시 대출 금리는 연 2%대였다. 5억 원을 빌렸다면 월 이자는 약 83만 원이었다.

하지만 2023년 1월 기준금리가 3.5%로 7배 오르자 대출 금리는 6%를 넘었다. 같은 5억 원 대출의 월 이자가 250만 원으로 껑충 뛰었다. 1년 반 만에 월 이자 부담이 3배가 된 것이다.

집은 있지만 이자를 감당 못 해 생활비를 깎아야 하는 집이 많아졌다. 버티지 못한 일부는 집을 팔아야 했고 같은 시기 집값도 떨어져 손해를 보며 매도할 수밖에 없었다. 하지만 서울의 경우 몇 년 후 집값이 빠르게 회복됐다. 버티지 못해 집을 판 사람들은 괜찮은 자산을 샀음에도 손해만 본 것이다.

금리는 부동산 투자의 생명줄이다. 변동금리의 위험성을 간과하면 좋은 자산을 샀음에도 버티지 못할 수 있다.

통화량

금리가 돈의 '가격'이라면 통화량은 돈의 '양'이다. 집값이 오르는 또 다른 이유는 시중에 돈이 많이 풀렸기 때문이다. 이것을 전문 용어로 '유동성(통화량) 확대'라고 한다. 우리는 흔히 "집값이 올랐다"고 표현하지만 냉정하게 말하면 "돈의 가치가 떨어졌다"고 보는 것이 더 정확하다.

쉬운 예를 들어보자. 무인도에 사과가 10개 있고, 돈이 딱 1만 원만 있다고 치자. 이때 사과 1개의 가격은 1천 원이다. 그런데 어느 날 헬리콥터가 날아와 섬에 1만 원을 더 뿌렸다. 사과는 여전히 10개뿐인데 돈은 2만 원이 되었다. 이제 사과 1개의 가격은 얼마가 될까? 2천 원이 된다. 사과가 더 맛있어진 게 아니다. 사과의 개수(공급)는 그대로인데,

돈이 흔해지니 돈의 가치가 반토막 나면서 물건 가격이 오른 것이다.

코로나19 시기, 전 세계 정부와 중앙은행은 경기를 살리기 위해 막대한 돈을 찍어냈다. 시중에 돈이 홍수처럼 넘쳐났다. 흔한 것의 가치는 떨어지기 마련이다. 화폐 가치가 급락하자 사람들은 본능적으로 내 돈의 가치를 지켜줄 대상을 찾기 시작했다. 주식, 코인 그리고 부동산이다.

20년 전 2억 원이던 서울 아파트가 지금 10억 원, 20억 원이 된 것은 집이 10배 좋아져서가 아니다. 시중에 풀린 돈의 양(M2)이 그만큼 늘어나며 화폐 가치가 쓰레기가 되었기 때문이다. 그래서 부자들은 위기 때 현금을 들고 있지 않고 실물자산을 사 모은다. 통화량이 늘어날 때 부동산이 인플레이션을 방어하는 최고의 방패가 되어주기 때문이다.

참고로 M2란 M1(현금+요구불예금)에다가 만기 2년 미만의 예적금, 시장형 금융상품(CD, RP 등)을 더한 것이다. 당장 지갑에 있는 돈은 아니지만, 마음만 먹으면 금방 현금으로 바꿀 수 있는 돈까지 포함한 개념이다. 시중에 돈이 얼마나 풀렸는지(유동성)를 판단할 때 가장 많이 참고한다.

전세가

금리 인상은 매매 가격뿐만 아니라 '전세 가격'에도 직격탄을 날린다. 특히 전세 제도가 있는 한국 부동산 시장에서 금리 인상은 치명적인 연쇄 폭발을 일으킨다.

전세금은 집값의 받침대 역할을 한다. 매매가 5억 원짜리 집의 전세가 4억 원이라면 갭투자자는 내 돈 1억 원만 있으면 이 집을 살 수 있다. 전세가 매매 가격을 떠받치고 있는 셈이다. 그런데 금리가 오르면 전세 대출 이자도 함께 오른다. 세입자 입장에서는 비싼 이자를 내고 전세 대출을 받느니, 차라리 마음 편한 월세를 선택하는 게 이득이다. 전세를 찾는 사람이 줄어드니 전셋값은 떨어진다.

문제는 여기서 터진다. 4억 원이던 전세 시세가 3억 원으로 떨어졌다고 가정해보자. 집주인(갭투자자)은 계약 만기 때 세입자에게 1억 원을 돌려줘야 한다. 하지만 무리하게 집을 산 투자자가 당장 1억 원이라는 현금을 가지고 있을 리 만무하다.

결국 이들은 전세금을 돌려주기 위해 울며 겨자 먹기로 집을 급하게 팔아야 한다. "시세보다 싸게 내놓을 테니 제발 사주세요"라며 급매물을 던지는 것이다. 이런 급매물이 하나둘 쌓이면 시장 전체의 매매 가격이 와르르 무너진다. 즉, 금리 인상은 '전세 대출 이자 상승 → 전세 수요 감소 → 전세 가격 하락 → 갭투자자 파산(급매물 증가) → 집값 하락'이라는 무서운 도미노 현상을 만든다.

연방준비제도의 발표를 봐야 하는 이유

결국 한국의 집값을 움직이는 진짜 주인은 우리 동네 부동산 사장님이 아니라, 미국의 중앙은행인 '연방준비제도(Fed)'다.

"미국 금리가 나랑 무슨 상관이야?"라고 생각할 수 있다. 하지만 자본주의 시장은 하나로 연결되어 있다. 세계의 돈은 이자를 많이 주는 곳으로 흐른다. 만약 미국이 금리를 5% 주는데 한국이 3%밖에 안 준다면 어떻게 될까? 외국인 투자자들은 한국에 투자했던 돈을 빼서 미국으로 떠날 것이다. 달러가 빠져나가면 환율이 폭등하고 한국 경제는 위기에 처한다.

이것을 막기 위해 한국은행은 울며 겨자 먹기로 미국을 따라 금리를 올릴 수밖에 없다. 한국의 가계 부채가 많아 금리를 올리면 국민들이 힘들다는 것을 알면서도, 더 큰 위기를 막기 위해 금리를 올려야 하는 것이다.

그래서 부동산 고수들은 매일 아침 미국 연준 의장이 무슨 말을 했는지 확인한다. 그 말 한마디에 내 대출 이자가 결정되고, 우리 집값이 춤을 추기 때문이다. 부동산 투자는 단순히 좋은 집을 고르는 게임이 아니다. 거대한 돈의 파도(금리와 유동성)가 밀려올 때 올라타고, 파도가 빠져나갈 때를 대비하는 타이밍 싸움이다. 입지 공부와 함께 경제 뉴스를 챙겨 봐야 하는 이유가 바로 여기에 있다.

대출 얼마나 받아야 할까?

6

입지 분석을 끝내고 시장의 흐름까지 읽었다면 이제 가장 현실적인 질문을 던져야 한다.

"그래서, 당장 내가 살 수 있는 집은 어디인가?"

아무리 좋은 아파트도 내 지갑 사정과 맞지 않으면 그림의 떡이다. 많은 초보자가 부동산 공부를 열심히 하다가도 이 단계에서 좌절한다. 내가 가진 돈은 1억 원인데, 사고 싶은 집은 10억 원이기 때문이다. 하지만 포기하기엔 이르다. 현금 100%를 들고 집을 사는 사람은 부자들 중에서도 극소수에 불과하다.

대부분은 내 돈(종잣돈)과 남의 돈(대출)을 합쳐서 집을 산다. 문제는 '남의 돈'을 얼마나, 어떻게 빌릴 수 있는지 모른다는 점이다. 복잡한 알파벳 용어에 겁먹지 말고, 내 월급으로 감당 가능한 집의 가격을 계산하는 법을 배워보자.

대출이 필요한 이유

가장 먼저 태도부터 바꿔야 한다. 우리는 어릴 때부터 "빚지면 큰일 난다"고 배웠다. 물론 자동차 할부나 카드 리볼빙 같은 소비성 빚은 나쁘다. 내 자산을 깎아먹는다.

하지만 집을 사기 위한 대출은 성격이 다르다. 이것은 '레버리지(Leverage)'다. 미래에 들어올 내 소득을 미리 당겨와서, 시간이 지날수록 가치가 오르는 자산(집)을 사는 도구다. 앞서 배웠듯이 화폐 가치는 계속 떨어진다. 30년 동안 월급을 한 푼도 안 쓰고 모아서 집을 사겠다는 생각은 달리는 KTX를 자전거로 쫓아가겠다는 무모한 행동이다.

인플레이션을 방어하고 자산 격차를 따라잡기 위해, 감당할 수 있는 범위 내의 대출은 필수다.

LTV와 DSR

은행에 가면 창구 직원이 알 수 없는 알파벳을 쓰며 대출 가능 여부를 설명한다. 기죽을 필요 없다. 딱 두 가지 용어, LTV와 DSR만 알면 충분하다.

첫째, LTV(주택담보대출비율)다. 쉽게 말해 "집값을 기준으로 얼마까지 빌려준다"는 뜻이다. 은행 입장에서 생각해보자. 내가 돈을 못 갚으면 은행은 집을 경매로 넘겨서 돈을 회수해야 한다. 그래서 집값의 100%를 다 빌려주지 않고, 70%나 50%까지만 빌려준다. LTV가 70%이고 5억 원짜리 집을 산다면, 은행은 최대 3억 5천만 원(5억×0.7)까지 대출해 준다. LTV는 '집의 가치'를 믿고 빌려주는 비율이다.

둘째, DSR(총부채원리금상환비율)이다. 이게 진짜 핵심이다. LTV가 집을 보는 거라면 DSR은 "너(사람)를 믿을 수 있는가?"를 묻는다.

아무리 집값이 비싸서 담보 가치가 충분해도 내 월급이 적어서 이자를 갚을 능력이 안 되면 돈을 빌려주지 않는다.

과거에는 집값만 비싸면 대출이 나왔지만 지금은 내 소득이 낮으면 대출 한도가 확 줄어든다. 그래서 요즘 부동산 시장에서는 "연봉이 곧 대출 한도이고, 대출 한도가 곧 살 수 있는 집의 급지(계급)를 결정한다"고 말한다.

★ 용어 정리 : DSR과 스트레스 DSR, 무엇이 다를까?

은행에서 대출받을 때 가장 많이 듣는 단어가 'DSR'이다. DSR(총부채원리금상환비율)은 "내 연소득에서 빚 갚는 돈이 몇 %인가"를 뜻한다. 연소득 5천만 원에 DSR 40%라면 연간 2천만 원(월 167만 원)까지만 대출 원리금을 갚을 수 있다.

그런데 2024년부터 '스트레스 DSR'이라는 새 규제가 등장했다. 이건 "지금 금리가 아니라, 앞으로 금리가 더 오를 수 있으니 미리 대비해서 계산하자"는 개념이다. 현재 금리 4%로 계산하는 게 아니라, 1.5%p를 더한 5.5%로 계산해서 대출 한도를 정한다.

예를 들어 일반 DSR로는 5억 원까지 빌릴 수 있었는데, 스트레스 DSR을 적용하면 4억 원밖에 못 빌릴 수도 있다. 정부가 "금리가 오르면 못 갚을 사람 미리 걸러내자"며 만든 안전장치다. 대출 계획을 세울 때는 반드시 스트레스 DSR까지 확인해야 한다.

정책 모기지부터 챙기자

대출을 알아볼 때 무작정 동네 은행부터 가는 것은 하수다. 가장 먼저 확인해야 할 상품은 정부가 무주택 서민들을 위해 만든 '정책 모기지'다. 대표적으로 '디딤돌대출'과 '보금자리론'이 있다.

디딤돌 대출은 무주택 서민을 위해 정부가 지원하는 저금리 주택담보대출이다. 부부 합산 연소득과 주택 가격에 일정한 요건이 있지만 시중 은행보다 훨씬 싼 금리로 돈을 빌릴 수 있다.

보금자리론은 한국주택금융공사가 공급하는 장기 고정금리 주택담보대출이다. 디딤돌대출보다 소득과 주택 가격 요건이 완화되어 있어 맞벌이 부부처럼 소득이 조금 더 높은 가구까지 이용할 수 있다. 금리가 장기간 고정되기 때문에 금리 상승기에는 이자 부담을 예측하기 쉬워 인기가 높다.

정리하면 디딤돌대출은 소득이 낮은 무주택 실수요자에게 더 초점을 둔 상품이고, 보금자리론은 대상 범위를 넓히는 대신 조금 더 높은 고정금리를 적용하는 구조라고 이해할 수 있다.

왜 이걸 먼저 봐야 할까? 금리가 시중 은행보다 싸기 때문이다. 대출 3억 원을 받았을 때 금리가 1%만 차이 나도, 30년 동안 내야 할 이자 차이는 수천만 원에 달한다. 게다가 정책 대출은 DSR 규제를 덜 까다롭게 적용하거나, 고정 금리로 빌려주는 등 혜택이 크다.

신혼부부, 생애 최초 주택 구입자, 신생아 출산 가구 등에게는 파격적인 금리 할인을 해준다. 내가 자격 조건이 되는지 주택도시기금 사이트에서 조회해보는 일이 자금 계획의 첫걸음이다. 자격이 안 될 때 시중 은행 대출을 알아보면 된다.

또 하나의 대출 갭투자

만약 은행 대출이 안 나오거나, 대출을 받아도 돈이 부족하다면 어떻게 해야 할까? 한국에만 있는 독특한 방식인 '갭투자'를 활용할 수 있다.

갭투자는 은행 대신 '세입자'에게 돈을 빌리는 방식이다. 매매가 5억 원인 집의 전세 시세가 3억 원이라고 하자. 내가 이 집에 당장 들어가 살지 않고 전세를 놓으면, 세입자에게 받은 보증금 3억 원에 내 돈 2억 원만 합쳐서 집을 매수할 수 있다.

이때 전세금 3억 원은 사실상 '무이자 대출'이다. 은행 대출과 달리 매달 이자를 낼 필요가 없다. 그래서 적은 돈으로 집을 사려는 투자자들이 이 방법을 많이 쓴다.

하지만 갭투자에는 치명적인 위험이 따른다. 앞에서 배웠듯이 전세 가격이 떨어지는 '역전세' 상황이다. 3억 원이던 전세가 2년 뒤 2억 원으로 떨어지면 세입자에게 1억 원을 돌려줘야 하는 상황이 올 수도 있다. 이 돈을 마련하지 못하면 집이 경매로 넘어가거나 신용불량자가 될 수 있다. 따라서 갭투자를 할 때는 전세가 하락에 대비한 비상금이나 대출 여력을 반드시 남겨두어야 한다.

내가 감당할 수 있는 대출은?

그렇다면 대출은 얼마나 받는 게 좋을까? "영혼까지 끌어모은다(영끌)"고 하지만, 여기에도 안전 기준이 있어야 한다. 무리한 대출은 집을 지키는 게 아니라, 은행 월세살이를 자처하는 꼴이다.

가장 이상적인 기준은 '원리금 상환액이 월 소득의 30% 이내'인 경우다. 월급이 300만 원이라면 매달 은행에 갚는 돈이 90만 원~100만 원 정도면 생활에 큰 지장이 없다.

조금 무리한다면 40%까지는 버틸 수 있다. 하지만 대출 상환액이 월급의 50%를 넘어가는 순간 삶의 질은 급격히 떨어진다. 외식은 커녕 친구 경조사비 내기도 빠듯해진다. 만약 여기서 금리가 더 올라 이자가 늘어나면 집을 팔아야 하는 상황이 올 수도 있다.

따라서 자금 계획을 세울 때는 '은행이 얼마를 빌려주느냐'보다 '내가 매달 얼마를 갚을 수 있느냐'를 먼저 계산기를 두드려봐야 한다. 집은 행복하려고 사는 것이지, 은행 이자를 갚기 위해 사는 물건이 아니다.

정부의 규제

7

부동산 시장에는 매수자와 매도자만 있는 게 아니다. 호루라기를 입에 문 강력한 '심판'이 있다. 바로 정부다.

정부는 시장이 너무 과열되면 찬물을 끼얹고(규제), 너무 차갑게 식으면 불을 지피는(완화) 역할을 한다. 아무리 돈이 많아도 심판이 "지금은 집 사지 마!"라고 룰을 바꿔버리면 투자를 할 수 없다. 따라서 심판이 현재 어떤 카드를 꺼내 들었는지 '규제'의 흐름을 읽을 줄 알아야 한다.

규제 지역 vs 비규제 지역

정부는 전국의 모든 땅을 똑같이 규제하지 않는다. 집값이 빠르게 오르는 동네만 콕 집어서 '규제지역(조정대상지역, 투기과열지구)'으로 지정한다. 일종의 '집값 감시 구역'이다.

내가 사려는 집이 규제 지역에 있다면 모든 조건이 까다로워진다.

1. 대출이 줄어든다 : 비규제지역에서는 집값의 70%까지 빌려주던 돈을 50%, 40%로 줄여버린다.

2. 세금이 늘어난다 : 집을 2채 이상 사려고 하면 취득세와 보유세를 올려서 못 사게 막는다.

3. 청약이 어렵다 : 규제지역에서는 청약 1순위 자격을 '세대주'로 제한하거나, 당첨 후 몇 년간 못 팔게 막는다.

반면 비규제 지역은 정부가 "여기는 좀 사도 된다"고 풀어준 곳이다. 대출도 잘 나오고 세금 혜택도 있다. 따라서 초보자라면 내가 관심 있는 동네가 현재 규제 지역인지, 비규제 지역인지 가장 먼저 확인해야 한다. 이 선 하나 차이로 자금 계획이 완전히 달라진다.

토지거래허가구역

정부가 가진 규제 카드 중 가장 강력한 게 있다. 바로 '토지거래허가구역'이다. 집(땅)을 사고팔 때 구청장의 '허가'를 받으라는 뜻이다.

이 구역으로 지정되면(주로 강남, 잠실, 여의도 등 핵심지) '실거주'가 아니면 집을 살 수 없다. 즉, 전세를 끼고 사는 '갭투자'가 원천적으로 금지된다. 집을 사면 무조건 내가 들어가서 2년 동안 살아야 한다는 각서를 써야 허가가 나온다.

돈이 아무리 많아도 "나중에 들어가 살게요"가 통하지 않는다. 이는 투기 수요를 완벽하게 차단하기 위한 조치다.

규제의 한계

그렇다면 정부가 규제로 누르면 집값은 무조건 잡힐까? 안타깝게도 역사는 "그렇지 않다"고 말한다. 규제는 수요를 일시적으로 억눌러 시간을 벌 수 있지만, 부족한 공급을 이길 수는 없다.

대표적인 사례가 2017년부터 2021년까지의 상승장이다. 당시 정부는 집값을 잡기 위해 20번이 넘는 강력한 대책을 쏟아냈다. 다주택자에게 징벌적인 세금을 매기고, 대출을 아예 금지하기도 했다. 하지만 집값이 잡히기는 커녕 서울 아파트값이 두 배 가까이 폭등했다.

이유는 명확했다. 사람들이 살고 싶어 하는 서울 도심에 '공급(새 아파트)'이 턱없이 부족했기 때문이다. 공급은 그대로인데 규제로 "사지 마"라고 억누르니 부작용만 터져 나왔다.

- 풍선 효과 : 서울을 규제하니 경기도가 오르고, 아파트를 막으니 오피스텔이 오르는 식으로 수요가 튀어 올랐다.

- 매물 잠김 : 양도세가 너무 비싸니 집주인들이 집을 팔지 않고 버티면서 시장에 매물이 씨가 말라 가격이 더 올랐다.

결국 집값은 정부가 뒤늦게 3기 신도시 등 대규모 공급 대책을 내놓고, 금리가 오르기 시작해서야 진정되었다. 이것이 주는 교훈은 명확하다. 정부의 규제는 강력하지만, 근본적인 공급 부족이 해결되지 않은 상태에서의 규제는 가격 상승을 막는 데 한계가 있다.

세금

우리는 지금까지 좋은 입지를 고르고, 대출을 받아 집을 사는 방법까지 배웠다. 이제 부자가 될 일만 남았다고 생각하는가? 천만의 말씀이다. 투자의 마지막 관문이자 가장 무서운 복병이 남아 있다. 바로 '세금'이다.

초보자들은 "5억에 사서 7억에 팔았으니 2억 벌었네!"라고 좋아한다. 하지만 세금을 계산해보면 손에 쥐는 돈은 1억 원도 안 될 수도 있다. 대한민국에서 부동산 투자를 한다는 것은 정부와 '동업'을 하는 것과 같다. 수익이 나면 정부가 찾아와 자기 몫을 떼어간다. 따라서 세금을 모르고 투자하는 행위는 밑 빠진 독에 물 붓기와 다름없다.

부동산 세금의 3단계

부동산 세금은 복잡해 보이지만, '부동산의 일생'에 따라 딱 세 가지로 정리된다. 놀이공원이나 골프장 멤버십에 비유하면 이해하기 쉽다.

- 취득세(입장료) : 놀이공원에 들어갈 때 내는 입장권 가격이다. 집을 살 때 낸다.

- 보유세(회비) : 멤버십을 유지하기 위해 매년 내는 회비다. 집을 가지고 있는 동안 낸다.

● 양도소득세(퇴장료) : 놀이공원에서 딴 경품을 가지고 나갈 때 내는 수수
료다. 집을 팔아서 번 돈(차익)에 대해 낸다.

1. 취득세

집을 사는 순간, 등기를 치기 위해 반드시 내야 하는 세금이 취득세
다. 재미있는 점은 집값과 주택 수에 따라 입장료가 다르다는 사실이다.

정부는 무주택자가 집을 한 채 사는 것은 장려하지만, 집이 있는 사
람이 또 사는 것은 투기로 보고 페널티를 준다. 1주택자가 6억 원 이
하의 집을 살 때는 집값의 1% 정도만 내면 된다. 5억 원짜리 집이라면
500만 원 수준이다.

하지만 이미 집이 2채, 3채 있는 사람이 또 집을 산다면? 이때는 '취
득세 중과(무거운 세금)'가 적용되어 최대 12%까지 올라간다. 5억 원
짜리 집을 사는데 세금만 6천만 원을 내야 한다. 수익률이 시작부터
-12%가 된다. 따라서 집을 살 때는 내가 내야 할 입장료가 1%인지,
12%인지 반드시 미리 계산해봐야 한다.

2. 보유세

집을 샀다면 이제 매년 '보유세' 고지서가 날아온다. 보유세는 재산
세와 종합부동산세(종부세) 두 형제로 나뉜다.

재산세는 집을 가진 사람이라면 누구나 내는 기본 회비다. 매년 7

월과 9월에 절반씩 나누어 낸다. 금액이 크지 않아 크게 부담스럽지는 않다.

문제는 종부세다. 이건 일종의 '부자세'다. 정부가 정한 기준(공시가격)보다 비싼 집을 가졌거나, 집을 여러 채 가진 사람에게만 부과되는 '프리미엄 멤버십 요금'이다. 종부세는 금액 단위가 크다. 수백만 원에서 많게는 수천만 원이 나오기도 한다. 은퇴 후 소득이 없는 어르신들이 "세금 낼 돈이 없어서 집을 팔아야 한다"고 하소연하는 이유가 바로 이 종부세 때문이다.

3. 양도세

세금의 끝판왕은 집을 팔 때 내는 양도소득세(양도세)다. 내가 5억 원에 산 집이 10억 원이 되었다면, 차익인 5억 원에 대해 세금을 매긴다.

양도세는 "짧게 가지고 있었니? 아니면 오래 살았니?"를 따진다. 집을 사고 1년도 안 돼서 팔면 정부는 이를 투기로 간주하고 차익의 70%를 세금으로 가져간다. 1억 원을 벌었는데 7천만 원을 세금으로 내야 한다.

하지만 실거주자에게는 엄청난 혜택이 있다. 바로 '1세대 1주택 비과세'다. 집이 한 채인 사람이 그 집에서 2년 이상 보유(조정대상지역은 2년 거주)하고 팔면, 매매가 12억 원까지는 세금을 한 푼도 안 걷는다. 5억 원을 벌든 7억 원을 벌든 세금이 '0원'이다. 이것이 사람들이 기를 쓰고 '똘똘한 한 채'를 가지려는 이유다. 대한민국에서 합법적으로 수억 원의 수익에 세금을 안 내는 방법은 1주택 비과세가 유일하다.

정부의 정책은 변한다

부동산 세금 정책은 고정된 것이 아니다. 시장 상황에 따라 수시로 변한다. 여기에 중요한 패턴이 있다.

- **상승기(과열) :** 집값이 미친 듯이 오르면 정부는 찬물을 끼얹는다. "집 그만 사!"라는 신호를 보내며 취득세, 보유세, 양도세를 모두 강화한다. 다주택자들을 옥죄어 매물을 내놓게 만든다.

- **하락기(침체) :** 반대로 집값이 폭락하고 거래가 끊기면 정부는 불을 지핀다. "집 좀 사주세요"라며 세금을 깎아준다. 취득세를 깎아주고, 양도세를 면제해 주며 미분양 아파트를 사라고 유혹한다.

따라서 세금을 공부할 때는 현재의 세율을 달달 외우는 것보다 '정부의 방향'을 읽는 것이 중요하다. 정책은 수시로 바뀐다. 작년에 적용되던 혜택이 올해는 사라질 수도 있고, 없던 규제가 갑자기 생기기도 한다.

부동산 계약서에 도장을 찍기 전에는 반드시 국세청 홈택스나 세무 전문가를 통해 "지금 시점에서 적용되는 세법"을 꼼꼼하게 다시 확인해야 한다. 다른 사람들의 말만 믿고 덜컥 계약했다가는 세금 폭탄을 맞을 수 있다.

부동산을 사는 4가지 방법

우리는 흔히 집을 산다고 하면 공인중개사 사무소에 가서 계약하는 모습만 떠올린다. 하지만 부동산을 취득하는 방법은 생각보다 다양하다.

시세대로 사는 방법(매매), 미리 예약하는 방법(청약), 싸게 사는 방법(경매), 낡은 것을 새것으로 바꾸는 방법(재개발·재건축)이 있다.

일반 매매

가장 보편적이고 안전한 방법이다. 동네 부동산(공인중개사)을 통해 현재 시장에 나와 있는 집을 산다.

- **장점 :** 원하는 집을 눈으로 직접 보고 고른다. 하자 여부, 일조량, 층간 소음 등을 체크하고 계약하면 한두 달 안에 바로 입주할 수 있다. 권리 관계가 복잡하지 않아 초보자에게 적합하다.

- **단점 :** '제값(시세)'을 다 줘야 한다. 싸게 살 기회는 적다.

청약(분양)

새 아파트를 짓기 전에 미리 입주할 권리를 사는 방법이다. 흔히 "로또 청약"이라고 부른다.

- **특징** : '주택청약종합저축'이라는 통장이 있어야 자격이 주어진다. 인기 있는 지역은 경쟁률이 수백 대 일까지 치솟기 때문에 가점(점수)이 높거나 운이 좋아야 당첨된다.

- **장점** : 주변 시세보다 저렴하게 새 집을 장만할 수 있다. 정부가 분양가를 통제하는 경우가 많아서 당첨만 되면 수억 원의 시세 차익을 얻기도 한다. 계약금(10%)만 있으면 시작할 수 있어 초기 자금 부담이 적다.

- **단점** : 당첨되기가 하늘의 별 따기다. 그리고 아파트가 다 지어질 때까지 2~3년을 기다려야 한다.

경매와 공매

집주인이 빚을 갚지 못해 법원(경매)이나 자산관리공사(공매)가 강제로 파는 물건을 산다.

- **특징** : 공개 입찰 경쟁을 통해 가장 비싼 값을 부른 사람이 주인이 된다.

- **장점** : 시세보다 훨씬 싸게 살 수 있다. 운이 좋으면 시세의 70~

80% 가격에 살 수 있다.

- **단점** : 위험이 크지만 기대 수익도 크다. 권리 분석(집에 숨겨진 빚이 있는지 확인)을 잘못하면 낙찰 후 빚을 떠안을 수도 있다. 또한, 살고 있는 사람을 내보내는 과정(명도)이 까다로워 법적 분쟁이나 이사비 문제로 골머리를 앓을 수 있다. 초보자에게는 추천하지 않는다.

⭐ **주의 사례 : 경매 실패 유형 5가지**

경매는 싸게 살 수 있지만, 공부 없이 덤비면 큰 손해를 볼 수 있다. 실제로 많이 발생하는 실패 사례들이다.

1. 유치권

유치권은 공사비나 수리비처럼 받을 돈이 남아 있는 사람이, 그 돈을 받을 때까지 목적물을 계속 점유할 수 있는 권리다. 등기부에 잘 드러나지 않아 경매 초보자가 특히 놓치기 쉽다.

<사례> 낙찰 후 집에 가보니 원래 살던 사람이 "공사비 3천만 원 아직 못 받았다"며 유치권을 주장하는 경우가 있다. 유효한 유치권인지 다투는 과정이 복잡해, 실제 현장에서는 분쟁을 피하려고 합의금을 주고 해결하는 사례가 많다.

2. 선순위 임차인

선순위 임차인은 말소기준권리보다 먼저 대항력·우선변제권을 취득해, 경매가 끝나도 보증금을 우선적으로 보호받는 세입자를 말한다. 이런 임차인이 있으면 낙찰자가 그 보증금을 인수해야 할 수 있다.

<사례> 구조를 모른 채 입찰하면 8천만 원에 낙찰받았는데 실제로는 선순위 전세보증금 1억 원을 대신 돌려줘야 하는 상황이 생길 수 있다. 결국 집을 싸게 산게 아니라, 거꾸로 2천만 원 손해를 본 셈이 된다.

3. 법정지상권

법정지상권은 토지와 건물 소유자가 경매 등으로 갈라졌을 때, 일정 요건을 충족하면 건물 소유자가 그 토지 위 건물을 계속 사용할 수 있는 권리다. 등기에 '법정지상권'이라는 말이 직접 적혀 있지 않아도 성립할 수 있다는 점이 핵심이다.

<사례> 토지만 경매로 싸게 낙찰받았는데, 땅 위에 있는 건물의 주인이 따로 있어 마음대로 철거하거나 개발을 진행하지 못하는 경우가 있다. 이 경우 땅의 활용 계획이 크게 제한되고, 기대했던 수익성도 떨어질 수 있다.

4. 명도

명도는 경매로 낙찰받은 부동산에서 기존 점유자를 내보내고 새 소유자가 실제로 인도받는 절차를 뜻한다. 보통은 합의와 이사비 지급으로 해결하지만 협조가 없으면 소송과 강제집행으로 이어질 수 있다.

<사례> 집주인이나 세입자가 끝까지 버티며 안 나가면, 강제집행까지 6개월~1년 이상 걸리기도 한다. 그 기간 동안 취득세·이자·관리비만 나가고 집은 비워두어야 해서, 자금이 묶이는 부담이 상당하다.

5. 하자 물건

겉으로는 멀쩡해 보이지만 누수·곰팡이·구조 균열 등 심각한 하자가 숨겨진 물건도 적지 않다. 현장 점검 없이 사진과 서류만 보고 입찰하면 이런 하자를 놓치기 쉽다.

<사례> 수리비가 낙찰가보다 더 많이 들어가 "집을 싸게 산 게 아니라, 큰 수리 공사를 떠안은 것"과 같은 결과가 나오기도 한다.

경매를 통해 집을 살 때는 권리 관계를 충분히 공부하고 현장을 꼼꼼하게 점검할 필요가 있다.

경매는 권리 분석 공부를 충분히 한 뒤 시작해야 한다.

재개발과 재건축

　지금은 낡고 허름한 집이지만 나중에 새 아파트로 변신할 곳을 미리 사는 투자 방법이다. 흔히 '몸테크(몸으로 때우는 재테크)'라고도 한다. 수익률이 가장 높지만 그만큼 공부해야 할 것도 많다. 재개발과 재건축은 비슷해 보이지만 차이가 있다.

- **재건축(Reconstruction) :** 동네는 좋은데 집만 낡은 경우다. 도로, 학교, 공원 같은 기반 시설은 이미 좋다. 그래서 아파트 단지만 부수고 다시 짓는다. 주로 강남이나 목동의 낡은 아파트들이 여기에 해당한다.

- **재개발(Redevelopment) :** 동네 전체가 낙후된 경우다. 좁은 골목길, 부족한 주차장 등 기반 시설이 열악하다. 그래서 집만 다시 짓는 게 아니라 동네 전체를 밀고 도로와 공원까지 새로 만든다. 주로 강북의 빌라촌이나 단독주택 밀집 지역이 대상이다.

구분	재건축	재개발
대상	낡은 아파트	낡은 주택, 빌라
특징	집만 다시 지음 (기반시설 양호)	동네를 통째로 바꿈 (기반시설 열악)
난이도	상대적으로 쉬움	권리 관계가 복잡하고 오래 걸림
초과이익환수	있음 (이익의 일부를 나라에 냄)	없음

표 5-1. 재건축, 재개발 비교

재개발과·재건축은 "조합설립이 됐대", "관리처분이 났대" 같은 어려운 용어를 쓴다. 초보자는 4단계만 기억하면 된다.

1단계 **조합설립인가** : "우리끼리 뭉쳐서 사업 한번 해봅시다"라고 동의를 모아 조합을 만든 단계다. 이제 막 시작점에 섰다. 새 아파트가 되려면 10년 이상 기다려야 할 수도 있다.

2단계 **사업시행인가** : "우리는 아파트를 이렇게 짓겠습니다"라고 관청에 설계도를 내고 허락을 받은 단계다. 구체적인 밑그림이 나왔으므로 사업이 7부 능선을 넘었다고 본다.

3단계 **관리처분인가** : 가장 중요한 단계다. "조합원들은 헌 집을 얼마에 쳐주고, 새 아파트를 받으려면 얼마를 더 내야 하는지" 돈 계산이 끝났다는 뜻이다. 이 승인이 나면 사실상 사업 확정이다. 곧 이주하고 철거가 시작된다. 투자자들은 이 단계 전후에 가장 많이 진입한다.

4단계 **일반분양 및 입주** : 조합원들이 가져가고 남은 물량을 일반 사람들에게 청약으로 판다. 이후 공사를 마치고 입주한다.

재개발과 재건축의 장점과 단점은 다음과 같다.

- **장점** : 수익률이 압도적이다. 다 쓰러져가는 5억 원짜리 빌라를 샀는데, 나중에 15억 원짜리 서울 신축 아파트 입주권을 받을 수 있다. 청약 당첨이 어려운 사람에게는 새 아파트를 가질 수 있는 확실한 방법이다.

● **단점** : 시간이 오래 걸린다. 사업이 진행되다가 조합 내부 갈등이나 공사비 문제로 멈추는 경우가 많다. 10년 이상 자금이 묶일 수 있다. 또한, 헌 집 값보다 새 아파트 건축비가 비싸면 '추가 분담금'이라는 돈을 수억 원 더 내야 할 수도 있다. 따라서 무턱대고 낡은 집을 샀다가는 돈은 돈대로 묶이고 새 집은 못 받는 낭패를 볼 수 있다.

6장

미시경제

: 시장이라는 무대 위의 심리전

우리가 물건을 살 때 가장 먼저 확인하는 것은 가격표다. 하지만 이 숫자가 어떻게 결정되는지, 그 이면에 어떤 심리전이 오가는지는 깊게 생각하지 않는다. 미시경제학은 시장이라는 무대 위에서 벌어지는 소비자와 생산자의 치열한 줄다리기를 다룬다.

이 장에서는 수요와 공급의 원리부터 비용을 줄이고 이윤을 극대화하려는 기업의 생존 전략을 살펴본다. 또한 가격 변화에 따라 수요가 고무줄처럼 변하는 탄력성의 비밀과 정보가 부족해 불량품만 남는 '레몬 시장'의 함정을 살펴본다. 나아가 시장이 스스로 해결하지 못하는 문제를 정부가 어떻게 조율하는지 알아본다.

단순한 구경꾼이 아니라 시장을 움직이는 똑똑한 경제 주체가 되기 위해 감이 아닌 명확한 경제 원리로 세상을 읽어야 한다.

소비자 선택 이론 : 현명한 소비를 위한 고민

물건을 살 때 가장 먼저 확인하는 것은 '가격'이다. 500원짜리 껌부터 100만 원이 넘는 스마트폰까지, 세상 모든 물건에는 가격표가 붙어 있다. 그런데 이 가격은 도대체 누가, 어떤 기준으로 정하는 것일까. 그리고 왜 "싸다" 혹은 "비싸다"라고 느낄까? 이 비밀을 풀기 위해 경제학이라는 안경을 쓰고 시장을 들여다보아야 한다.

마샬의 가위

경제학자 알프레드 마샬은 가격이 결정되는 원리를 아주 멋진 비유로 설명했다. 바로 '가위'다. 가위로 종이를 자르려면 윗날과 아랫날이 동시에 움직여야 한다. 윗날 혼자서 허공을 휘젓거나 아랫날만 움직여서는 아무것도 자를 수 없다. 경제도 마찬가지다. 물건을 사려는 사람들의 마음인 '수요(윗날)'와 물건을 팔려는 사람들의 마음인 '공급(아랫날)'이 딱 맞물리는 순간에 가격은 결정된다.

사장님이 가격표에 1만 원을 적어 놓아도, 소비자가 "너무 비싸다"

그림 6-1. 알프레드 마샬

며 사지 않으면 그것은 진짜 가격이 아니다. 반대로 소비자가 100원에 달라고 외쳐도, 사장님이 "그건 손해다"라며 팔지 않으면 거래는 일어나지 않는다. 결국 두 마음이 합의한 '균형'의 결과물이다. 이것이 시장 가격이 가진 진짜 의미다.

지불 용의

시장에서 결정된 가격이 1,000원이라고 하자. 그런데 사람들의 마음속에는 저마다 다른 가격표가 숨겨져 있다. 이것을 '지불 용의

(Willingness to Pay)'라고 한다. 어떤 물건을 얻기 위해 내가 지불할 마음이 있는 최대 금액을 뜻한다. 목이 마른 사람은 생수 한 병에 2,000원이라도 지불할 용의가 있다. 반면 물이 별로 필요 없는 사람은 500원이라야 살 마음이 생긴다. 그런데 마트 진열대의 생수 가격은 1,000원으로 똑같다. 이때 2,000원까지 낼 생각이 있었던 사람은 "와, 1,000원이나 싸게 샀다!"라고 느끼며 기분 좋게 물을 산다.

이 사람이 느낀 심리적인 이득을 '소비자 잉여'라고 부른다. 우리가 쇼핑을 하고 기뻐하는 이유는, 내 마음속 지불 용의보다 실제 시장 가격이 더 쌀 때 느끼는 이 '잉여'의 기쁨 때문이다. 반대로 500원만 낼 생각이었던 사람은 1,000원을 비싸다고 느끼며 물을 사지 않는다. 이렇게 시장 가격은 사람들의 마음속 가격표와 끊임없이 비교당하며 거래를 만들어낸다.

한계효용 체감의 법칙

이제 소비자의 마음속으로 더 깊이 들어가 보자. 우리는 언제까지 지갑을 열까? 배가 고파 피자를 시켰다고 상상해 보자. 첫 번째 조각의 맛은 환상적이다. 이때 느끼는 만족감 '효용(Utility)'이라고 한다. 그리고 피자 한 조각을 더 먹을 때마다 늘어나는 만족감을 '한계효용(Marginal Utility)'이라고 한다. 첫 번째 조각의 한계효용이 100점이라면, 두 번째 조각은 80점, 세 번째 조각은 50점으로 점점 떨어진다. 배가 불러 만족도가 떨어지기 때문이다. 열 번째 조각쯤 되면 오히려 고통스러울 수도 있다. 이것이 바로 '한계효용 체감의 법칙'이다. 아무리 좋은 물건이나 맛있는 음식도, 그 양이 늘어날수록 추가적인 만족감은 줄어든다는 법칙이다.

만족감이 가격보다 클 때까지만 산다

이 '한계효용 체감의 법칙'은 우리가 물건을 몇 개 살지 결정하는데 결정적인 역할을 한다. 다시 피자 이야기로 돌아가 보자. 피자 한 조각의 가격이 3,000원이다. 그런데 첫 번째 조각을 먹을 때 느끼는 만족감(효용)을 돈으로 환산하니 1만 원어치다. 가격은 3,000원인데 기쁨은 1만 원이니 당연히 산다. 두 번째 조각의 기쁨은 7,000원이다. 여전히 가격보다 만족이 크니 산다. 세 번째 조각의 기쁨은 3,000원이다. 가격과 같다. 여기까지는 살 만하다. 그런데 네 번째 조각을 먹을 때의 만족감은 1,000원으로 뚝 떨어진다. 3,000원을 내고 1,000원어치 기쁨밖에 얻지 못하니 손해다. 이때 우리는 지갑을 닫는다.

가격이 비싸지면 왜 덜 살까

이 원리를 알면 '수요의 법칙'도 이해할 수 있다. 가격이 비싸지면 왜 사람들은 물건을 덜 살까? 단순히 돈이 아까워서가 아니다. 가격이 오르면, 그 가격보다 더 큰 만족감을 주는 순간이 줄어들기 때문이다. 피자가 한 조각에 3,000원일 때는 세 조각까지 사 먹을 수 있었다. 하지만 가격이 8,000원으로 오르면 이야기가 달라진다. 첫 번째 조각의 만족감(1만 원)만 가격보다 높고, 두 번째 조각의 만족감(7,000원)부터는 가격보다 낮아진다. 그래서 가격이 오르면 우리는 딱 한 조각만 사게 된다. 가격이 오를수록 내 기준을 통과하는(가격 〈 만족) 물건의 개수가 줄어들어 수요량이 줄어드는 것이다. 우리는 의식하지 못하지만, 마트에서 장을 볼 때마다 머릿속으로 끊임없이 이 복잡한 계산을 순식간에 하고 있다.

하지만 우리의 욕심은 끝이 없고 가진 돈은 한계가 있다. 따라서 사고 싶은 것의 가격과 만족감을 비교하는 것만으로는 부족하다. 내가 가진 돈의 한계, 즉 '예산 제약'을 고려해야 한다. 1만 원을 가지고 문구점에 갔다. 로봇 장난감도 사고 싶고, 맛있는 과자도 사고 싶다. 로봇을 사면 과자를 못 사고, 과자를 사면 로봇을 못 산다. 이때 등장하는 것이 지난 기초 장에서 배웠던 '기회비용'이다. 로봇을 샀을 때 얻는 만족감이 과자를 포기했을 때의 아쉬움(기회비용)보다 커야 잘한 선택이다. 결국 현명한 소비란 '한정된 돈' 안에서 '가격'을 확인하고, 나에게 가장 큰 '만족감(효용)'을 주는 물건을 골라내는 과정이다. 남들이 좋다고 해서 따라 사는 것이 아니라, 나만의 만족감 기준을 가지고 꼼꼼하게 따져보는 태도가 필요하다.

시장

시장은 단순히 물건과 돈이 오가는 장소가 아니다. 파는 사람은 어떻게든 비싸게 팔아 이익을 남기려 하고, 사는 사람은 자신의 만족감을 채우기 위해 한다. 가격표 뒤에는 공급자의 전략이 숨어 있고, 지갑 속에는 소비자의 욕망과 계산이 숨어 있다. 이제 물건을 살 때마다 잠시 멈춰서 생각해보자. "지금 이 물건의 가격은 적당한가?", "이것을 샀을 때 내가 얻는 만족감이 정말 가격보다 큰가?", "두 개를 사는 것보다 다른 물건 하나를 사는 게 더 낫지 않을까?" 이 질문들을 던지는 순간, 여러분은 이미 단순한 구경꾼이 아니라 시장을 움직이는 똑똑한 경제 주체가 된 것이다.

⭐ **용어 정리 : 베블런 효과(Veblen Effect)**

일반적으로 가격이 오르면 사람들이 물건을 덜 사지만, 명품이나 사치재는 반대로 비쌀수록 더 잘 팔리는 현상이 있다. 이를 '베블런 효과'라고 한다.

미국 경제학자 소스타인 베블런(Thorstein Veblen)이 제시한 개념으로, 사람들은 단순히 물건의 효용(만족감)뿐 아니라 '사회적 지위'와 '과시 욕구'도 함께 소비한다는 점을 강조했다.

예를 들어 한정판 가방, 고급 시계처럼 '비싼 것' 자체가 희소성과 부의 상징이 되는 경우가 이에 해당한다. 이런 소비는 "가격이 높을수록 가치 있어 보인다"는 심리가 작용하기 때문에 일반적인 수요의 법칙과 반대의 모습을 보인다.

생산자 이론 : 기업은 어떻게 이익을 낼까?

2

지난 장에서 소비자의 입장에서 현명하게 돈을 쓰는 법을 배웠다. 이번에는 반대편에 있는 사람, 즉 물건을 만들어서 파는 '생산자'가 되어볼 차례다. 생산자의 대표적인 예는 바로 '기업'이다. 삼성전자나 현대자동차 같은 거대한 회사만 기업인 것은 아니다. 동네의 작은 떡볶이 가게, 편의점도 기업이며 여러분이 축제에서 레모네이드를 만들어 판다면 그것도 하나의 작은 기업이다. 기업의 목표는 아주 단순하고 명확하다. 바로 '이익(Profit)'을 남기는 것. 이익이란 무엇이며, 기업은 어떤 과정으로 돈을 버는지 생산자의 머릿속을 들여다보자.

매출과 이익

여러분이 떡볶이 가게 사장님이 되었다고 해보자. 떡볶이 한 그릇을 3,000원에 판다. 오늘 하루 동안 100그릇을 팔았다. 계산기를 두드려보니 30만 원이 모였다. 하지만 30만 원은 이익이 아니다. 손에 쥔 30만 원은 이익이 아니라 '매출(Revenue)'이다. 매출은 물건을 팔아서 들어온 돈의 총합일 뿐 이 돈이 전부 내 주머니에 남는 것은 아니다. 떡볶이를 만들기 위해 떡도 샀고, 고추장도 샀고, 가스를 썼다. 가게 월세도 내야 하고, 아르바이트생 월급도 줘야 한다. 이 모든 지출을 '비용 (Cost)'이라고 한다.

진짜 사장님이 가져가는 돈인 '이익'은 매출에서 비용을 뺀 나머지다(이익 = 매출 – 비용). 만약 재료비와 월세 등 비용이 29만 원이 나왔다면, 사장님이 진짜 번 돈은 1만 원뿐이다. 반대로 비용을 아껴서 20만 원만 썼다면 이윤은 10만 원이 된다. 기업에게 얼마나 많이 팔았느냐(매출)도 중요하지만 비용을 빼고 얼마나 남겼느냐(이윤)도 중요하다. 그래서 생산자는 항상 계산기를 두드리며 비용을 걱정한다.

유튜브나 블로그 등에서 단기간에 돈을 얼마나 벌었다는 식의 자랑을 하며 사람들을 끌어모으는 경우가 있다. 이 때 그 사람이 말하는 돈이 매출인지 이익인지 잘 구별해야 한다. 매출은 높은데 이익은 적다면 그 사람이 하라는 것을 그대로 따라하더라도 당신이 원하는 결과를 얻지 못할 가능성이 높다. 당신이 원하는 건 이익인데 상대가 말한 것은 매출이었다면 실망만 남는다. 만약 일부러 매출과 이익을 구별하지 않고 모호하게 표현하는 사람이라면 당신에게 도움보다는 피해를 줄 가능성이 높으니 그 사람의 콘텐츠는 그만 보는 것이 좋다.

생산의 3요소

물건은 마법처럼 뚝딱 만들어지지 않는다. 떡볶이 한 그릇을 만들기 위해서도 반드시 필요한 재료들이 있다. 경제학에서는 물건이나 서비스를 생산하기 위해 꼭 필요한 세 가지를 '생산의 3요소'라고 부른다. 바로 토지(Land), 노동(Labor), 자본(Capital)이다.

첫째, '토지(Land)'다. 이는 자연에서 얻는 모든 것을 뜻한다. 가게를 차릴 땅이나 건물 공간, 떡을 만드는 쌀, 물 등이 여기에 해당한다.

둘째, '노동(Labor)'이다. 물건을 만드는 사람의 노력이다. 떡볶이를 젓는 요리사, 주문을 받는 점원, 배달하는 기사님의 땀과 시간이 필요하다.

셋째, '자본(Capital)'이다. 흔히 자본이라고 하면 돈을 떠올리지만 생산 과정에서는 돈뿐만 아니라 기계, 도구, 공장 설비 등을 모두 포함한다. 떡볶이를 끓이는 가스레인지, 냄비, 재료를 보관하는 냉장고가 모두 자본이다.

기업은 이 세 가지 요소를 적절히 섞어 물건을 만든다. 요리사가 요리 재료를 섞어 음식을 만들듯, 기업가는 생산 요소를 섞어 가치를 만든다. 최근에는 '기업가 정신'을 4번째 요소로 꼽기도 한다.

고정비용과 변동비용

가게를 운영하는 사장님의 가장 큰 고민은 비용이다. 그런데 비용에도 종류가 있다. 숨만 쉬어도 나가는 돈과 장사가 잘될수록 많이 나가는 돈이다. 먼저 '고정비용(Fixed Cost)'이다. 이것은 생산량과 상관없이 무조건 나가는 돈이다. 가게 월세가 대표적이다. 손님이 한 명도 오지 않아서 떡볶이를 하나도 못 팔아도 월세는 똑같이 내야 한다. 기계를 샀다면 기계 할부금도 매달 나간다. 그래서 고정비용은 사장님에게 아주 무서운 존재다. 장사가 안돼도 꼬박꼬박 통장에서 돈이 빠져나가기 때문이다. 반면 '변동비용(Variable Cost)'은 물건을 많이 만들수록 같이 늘어나는 돈이다. 떡볶이를 많이 팔면 떡값과 고추장값이 더 많이 든다. 아르바이트생을 더 써야 하니 인건비도 늘어난다. 생산량에 따라 변한다고 해서 변동비용이다. 기업을 경영한다는 것은 이 두 가지 비용을 잘 관리한다는 뜻이다. 특히 고정비용이 너무 크면 장사가 조금만 안 돼도 금방 망할 수 있다.

이윤을 늘리는 방법 1 : 가격 올리기

기업의 목표는 이윤을 극대화하는 것이다. 이윤을 늘리는 방법은 공식을 보면 간단하다. 매출을 늘리거나, 비용을 줄이면 된다. 첫 번째 방법은 가격을 올리는 것이다. 3,000원 받던 떡볶이를 4,000원에 팔면 하나 팔 때마다 남는 돈이 많아진다. 아주 쉬운 방법처럼 보인다. 하지만 여기에는 치명적인 함정이 있다. 바로 '수요의 법칙' 때문이다. 가격을 올리면 손님들은 비싸다고 느끼고 지갑을 닫는다. 혹은 옆집의 싼 떡볶이 가게로 떠나버린다. 가격을 두 배로 올렸는데 손님이 절반 넘게 줄어들면 오히려 전체 매출은 줄어든다. 그래서 기업은 함부로 가격을 올리지 못한다. 경쟁자가 없는 독점 기업이 아니라면 가격 인상은 손님을 내쫓는 위험한 선택이 될 수 있다.

이윤을 늘리는 방법 2 : 비용 줄이기와 혁신

현명한 기업이 선택하는 두 번째 방법은 '비용 줄이기'다. 가격은 그대로 두면서 물건을 만드는 데 들어가는 돈을 아끼는 것이다. 재료를 낭비하지 않도록 관리하거나, 더 싼값에 재료를 파는 곳을 찾아낸다. 가장 좋은 방법은 기술을 발전시키는 것이다. 이것을 '혁신(Innovation)'이라고 한다. 예를 들어 떡볶이를 자동으로 만들어주는 기계를 도입했다고 가정해 보자. 예전에는 요리사 3명이 1시간에 100그릇을 만들었는데, 기계를 도입한 뒤 기계만으로 1시간에 200그릇을 만든다. 그러면 인건비는 줄어들고 생산 속도는 빨라진다. 이것을 '생산성이 높아졌다'고 말한다. 생산성이 높아지면 떡볶이 한 그릇을 만드는 원가가 뚝 떨어진다. 가격을 올리지 않아도, 심지어 가격을 2,500원으로 내려도 이익은 오히려 더 많이 남을 수 있는 것이다.

비용 절감을 위해 기계를 도입하는 사장님들

비용 줄이기는 주변에서 쉽게 찾아볼 수 있다. 최근 몇 년간 서빙 로봇을 도입한 가게가 늘고 있다. 테이블마다 주문을 할 수 있는 태블릿이 놓여 있다. 모두 인건비를 줄이기 위한 전략이다. 주방에는 조리 로봇이 하나씩 늘어나고 있다. 김밥을 말거나 썰어주고, 고기를 볶아준다. 사장님 입장에서는 매달 월급을 줘야 하고 때로는 아프거나 실수도 하는 '사람(노동)'보다 전기만 꽂으면 지치지 않고 일하는 '로봇(자본)'이 훨씬 경제적일 수 있다. 주방 직원을 뽑는 것보다 기계 유지비가 적게 든다면 이윤을 추구해야 하는 사장님은 로봇 도입을 선택할 수밖에 없다. 인공지능과 로봇 기술이 발전할수록 사람 대신 기계를 선택하는 현상은 더욱 빨라질 것이다.

★ 역사 속으로 : 헨리 포드의 컨베이어 벨트 혁명

1908년 미국에서 자동차는 부자들만 탈 수 있는 사치품이었다. 당시 자동차 한 대 가격은 4,500달러로 숙련 노동자 연봉의 2배가 넘었다. 헨리 포드는 "평범한 노동자도 살 수 있는 자동차를 만들겠다"고 선언했다.

그가 찾아낸 해법은 '컨베이어 벨트'였다. 공장 바닥에 움직이는 벨트를 설치하고 자동차를 조금씩 이동시키며 각 노동자가 한 가지 작업만 반복하게 했다. 이전에는 숙련공 여러 명이 하루 종일 매달려 한 대를 만들었지만 컨베이어 시스템으로는 90분마다 한 대씩 뽑아낼 수 있었다.

생산량이 폭발적으로 늘자 자동차 한 대당 들어가는 비용이 급격히 떨어졌다. 이것이 바로 '규모의 경제'다. 1908년 850달러였던 포드 모델T 가격은 1920년에는 260달러로 떨어졌다. 10년 만에 가격이 3분의 1로 줄었다.

결과는 놀라웠다. 1914년 포드는 미국 자동차의 48%를 생산했고, 1920년대에는 전 세계 자동차의 절반이 포드였다. 대량생산으로 비용을 낮추고 가격을 내리자 수요가 폭발했다. 포드의 혁신은 자동차를 부자의 장난감에서 대중 교통수단으로 바꾸었고, 현대 제조업의 표준이 됐다.

러다이트 운동

기업 입장에서는 기계와 로봇이 반가운 친구지만, 그곳에서 일하던 사람들에게는 무서운 적이 될 수도 있다. 나의 일자리가 비용 절감이라는 이유로 기계에게 넘어가기 때문이다. 이런 공포는 과거에도 있었다. 약 200년 전 영국에서 산업혁명이 시작되었을 때다. 기계가 공장에 들어오자 일자리를 잃은 노동자들은 "기계가 우리의 빵을 뺏어간다"라고 외치며 공장에 불을 지르고 기계를 망치로 부수기 시작했다. 이 사건을 '러다이트 운동(Luddite Movement)'이라고 부른다. 그들은 기계를 부수면 다시 예전처럼 일할 수 있을 거라 믿었다. 하지만 역사의 흐름을 막을 수는 없었다. 생산자는 더 효율적인 방법을 선택했고, 기계는 계속 늘어났다.

창조적 파괴

그렇다면 기업의 비용 절감 노력 때문에 세상의 모든 일자리가 사라졌을까? 그렇지 않다. 기계 덕분에 옷값이 싸지자 사람들은 옷을 더 많이 사 입게 되었다. 옷 가게가 늘어나면서 판매 직원이 더 많이 필요해졌고, 기계를 고치거나 디자인하는 새로운 직업들이 생겨났다. 경제학자 슘페터는 이것을 '창조적 파괴'라고 불렀다. 기업이 혁신을 통해 낡은 방식을 파괴할 때, 고통이 따르지만 결국 새로운 기회와 더 큰 풍요가 창조된다는 뜻이다. 오늘날의 키오스크나 서빙 로봇도 마찬가지다. 단순 반복적인 일은 기계가 대신하고, 사람은 더 가치 있고 창의적

인 일로 이동하게 될 것이다. 기업은 이윤을 위해 끊임없이 혁신하고, 그 과정에서 경제의 모습은 계속 변한다. 우리는 그 변화를 두려워하기보다 흐름을 읽는 눈을 가져야 한다.

탄력성 : 가격이 변하면 얼마나 달라질까?

3

우리는 앞서 '가격이 비싸지면 덜 사고, 싸지면 더 산다'는 수요의 법칙을 배웠다. 이것은 경제학의 기본 원칙이다. 하지만 세상 모든 물건이 가격에 똑같이 반응하는 것은 아니다. 어떤 물건은 가격이 조금만 올라도 사람들이 확 줄어드는 반면, 어떤 물건은 가격이 두 배로 뛰어도 어쩔 수 없이 계속 사야 한다. 예를 들어 좋아하는 게임기 가격이 100만 원에서 200만 원으로 오르면 구매를 포기하는 경우가 많다. 하지만 휘발유 값이 많이 올라도 운전을 해야만 하는 사람들은 기름을 넣을 수밖에 없다. 이처럼 가격이 변할 때 사람들이 얼마나 민감하게 반응하는지를 나타내는 개념이 있다. 바로 '탄력성(Elasticity)'이다.

탄력성이라는 단어는 고무줄을 떠올리면 쉽게 이해할 수 있다. 말랑말랑한 새 고무줄은 살짝만 당겨도 쭉 늘어난다. 이것을 '탄력적'이라고 한다. 반면 오래되어 딱딱하게 굳은 고무줄이나 밧줄은 아무리 힘을 줘서 당겨도 거의 늘어나지 않는다. 이것을 '비탄력적'이라고 한다. 경제에서도 마찬가지다. 가격이 변했을 때 수요량(사는 양)이 고무줄처럼 팍팍 변하면 '탄력적'이라고 하고, 밧줄처럼 꿈쩍도 하지 않으면 '비탄력적'이라고 부른다.

비탄력적 수요

먼저 딱딱한 밧줄 같은 물건들, 즉 비탄력적인 상품을 살펴보자. 대표적인 것이 쌀, 소금, 휴지, 물 같은 '필수재'다. 우리 생활에 없어서는 안 되는 것들이다. 소금값이 한 봉지에 1,000원에서 2,000원으로 올랐다고 가정해보자. 가격이 두 배나 뛰었다. 그렇다고 해서 "소금이 비싸니 오늘부터 국에 간을 하지 말자"라고 할 수는 없다. 가격이 올라도 먹어야 하는 양은 거의 줄어들지 않는다. 반대로 소금값이 500원으로 폭락했다고 해서 국에 소금을 밥 숟가락으로 더 넣지도 않는다. 가격이 아무리 변해도 사는 양은 거의 그대로다. 그래서 필수재는 가격 변화에 둔감한 비탄력적인 상품이다. 담배나 술처럼 습관적으로 찾는 기호식품도 마찬가지다. 가격을 올려도 끊기 어렵기 때문에 수요가 잘 줄어들지 않는다.

> ★ **현실 질문 : 담뱃값이 오르면 흡연율이 낮아질까?**
>
> 정부는 국민 건강을 위해 담뱃값을 올린다. 2015년 담배 한 갑이 2,500원에서 4,500원으로 올랐다. 80% 인상이다. 그렇다면 흡연자들은 담배를 끊었을까?
>
> 경제학으로 분석해 보자. 담배는 '가격탄력성'이 낮은 상품이다. 니쿠틴 중독 때문에 가격이 올라도 쉽게 끊지 못한다. 대체재(다른 선택지)가 거의 없기 때문이다. 실제로 한국건강증진개발원 자료를 보면 2015년 가격 인상 직후 흡연율은 43.7%에서 39.4%로 4.3%p 떨어졌다. 일시적 효과는 있었다.
>
> 하지만 2016년부터 흡연율은 다시 조금씩 올랐다. 2020년에는 36.7%로 안정됐지만 극적인 감소는 아니었다. 가격을 2배 가까이 올렸는데 흡연율은 7%p 정도만 줄었다. 이것이 탄력성이 낮다는 의미다.

따라서 앞으로 담뱃값을 더 인상하더라도 흡연율을 낮추기 어렵다는 걸 충분히 예상할 수 있다.

탄력적 수요

반대로 말랑말랑한 고무줄 같은 탄력적인 상품들이 있다. 보석, 명품 가방과 같은 '사치품'이 여기에 해당한다. 없어도 생활하는 데 전혀 지장이 없는 물건들이다. 백화점에서 명품 가방 가격을 20% 올리면 사람들은 "너무 비싸다"며 안 사면 그만이다. 수요가 확 줄어든다. 반대로 50% 할인 행사를 하면 평소에 관심 없던 사람들까지 몰려와서 사간다. 수요가 폭발적으로 늘어난다. 탄력성을 결정하는 가장 중요한 열쇠는 바로 '대체재(Substitutes)'다. 대체재란 대신 쓸 수 있는 다른 물건을 말한다. 예를 들어 콜라 가격이 오르면 우리는 사이다를 마시면 된다. 소고기가 비싸면 돼지고기나 닭고기를 먹으면 된다. 이렇게 대신할 수 있는 친구들이 많은 물건일수록, 소비자는 가격에 까칠하게 반응한다. 조금만 비싸져도 "흥, 너 아니면 안 될 줄 알아?"라며 다른 곳으로 훌쩍 떠나버리기 때문이다. 즉 대체재가 많을수록 그 물건은 탄력적이다.

사장님의 세일 전략

기업이 탄력성을 중요하게 여기는 이유는 매출을 올리는 전략이 달라지기 때문이다. 만약 여러분이 옷 가게 사장님이라면 '세일(할인 행사)'은 아주 좋은 전략이다. 옷은 유행에 민감하고 대체할 물건이 많은 탄력적인 상품이다. 가격을 10%만 깎아줘도 손님은 50% 넘게 늘어날 수 있다. 가격을 낮춘 것보다 판매량이 훨씬 많이 늘어나니 전체적으로는 돈을 더 많이 벌게 된다. 이것을 '박리다매(이익을 적게 남기고 많이 판다)'라고 한다. 마트나 백화점이 정기적으로 폭탄 세일을 하는 이유다. 하지만 여러분이 전기를 공급하는 한국전력 사장님이라면 세일은 바보 같은 짓이다. 전기는 대체재가 없는 완전한 필수재다. 전기 요금을 반값으로 깎아준다고 해서 사람들이 형광등을 두 배로 켜놓고 살지는 않는다. 가격만 깎이고 판매량은 별로 늘지 않으니 손해만 본다. 반대로 전기 요금을 올려도 사람들은 어쩔 수 없이 전기를 써야 하므로 기업의 수입은 늘어난다. 그래서 필수재를 파는 기업은 가격을 내리는 세일보다는 가격을 유지하거나 올리는 쪽을 선호한다.

농산물 가격은 왜 널뛰기를 할까

소비자뿐만 아니라 공급자에게도 탄력성은 중요하다. 어떤 물건은 뚝딱 만들어낼 수 있고, 어떤 물건은 시간이 오래 걸린다. 공장에서 찍어내는 공산품(장난감, 옷)은 공급이 탄력적이다. 인기가 많아지면 공장 기계를 밤새 돌려서 물건을 금방 늘릴 수 있다. 그래서 가격이 갑자기 폭등하는 일이 드물다. 하지만 배추나 고추 같은 농산물은 공급이 비탄력적이다. 배추 가격이 비싸다고 해서 농부가 하루아침에 배추를 밭에서 뽑아낼 수는 없다. 씨를 뿌리고 다 자랄 때까지 몇 달을 기다려야 한다. 공급을 마음대로 조절할 수 없는 것이다. 만약 태풍이 와서 배추가 다 죽어버리면 시장에 배추가 부족해진다. 배추는 필수재라 사려는 사람은 그대로인데, 공급은 늘릴 수 없으니 가격이 미친 듯이 뛴다. 이를 '금배추'라고 부른다. 반대로 풍년이 들어 배추가 넘쳐나면 농부는 울상이다. 빨리 팔지 않으면 썩어버리니 헐값에라도 팔아야 한다. 농산물의 공급은 딱딱한 밧줄처럼 뻣뻣하기 때문에 작은 변화에도 가격이 널뛰기하듯 크게 오르내리는 것이다.

시장은 소비자와 생산자가 함께 뛰는 경기장과 같다. 소비자인 우리는 더 싸게 사고 싶어 하고, 생산자인 기업은 제값을 받고 싶어 한다. 이때 탄력성은 서로의 수를 읽는 중요한 단서가 된다. "아, 이건 대체재가 많으니(탄력적) 사장님이 가격을 못 올리겠구나", "이건 꼭 필요하니(비탄력적) 가격이 비싸도 어쩔 수 없구나" 이렇게 양쪽의 입장을 모두 이해하며 소비할 때 더욱 합리적인 소비를 할 수 있다. 나무가 아닌 숲을 보는 소비자가 되는 것이다.

시장의 종류 : 독점은 왜 나쁠까?

4

지금까지 시장에서 물건을 사고파는 사람들의 밀고 당기는 줄다리기를 살펴봤다. 그런데 이 줄다리기가 벌어지는 경기 장은 다 똑같은 모습일까? 그렇지 않다. 어떤 경기장은 수백 명의 선수가 뒤엉켜 치열하게 싸우는 반면, 어떤 경기장은 혼자서 떵떵거리는 선수가 지배하기도 한다. 경제학에서는 판매자가 얼마나 많은지에 따라 시장의 종류를 나눈다. 그리 고 어떤 시장이냐에 따라 소비자인 우리의 만족도도 달라진 다. 오늘은 사장님의 숫자가 시장을 어떻게 바꾸는지 그리고 왜 우리는 '경쟁'을 사랑하고 '독점'을 경계해야 하는지 알아 보자.

완전 경쟁 시장

여러분이 치킨 가게를 열었다고 상상해 보자. 그런데 하필이면 그 동네에 이미 치킨집이 100개나 있다. 골목마다 치킨 냄새가 진동을 한 다. 이런 시장을 '완전 경쟁 시장'이라고 부른다. 파는 사람이 엄청나게 많아서 누구 한 명이 가격을 마음대로 정할 수 없는 시장이다. 이때 사 장님들은 피가 마르는 전쟁을 치러야 한다. 손님의 선택을 받기 위해 끊임없이 노력해야 하기 때문이다. 옆집이 가격을 1,000원 내리면 나도 내려야 하고, 뒷집이 새로운 양념 소스를 개발하면 나는 더 맛있는 소스를 만들어야 한다. 쿠폰을 찍어주고, 배달비를 깎아주고, 더 친절하게 인사해야 살아남을 수 있다. 사장님들에게는 괴로운 일이지만, 소비자인 우리에게는 좋은 시장이다. 가만히 있어도 가게들이 알아서 가격을 내리고 품질을 높여주기 때문이다. 경쟁이 치열할수록 소비자는 왕 대접을 받는다. 우리는 맛있는 치킨을 싼값에 골라 먹는 즐거움을 누릴 수 있다. 이것이 자본주의가 '경쟁'을 중요한 미덕으로 삼는 이유다.

독점 시장

이번에는 정반대의 상황을 상상해 보자. 사막 한가운데에 마을이 하나 있다. 이 마을에는 물을 파는 가게가 딱 한 곳밖에 없다. 다른 가게는 아예 없다. 이런 시장을 홀로 독(獨), 점령할 점(占) 자를 써서 '독점 시장(Monopoly)'이라고 부른다. 이곳의 풍경은 경쟁 시장과 완전히 다르다. 물 가게 사장님은 굳이 친절하게 인사할 필요가 없다. 가격을 깎아줄 필요도 없고, 물맛을 좋게 하려고 연구할 필요도 없다. 왜냐하면 손님들에게는 다른 선택지가 없기 때문이다. 사장님이 물 한 병에 10만 원을 달라고 해도, 목이 마른 사람은 울며 겨자 먹기로 사야 한다. 물에 흙이 조금 섞여 있어도 항의할 수 없다. "싫으면 사지 마세요"라고 배짱을 부리면 그만이다. 독점 시장에서 왕은 소비자가 아니라 공급자(사장님)다. 사장님이 부르는 게 곧 값이다. 기업이 경쟁자가 없이 혼자 시장을 지배하면 게을러지고 탐욕스러워진다. 혁신은 사라지고 가격은 오르며, 그 피해는 고스란히 소비자에게 돌아간다. 그래서 독점은 시장 경제의 가장 큰 적이다.

1. 진입 장벽

그렇다면 왜 독점 시장이 사라지지 않고 유지되는 것일까? 사막의 물 가게가 돈을 엄청나게 번다는 소문이 나면 다른 사람들이 몰려와서 물 가게를 차려야 정상이다. 그러면 다시 경쟁 시장이 되어 물값이 내려갈 것이다. 하지만 독점 시장에는 아주 높은 담벼락이 있어서 아무나 들어올 수가 없다. 이것을 경제 용어로 '진입 장벽'이라고 한다.

이 장벽은 여러 가지 형태로 존재한다. 첫째, 엄청난 돈이 필요한 경우다. 반도체 공장이나 제철소를 지으려면 수조 원이 든다. 개인이 치킨집 차리듯 쉽게 시작할 수 없다. 둘째, 아무도 모르는 비법 기술을 가진 경우다. 코카콜라 제조법처럼 흉내 낼 수 없는 기술이 있다면 경쟁자가 생길 수 없다. 셋째, 법으로 막혀있는 경우다. 나라에서 허가증을 주지 않으면 장사를 시작조차 할 수 없다. 이렇게 높은 진입 장벽은 새로운 경쟁자의 등장을 막아주기 때문에 이미 들어와 있는 독점 기업은 안전하게 왕좌를 지킬 수 있다. 즉, 진입 장벽은 독점 기업을 지켜주는 튼튼한 성벽 역할을 한다.

2. 착한 독점

보통 진입 장벽이 높으면 기업만 배부르고 소비자는 힘들어진다. 하지만 세상에 무조건 나쁜 것은 없다. 때로는 우리 모두를 위해 이 진입 장벽을 일부러 높게 유지하고, 독점을 인정해 줘야만 하는 경우도 있다. 나라가 특별히 인정하는 '착한 독점'이다.

첫 번째는 '국민의 생활'을 위한 독점이다. 우리가 매일 쓰는 전기, 수돗물, 지하철 등이 여기에 해당한다. 만약 전기를 만드는 회사가 여러 개라면 온 동네가 전봇대와 전선으로 뒤덮여 엉망이 될 것이다. 기찻길을 회사마다 따로 깐다면 국토가 파괴되고 엄청난 돈이 낭비된다. 그래서 이런 사업은 '효율성'을 위해 하나의 공기업이 맡아서 운영하도록 나라가 정해두었다. 대신 나라는 기업이 마음대로 가격을 올리지 못하게 철저히 관리하고, 국민에게 싼값에 서비스를 제공하도록 한다.

두 번째는 '기술 발전'을 위한 독점이다. 바로 '특허(Patent)'다. 여러분이 10년 동안 밤을 새워 획기적인 로봇을 발명했다고 상상해 보자. 그런데 옆집 사람이 그 기술을 하루 만에 훔쳐 가서 똑같은 로봇을 더 싸게 판다면 억울해서 다시는 발명을 하지 않을 것이다. 그러면 인류의 기술은 발전하지 못한다. 그래서 나라는 발명가에게 상을 준다. "고생해서 발명했으니, 앞으로 20년 동안은 너 혼자만 이 기술을 써서 돈을 벌게 해 줄게"라고 법으로 보호해 주는 것이다. 비록 잠시 동안은 독점이 되지만 발명가의 노력을 확실히 보상해 줘야 더 많은 사람들이 기술 개발에 뛰어들기 때문이다. 이처럼 공익과 미래 발전을 위한 독점은 꼭 필요하다.

과점 시장

세상에는 치킨집처럼 엄청 많은 것도 아니고, 수도 사업처럼 딱 하나만 있는 것도 아닌 시장이 있다. 바로 몇몇 거대 기업들이 나눠 먹는 시장이다. 이것을 '과점 시장(Oligopoly)'이라고 부른다. 우리가 매일 쓰는 스마트폰 시장(삼성, 애플)이나 이동통신사(SKT, KT, LGU+), 자동차 회사 등이 대표적이다. 과점 시장은 독점보다는 낫지만 경쟁 시장보다는 위험하다. 여기서는 서로 눈치 작전이 치열하다. 한 회사가 가격을 내리면 다른 회사들도 손님을 뺏기지 않기 위해 우르르 가격을 내린다. 반대로 한 회사가 획기적인 신제품을 내놓으면 다른 회사들도 죽기 살기로 따라온다. 여기까지는 경쟁의 좋은 점이다. 하지만 과점 시장에는 무서운 유혹이 도사리고 있다.

담합

과점 시장의 기업들은 싸우다 보면 서로 피곤하다는 것을 안다. 그래서 나쁜 마음을 먹으면 비밀스러운 약속을 할 수도 있다. "우리 서로 힘들게 가격 내리지 말고, 다 같이 가격을 올리자. 어차피 손님들은 우리 말고는 갈 데가 없잖아" 이렇게 기업들이 몰래 짜고 가격이나 생산량을 조절하는 반칙을 '담합(Collusion)'이라고 한다. 순우리말로는 '짬짜미'라고도 부른다. 담합이 일어나면 과점 시장은 순식간에 독점 시장처럼 변한다. 라면 회사들이 다 같이 라면 값을 올리거나, 주유소들이 기름값을 똑같이 맞춰버리면 소비자는 도망갈 곳이 없다. 겉으로는 여러 회사가 있는 것처럼 보이지만, 실제로는 하나의 몸통처럼 움직여 소비자의 주머니를 털어가는 것이다. 이는 시장의 규칙을 어기는 명백한 사기이자 범죄다.

공정거래위원회

축구 경기에서 심판이 없다면 어떻게 될까? 선수들은 손으로 공을 잡고, 상대방 다리를 걸고, 반칙을 일삼아 경기장은 난장판이 될 것이다. 시장도 마찬가지다. 기업들에게 "양심껏 장사하세요"라고 맡겨두면, 힘센 기업이 약한 기업을 괴롭히거나 몰래 담합을 해서 소비자를 울리는 일이 생긴다. 그래서 시장에도 호루라기를 부는 강력한 심판이 필요하다. 대한민국에서는 '공정거래위원회'가 그 역할을 한다. 이들은 독수리 같은 눈으로 시장을 감시한다. 만약 어떤 기업이 독점의 지위를 이용해서 터무니없이 가격을 올리거나, 경쟁자가 들어오지 못하게 방해하거나, 친구들끼리 짜고 담합을 하면 가차 없이 호루라기를 분다. 엄청난 액수의 벌금을 물리거나, 심하면 회사를 쪼개버리기도 한다. 정부가 시장에 개입하는 것을 싫어하는 사람들도 있지만, 적어도 이 '공정한 경쟁'을 지키기 위한 심판의 역할만큼은 꼭 필요하다고 인정한다. 심판이 있어야 경기가 공정하게 진행되고, 관중(소비자)이 즐겁게 경기를 볼 수 있기 때문이다.

독점을 경계해야 하는 이유

기업들은 누구나 독점을 꿈꾼다. 경쟁 없이 손쉽게 돈을 벌 수 있는 가장 확실한 방법이기 때문이다. 하지만 독점은 고인 물과 같다. 물은 흐르지 않으면 썩듯이, 시장도 경쟁이 없으면 썩는다. 기술은 발전하지 않고 서비스는 나빠지며 가격만 비싸진다. 역사적으로 봐도 독점 기업이 지배하던 시기는 경제가 활력을 잃었다. 반면 새로운 경쟁자가 나타나 독점을 깨뜨릴 때 경제는 비약적으로 발전했다. 대기업의 횡포에 분노하고 중소기업이나 스타트업의 도전을 응원하는 이유는 단순히 약자 편을 들기 위해서가 아니다. 끊임없는 경쟁만이 우리 삶을 더 풍요롭게 만든다는 경제의 진리를 알고 있기 때문이다. 소비자인 우리가 눈을 부릅뜨고 시장을 감시해야 기업들은 긴장하고 경쟁한다. 여러분의 현명한 감시가 건강한 시장을 만든다.

과거의 독점 기업이 거대한 공장과 자본으로 시장을 지배했다면 오늘날의 독점은 데이터와 알고리즘을 무기로 한다. 구글, 애플, 네이버, 쿠팡 같은 플랫폼 기업을 예로 들 수 있다. 사용자에 대한 데이터가 많아질수록 서비스가 정교해지고 더 편리한 서비스를 제공할 수 있다. 그리고 이는 더 많은 사용자를 불러온다.

이런 현상을 '네트워크 효과(Network Effect)'라고 한다. 사용자가 많을수록 또 다른 사용자가 몰리는 구조 덕분에 거대한 진입장벽이 자연스럽게 만들어진다.

최근에는 AI(인공지능) 분야에서도 비슷한 흐름이 나타난다. 거대 기술 기업들이 방대한 데이터와 막강한 컴퓨팅 자본을 바탕으로 경쟁사들이 따라올 수 없는 수준의 AI 모델을 개발하고 있기 때문이다. 검색, 번역, 추천, 생성형 AI 등 거의 모든 영역이 소수 기업 중심으로 재편되고 있다.

문제는 여기서 그치지 않는다. 노벨 경제학상 수상자 조셉 스티글리츠 같은 경제학자들은 AI 독점이 심화되면 부의 불평등이 심각해지고, 소수 기업이 정치·경제적 권력까지 장악할 위험이 있다고 경고한다.

압도적인 성능의 AI가 한두 기업 손에 집중된다면 기술 발전의 방향도, 그 이익도 소수가 독차지하게 된다는 뜻이다. 결국 경쟁은 사라지고, 혁신마저 멈출 수 있다. 과학자와 경제학자들이 지금 당장 대비책을 세워야 한다고 목소리를 높이는 이유다.

외부효과 :
의도하지 않은 영향

5

지금까지 시장이 수요와 공급의 법칙에 따라 알아서 가격을 정하고 거래를 하는 아주 똑똑한 곳이라고 배웠다. 파는 사람과 사는 사람이 서로 이득을 보기 위해 합의했다면 문제는 없어 보인다. 하지만 가끔 시장 안에서 일어난 거래가 아무 상관 없는 시장 밖의 누군가에게 영향을 미칠 때가 있다. 이것을 울타리(시장) 밖에서 일어난 효과라고 해서 '외부효과(Externality)'라고 부른다. 외부효과는 때로는 누군가를 화나게 하고, 때로는 누군가를 행복하게 한다. 중요한 것은 이 효과가 '의도하지 않았는데' 발생했다는 점이다.

거래하지 않은 제3자가 피해를 본다면?

평화로운 마을에 큰 공장이 들어섰다. 공장은 물건을 만들어 팔아 돈을 벌고, 소비자는 물건을 싸게 사서 좋다. 거래 당사자인 공장 사장님과 소비자는 모두 행복하다. 그런데 문제는 엉뚱한 곳에서 터진다. 공장 굴뚝에서 나온 매연 때문에 빨래가 시커멓게 변하고, 폐수가 흘러나와 강에서 물고기가 죽는다. 마을 사람들은 공장과 아무런 거래도 하지 않았는데 엄청난 피해를 입었다. 이렇게 내 행동이 남에게 의도치 않은 손해를 끼치면서도 그에 대한 대가를 지불하지 않는 것을 '부정적 외부효과' 또는 '외부불경제'라고 한다. 층간 소음도 마찬가지다. 나는 내 집에서 걷는 것뿐이지만 아랫집 사람은 괴롭다. 길거리에서 피우는 담배 연기(간접흡연)도 지나가는 사람에게 부정적 외부효과를 준다.

나쁜 짓은 놔두면 넘쳐난다

문제는 시장이 이 '나쁜 외부효과'를 스스로 해결하지 못한다는 점이다. 공장 사장님 입장에서 생각해 보자. 매연을 정화하는 기계를 설치하려면 큰돈이 든다. 법으로 강제하지 않는다면 굳이 비싼 돈을 들여 기계를 설치할 이유가 없다. 오염을 시켜도 내 돈이 나가는 게 아니기 때문이다. 비용이 들지 않으니 공장은 팡팡 돌아가고, 세상에는 오염 물질이 필요 이상으로 넘쳐나게 된다. 사회 전체로 보면 큰 손해인데, 시장에만 맡겨두면 이기심 때문에 환경이 파괴되는 것을 막을 수가 없다. 이것이 대표적인 '시장 실패'다. 시장의 보이지 않는 손이 여기서 만큼은 제대로 작동하지 않는 것이다.

1952년 12월 5일, 영국 런던에 짙은 안개가 깔렸다. 하지만 이것은 평범한 안개가 아니었다. 공장 굴뚝과 가정에서 난방용으로 태운 석탄 연기가 찬 공기와 뒤섞여 만들어진 '스모그(연무)'였다. 도시 전체가 노란 독가스로 뒤덮였다.

시야는 1미터 앞도 보이지 않았다. 사람들은 집 밖을 나서지 못했고, 자동차는 멈춰 섰으며, 구급차조차 움직일 수 없었다. 가장 충격적인 것은 사망자 수였다. 스모그가 지속된 4일 동안 4,000명이 숨졌다. 이후 호흡기 질환으로 사망한 사람까지 합치면 총 12,000명이 목숨을 잃었다. 2차 세계대전 중 런던 대공습 사망자가 20,000명이었으니, 공장 매연이 전쟁에 버금가는 재앙을 일으킨 것이다.

왜 이런 일이 벌어졌을까? 경제학으로 보면 이것은 '부정적 외부효과'의 극단적 사례다. 공장 주인들은 값싼 석탄을 태워 이익을 냈지만, 그 연기가 도시 전체를 병들게 한 비용은 계산하지 않았다. 시민들은 공장과 아무 거래도 하지 않았지만 대기오염 때문에 목숨을 잃었다.

이 참사는 세계 환경 정책의 전환점이 됐다. 영국 정부는 1956년 '청정대기법(Clean Air Act)'을 제정해 런던 시내에서 석탄 사용을 금지하고 공장 매연 배출을 강력히 규제했다. 시장에 맡기면 해결되지 않는 외부효과를 정부가 법으로 개입해 막은 첫 사례다.

긍정적 외부효과

반대로 의도하지 않게 남에게 이득을 주는 경우도 있다. 옆집에 사는 아저씨가 자기 집 마당에 예쁜 장미 화단을 만들었다. 아저씨는 꽃이 좋아서 심었을 뿐이다. 그런데 그 앞을 지나가는 동네 사람들까지 꽃향기를 맡으며 기분이 좋아진다. 동네 사람들은 입장료를 내지 않고도 즐거움(이득)을 얻었다. 이것을 '긍정적 외부효과' 또는 '외부경제'라고 한다. 독감 예방 주사도 훌륭한 예시다. 내가 주사를 맞으면 내 몸도 건강해지지만, 내가 바이러스를 옮기지 않게 되어 주변 사람들도 안전해진다. 양봉업자가 벌을 키우면 꿀을 얻어서 좋고, 주변 과수원 농부는 벌들이 꽃가루를 옮겨줘서 과일이 많이 열리니 좋다. 서로 돕기로 계약한 적은 없지만 모두가 행복해지는 상황이다.

좋은 일은 놔두면 사라진다

긍정적 외부효과는 좋은 것이니 놔두면 저절로 많이 생길까? 그렇지 않다. 꽃밭을 가꾸는 아저씨를 생각해 보자. 꽃을 심고 물을 주는 건 힘들고 돈이 드는 일이다. 하지만 지나가는 사람들은 "예쁘다"라고 말만 할 뿐 돈을 보태주지 않는다. 아저씨 입장에서는 내 돈 들여서 남 좋은 일만 시키는 셈이 될 수도 있다. 보상이 없으면 사람들은 굳이 힘들게 좋은 일을 하려 하지 않는다. 그래서 긍정적 외부효과를 만드는 활동은 사회적으로 꼭 필요한 양보다 훨씬 적게 일어난다. 시장에만 맡겨두면 나쁜 일(오염)은 넘쳐나고, 좋은 일(꽃밭, 백신)은 부족해지는 불균형이 발생한다.

정부의 역할

시장이 스스로 이 문제를 해결하지 못할 때 결국 정부가 해결사로 등장해야 한다. 정부의 역할은 간단하다. 나쁜 외부효과를 만드는 사람에게는 벌을 주고, 좋은 외부효과를 만드는 사람에게는 상을 주는 것이다. 환경을 오염시키는 공장에는 '환경 부담금'이라는 세금을 물리거나, 정화 장치를 의무적으로 설치하게 법을 만든다. 담배에는 엄청난 세금을 붙여서 흡연을 줄이게 한다. 이것은 남에게 피해를 준 만큼 비용을 치르게 만드는 것이다. 반대로 백신 주사를 맞으면 주사비를 깎아주거나 공짜로 놔준다(보조금). 꽃밭을 가꾸는 데 필요한 비료를 지원해주기도 한다. 좋은 일을 하면 이득이 생기게 만들어 더 많이 하도록 유도하는 것이다.

우리는 흔히 "남에게 피해를 주지 말고 착하게 살아야 한다"라고 도덕적으로 배운다. 하지만 경제학에서는 사람들의 착한 마음에만 기대지 않는다. 사람들은 이익에 따라 움직이기 때문이다. 외부효과 이론은 "네가 남에게 피해를 주면 네 지갑에서도 돈이 나갈 것이고, 남을 도우면 돈을 벌게 될 것이다"라는 확실한 규칙을 만들어야 세상이 좋아진다고 가르친다. 분리수거를 하면 종량제 봉투 값을 아끼게 해주고, 공해를 유발하면 벌금을 내게 하는 것, 이것이 경제학이 세상을 더 살기 좋은 곳으로 만드는 현실적인 방법이다.

정보의 비대칭 : 아는 것이 힘이다

6

인터넷 쇼핑몰에서 멋진 옷이나 장난감을 샀다가 실망한 적이 있는가. 화면 속 사진에서는 옷이 정말 고급스러워 보였고, 로봇 장난감은 튼튼해 보였다. 하지만 며칠 뒤 도착한 택배 상자를 열어보면 딴판이다. 옷감은 까칠까칠해서 입기 불편하고, 장난감은 플라스틱이 너무 얇아 금방이라도 부러질 것 같다. 우리는 화면만 보고 물건의 진짜 품질을 알 수 없지만, 물건을 파는 사장님은 정확히 알고 있었을 것이다. 이 옷이 얼마나 싼 천으로 만들어졌는지, 이 장난감이 얼마나 잘 고장이 나는지 말이다.

여기서 중요한 사실을 발견할 수 있다. 거래를 할 때 파는 사람과 사는 사람이 가진 정보의 양이 다르다는 점이다. 경제학에서는 이것을 중요한 개념으로 다룬다. 정보가 부족하면 엉뚱한 물건을 비싸게 사서 손해를 볼 수 있기 때문이다. 이번 장에서는 정보가 어떻게 돈이 되는지 알아보자.

정보의 비대칭

경제 교과서에 나오는 완벽한 시장에서는 모든 사람이 똑같은 정보를 가지고 있다고 가정한다. 하지만 현실은 그렇지 않다. 대부분의 거래에서 파는 사람은 '정보의 강자'이고 사는 사람은 '정보의 약자'인 경우가 많다.

이렇게 거래하는 두 사람 사이에 정보의 격차가 있는 상태를 '정보의 비대칭(Information Asymmetry)'이라고 부른다. 마치 운동장이 한쪽으로 기울어진 것과 같다. 운동장이 기울어져 있으면 축구 경기가 공정하게 진행될 수 없다. 마찬가지로 정보가 한쪽으로 쏠려 있으면 공정한 거래가 어렵다. 정보를 많이 가진 사람은 그 정보를 숨겨서 비싸게 팔려고 하고, 정보가 없는 사람은 속을까봐 걱정하며 지갑을 닫는다. 정보의 차이가 시장의 흐름을 방해하는 것이다.

레몬 시장

정보의 비대칭이 심해지면 시장에는 아주 무서운 일이 벌어진다. 바로 '레몬 시장(Lemon Market)'이 되는 것이다. 여기서 레몬은 우리가 먹는 상큼한 과일이 아니다. 미국 속어로 레몬은 '겉은 예쁜 노란색이라 맛있어 보이지만 막상 먹으면 너무 셔서 먹을 수 없는 과일', 즉 '불량품'을 뜻한다.

이 용어는 중고차 시장을 연구한 조지 애커로프라는 경제학자가 처음 사용했다. 중고차 시장을 상상해 보자. 파는 사람은 차가 물에 빠진 적이 있는지, 엔진에서 이상한 소리가 나는지 다 알고 있다. 하지만 사는 사람은 겉모습만 보고는 알 수가 없다. 그래서 사는 사람은 혹시라도 불량품(레몬)을 살까 봐 비싼 돈을 내기를 꺼린다. "이 차가 진짜 좋은지 모르니까 500만 원 이상은 못 주겠어요"라고 말한다.

그러면 진짜 좋은 차(복숭아)를 가진 주인은 억울하다. "내 차는 관

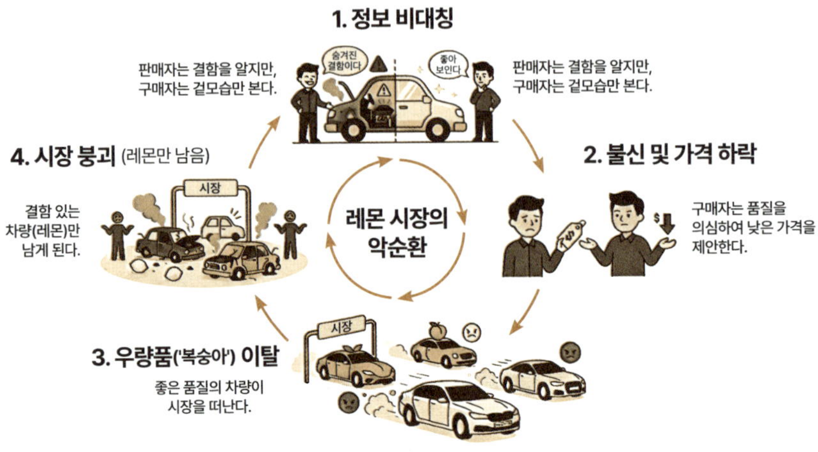

그림 6-4. 레몬시장의 악순환

리를 잘해서 1,000만 원은 받아야 하는데, 500만 원밖에 안 준다고? 그럼 안 팔아!"하고 시장을 떠나버린다. 결국 시장에는 진짜 좋은 차는 다 사라지고, 500만 원짜리 싸구려 불량 차들만 남게 된다. 정보가 부족해서 좋은 물건은 사라지고 나쁜 물건만 판치는 시장, 이것이 정보 비대칭이 만든 '레몬 시장'의 비극이다.

신호 보내기

그렇다면 좋은 물건을 파는 사장님들은 어떻게 해야 할까? 억울하게 레몬 취급을 받지 않기 위해 적극적으로 행동해야 한다. "내 물건은 진짜 믿을 수 있어요!"라고 소비자에게 증거를 보여주는 것이다. 이것을 경제학 용어로 '신호 보내기(Signaling)'라고 한다.

가장 대표적인 신호는 '무상 수리 보증(AS)'이다. "우리 전자제품은 품질이 너무 좋아서 고장이 안 납니다. 만약 1년 안에 고장 나면 100% 공짜로 고쳐주거나 새것으로 바꿔주겠습니다"라고 약속하는 것이다. 불량품을 파는 사람은 감히 이런 약속을 할 수 없다. 고장이 자주 나서 수리해 주다가 회사가 망할 것이기 때문이다. 오직 품질에 자신 있는 기업만이 이런 강력한 신호를 보낼 수 있다.

자격증이나 학력도 일종의 신호다. 의사가 진료실 벽에 의사 면허증과 졸업장을 걸어두는 이유는 환자에게 "나는 공부를 많이 한 진짜 전문가이니 안심하세요"라는 신호를 보내는 것이다. 비싼 광고비를 들여 텔레비전에 광고하는 것도 "우리 회사는 이렇게 돈이 많고 튼튼하니 믿어도 된다"는 신호다. 이처럼 정보를 가진 쪽은 끊임없이 자신의 가치를 증명하기 위해 신호를 보낸다.

정보 탐색

반대로 정보를 모르는 소비자는 어떻게 해야 할까? 멍하니 있다가는 불량품인 레몬을 비싸게 살 수밖에 없다. 그래서 소비자는 적극적으로 진짜와 가짜를 구별하려 노력한다. 이것을 '선별(Screening)'이라고 한다. 가장 쉬운 방법은 남들의 평가를 보는 것이다. 인터넷 쇼핑몰에서 물건을 살 때 별점이 몇 개인지, 후기에 욕이 써져 있지는 않은지 꼼꼼히 읽어본다. 맛집을 찾을 때도 검색을 해서 사진을 확인한다.

하지만 조심해야 한다. 나쁜 판매자들은 이 정보마저 조작하기도 한다. 돈을 주고 가짜 후기를 쓰게 하거나, 좋은 정보만 보여주는 것이다. 그래서 현대 사회에서 가장 중요한 능력은 '정보를 찾는 능력'을 넘어 '진짜 정보를 가려내는 능력'이다. 여러 사이트의 가격을 비교하고, 전문가의 리뷰를 찾아보고, 회사의 역사를 살피는 귀찮은 과정이 필요하다. 경제에서 공짜 점심은 없다. 좋은 물건을 싸게 사려면 그만큼의 시간과 노력을 정보 탐색에 투자해야 한다.

진짜와 가짜를 구별하는 힘

과거에는 정보가 부족한 것이 문제였다면 지금은 정보가 너무 많아서 문제다. 스마트폰만 켜면 수많은 뉴스와 광고, 투자 정보가 쏟아진다. 하지만 이 정보의 홍수 속에는 우리를 속이려는 가짜 정보, 조작된 후기, 과장된 광고가 섞여 있다. 모래밭에서 금을 찾아내야 하는 것과 같다. 이런 세상에서는 단순히 정보를 많이 아는 것보다, 엉터리 정보를 걸러내는 능력이 진짜 실력이다.

가짜 정보에 휘둘리지 않으려면 '부지런함'이 필수다. 누군가 "이거 사면 무조건 대박 난대"라고 속삭일 때, 그 말을 곧이곧대로 믿으면 안 된다. 귀찮더라도 다른 사람들의 평가는 어떤지, 뉴스에는 나왔는지, 전문가의 의견은 어떤지 여러 곳을 찾아보며 비교해야 한다. 이것을 '교차 검증'이라고 한다.

또한 흔들리지 않는 나만의 기준이 필요하다. 경제의 기본 원리를

알고 있어야 "수익은 높은데 위험은 없다"는 말이 새빨간 거짓말이라
는 것을 단번에 알아챌 수 있다. 경제 공부는 단순히 돈을 버는 기술을
배우는 것이 아니다. 넘쳐나는 거짓 정보 속에서 진실을 꿰뚫어 보고,
내 소중한 자산을 지키는 단단한 방패를 만드는 과정이다. 현명한 사람
은 정보를 맹신하지 않고, 끊임없이 의심하고 확인한다.

공유지의 비극 : 주인이 없으면 망가진다

7

2019년 한국의 인터넷 커뮤니티와 뉴스를 뜨겁게 달군 사건이 있었다. 바로 유명한 창고형 할인마트인 '코스트코'의 양파 이야기다. 당시 코스트코 푸드코트에서는 핫도그를 먹는 손님들을 위해 잘게 다진 양파를 무제한으로 제공했다. 핫도그에 뿌려 먹으라고 둔 공짜 서비스였다. 그런데 이상한 일이 벌어졌다.

일부 손님들이 집에서 가져온 비닐봉지나 반찬통에 양파를 가득 담아가기 시작한 것이다. 심지어는 음료수 병에 양파를 꾹꾹 눌러 담아 김치처럼 반찬으로 쓰겠다는 사람들도 있었다. 다른 사람들이 먹을 양파가 부족해졌지만 그들은 "어차피 공짜인데 뭐 어때"라며 멈추지 않았다. 결국 마트는 견디다 못해 양파 기계를 치워버리고 서비스를 중단했다. 소수의 욕심 때문에 선량한 다수의 손님들까지 혜택을 누릴 수 없게 된 것이다.

이 사건은 사람들의 시민의식을 탓할 때 자주 등장하지만 경제학에서는 아주 중요한 이론을 설명하는 완벽한 예시다. 바로 '공유지의 비극(Tragedy of the Commons)'이다. 오늘은 주인이 없는 물건이 왜 그토록 빨리 사라지는지 그리고 이것을 막기 위해 우리는 어떤 약속을 해야 하는지 알아보자.

공유지의 비극

이 용어는 1968년 미국의 생물학자 개럿 하딘이 쓴 논문에서 유래했다. 그는 옛날 영국의 목초지(양을 풀어놓고 풀을 먹이는 들판)를 예로 들었다. 마을 한가운데에 누구나 공짜로 양을 데려와 풀을 먹일 수 있는 넓은 들판이 있었다. 이곳이 바로 '공유지'다. 처음에는 풀이 풍성해서 모두가 행복했다.

그런데 욕심이 생긴 마을 사람들이 생각을 하기 시작했다. "어차피 공짜인데, 양을 한 마리 더 데려와서 키우면 나한테 이득이잖아?" 한 사람이 양을 늘리자, 옆집 사람도 질세라 양을 늘렸다. 사람들은 경쟁적으로 양을 목초지에 풀어놓았다. 결국 목초지의 풀은 양들이 먹는 속도를 감당하지 못해 뿌리까지 뽑혔고 푸르던 들판은 황무지로 변해버렸다. 풀이 사라지자 모든 양이 굶어 죽었고 마을 사람들은 모두 망했다. 개인의 이익을 위해 행동했을 뿐인데 결과적으로 모두가 피해를 보는 비극이 일어난 것이다.

이기심의 경제학

사람들이 나빠서 이런 비극이 생기는 것이 아니다. 공유지의 비극은 철저하게 경제적인 계산 때문에 발생한다. 양파 사건을 다시 보자. 내가 양파를 한 봉지 챙겨 집으로 가져갈 때 그 이득은 100% 나 혼자 챙긴다. 하지만 양파가 줄어들어 서비스가 사라질지도 모르는 위험(비용)은 수천 명의 손님이 아주 조금씩 나눠서 짊어진다. 즉, 이익은 나 혼자 다 차지하고 책임은 모두가 나눠 갖는 구조다.

그러니 합리적인 얌체들(무임승차자)은 이렇게 생각한다. "나 하나쯤 가져가도 티가 안 나겠지", "내가 안 가져가면 어차피 다른 사람이 가져갈 텐데" 이 생각이 머릿속을 지배한다. 주인이 따로 정해져 있지 않고 누구나 쓸 수 있는 자원은 필연적으로 남용되고 훼손될 수밖에 없다. 이것이 인간의 본성이자 경제적 유인이 작동하는 방식이다. 따라서 그대로 놔둔다면 저절로 문제가 해결되기 어렵다.

해결책 1 : 주인을 만들어주기(사유재산권)

그렇다면 이 비극을 어떻게 막을 수 있을까? 첫 번째 방법은 공유지에 확실한 주인을 만들어주는 것이다. 이것을 '사유재산권 설정'이라고 한다. 만약 목초지가 마을 공동의 것이 아니라 특정 농부의 땅이었다면 어떻게 되었을까? 농부 주인은 풀이 다 죽을 때까지 양을 풀어놓지 않았을 것이다. 내년에 또 풀을 먹여야 돈을 벌 수 있기 때문에 풀이 자라는 속도를 봐가며 양의 숫자를 조절하고 땅을 관리했을 것이다.

실제로 멸종 위기에 처한 아프리카 코끼리를 보호하기 위해 코끼리를 마을 주민의 소유로 인정해 주었더니 오히려 코끼리 숫자가 늘어났다는 연구 결과도 있다. '내 것'이 되면 사람은 그것을 아끼고 지키려고 노력한다. 이것이 자본주의가 사유재산을 중요하게 여기는 이유다.

해결책 2 : 정부의 개입과 규칙 만들기

하지만 바다나 공기처럼 누군가에게 소유권을 주기 어려운 경우도 있다. 태평양 바다를 누구 한 사람에게 줄 수는 없기 때문이다. 이럴 때는 정부가 나서서 강력한 규칙을 만들어야 한다. 이것이 두 번째 해결책인 '규제'다.

정부는 "하루에 물고기를 10마리까지만 잡으세요"라고 쿼터(할당량)를 정하거나, "더러운 연기를 내뿜으려면 세금을 내세요"라고 벌금을 매긴다. 양파 사건의 경우, 코스트코가 "핫도그를 산 사람에게만 작은 컵에 담아 드립니다"라고 규칙을 바꾼 것과 같다. 쓰레기 종량제 봉투를 사서 버리게 하는 것도 공유지의 비극을 막기 위한 정부의 아이디어다. 공짜였던 쓰레기 버리기에 '돈(비용)'이라는 가격표를 붙여서 함부로 버리지 못하게 만든 것이다.

공짜는 없다

우리는 흔히 "공공시설은 공짜니까 마음껏 써도 된다"라고 생각한다. 하지만 경제학은 "세상에 진정한 공짜는 없다"라고 말한다. 내가 당장 편하게 쓴 공공재는 결국 망가지고, 그것을 복구하기 위해 나중에 더 큰 세금을 내야 하거나 아예 사용하지 못하게 될 수도 있다. 공유지의 비극을 이해한다는 것은 보이지 않는 주인의식을 갖는다는 뜻이다.

시장이 기능을 못 할 때 정부의 역할 : 심판이자 해결사

우리는 시장이 얼마나 대단한 곳인지 배웠다. '보이지 않는 손'은 수많은 사람들의 욕심을 조절해서 물건의 가격을 정하고, 필요한 곳에 자원을 보내준다. 하지만 이 보이지 않는 손이 만능은 아니다. 때로는 손이 미끄러지기도 하고, 아예 작동하지 않아서 엉망진창이 되기도 한다. 앞서 배운 독점 기업의 횡포, 가짜가 판치는 레몬 시장, 쓰레기장이 된 공유지가 바로 그 증거다.

경제학에서는 시장이 스스로 자원을 효율적으로 나누지 못하고 고장 난 상태를 '시장 실패(Market Failure)'라고 부른다. 시장이 실패했을 때 팔짱을 끼고 구경만 하면 경제는 무너진다. 이때 구원투수처럼 등장하는 존재가 바로 '정부'다. 오늘은 정부가 망가진 시장을 고치기 위해 어떤 도구들을 사용하는지 그리고 왜 우리는 정부가 필요한지 알아보자.

시장 실패 : 보이지 않는 손이 놓친 것들

시장 실패는 크게 두 가지 이유로 일어난다. 첫째는 시장이 제멋대로 굴러가서 남에게 피해를 줄 때다. 공장이 매연을 뿜어대거나, 독점 기업이 가격을 마음대로 올리는 경우가 그렇다. 둘째는 꼭 필요한 물건인데 돈이 안 된다는 이유로 아무도 만들지 않을 때다. 시장은 돈이 되는 곳으로만 움직이기 때문에 돈이 안 되지만 우리 삶에 필수적인 것들은 외면한다.

이런 상황을 내버려 두면 세상은 힘센 기업만 살아남고 환경은 파괴되며 가난한 사람들은 살기 힘들어진다. 그래서 정부는 시장이라는 운동장에 들어와 때로는 엄격한 '심판'이 되고 때로는 직접 물건을 만드는 '공급자'가 되며 때로는 아픈 사람을 치료하는 '의사' 역할을 한다.

공공재 공급

깜깜한 밤바다를 비추는 등대를 생각해 보자. 등대가 있으면 모든 배가 안전하게 다닐 수 있다. 하지만 민간 기업에게 등대를 만들라고 하면 만들까? 절대 만들지 않는다. 왜냐하면 지나가는 배들에게 일일이 "빛을 쐬었으니 돈을 내세요"라고 요금을 받을 수 없기 때문이다. 누구나 공짜로 이용할 수 있는 시설은 기업 입장에서 매력 없는 사업이다.

이렇게 모든 사람에게 꼭 필요하지만 돈을 벌기 힘들어 시장이 공급하지 않는 재화를 '공공재(Public Goods)'라고 한다. 가로등, 도로, 공원, 국방(군대), 경찰 서비스 같은 것들이다. 만약 정부가 없다면 우리 동네는 밤마다 암흑천지가 되고, 도둑이 들어도 출동할 경찰이 없을 것이다. 기업이 외면하는 공공재를 정부가 세금으로 직접 만들어서 공급하는 것은 정부의 가장 기본적인 역할이다. 시장의 빈틈을 메워주는 것이다.

소득 재분배

시장은 효율적이지만 동시에 냉정하다. 시장은 능력이 뛰어나고 돈이 많은 사람을 좋아한다. 경쟁에서 이긴 사람은 더 큰 부자가 되지만 경쟁에서 진 사람이나 몸이 아파서 일할 수 없는 사람에게는 한 푼도 주지 않는다. 시장에게 맡겨두면 부자는 점점 더 부자가 되고 가난한 사람은 굶어 죽는 극심한 '빈부 격차'가 생긴다. 빈부격차가 너무 심해지면 돈을 잘 벌고 뛰어난 사람들에게도 피해가 갈 수 있다. 사회적인 불만이 극도로 증가하고 범죄가 증가한다. 정치적으로도 극단적인 목소리들이 힘을 받으며 사회적인 혼란이 생길 수 있다. 따라서 격차가 심하게 벌어지지 않도록 관리를 해야 한다.

이때 정부가 나서서 차가운 시장에 온기를 불어넣는다. 이것을 '소득 재분배'라고 한다. 돈을 많이 번 사람이나 기업에게서 세금을 많이 걷어 그 돈으로 가난한 사람, 노인, 장애인 등 사회적 약자를 돕는 것이다. 실업 급여를 주고, 병원비를 깎아주고, 무료 급식을 제공하는 모든 복지 정책이 여기에 해당한다. 시장은 효율성(돈 벌기)을 추구하지만, 정부는 형평성(골고루 나누기)을 추구하며 사회가 무너지지 않도록 균형을 잡는다.

정부 실패

그렇다면 정부가 나서면 모든 경제 문제가 마법처럼 해결될까? 안타깝게도 정답은 "아니오"다. 의사가 환자를 치료하려다 실수로 더 아프게 만들 수 있듯이 정부도 시장을 도우려다 오히려 경제를 망가뜨리기도 한다. 이것을 '정부 실패(Government Failure)'라고 부른다. 특히 정부가 선한 의도로 시작한 '과도한 복지'가 독이 된 역사적 사례들이 있다.

첫 번째는 '영국병(British Disease)'이다. 1970년대 영국 정부는 "요람에서 무덤까지"라며 국민의 모든 삶을 책임지겠다고 약속했다. 실업자에게도 많은 돈을 주고 복지를 늘렸다. 그러자 사람들은 "열심히 일해서 세금을 내느니, 그냥 놀면서 정부 돈을 받는 게 낫겠다"라고 생각하게 되었다. 근로 의욕은 사라지고 경제 성장은 멈춰버렸다. 이것이 바로 과도한 복지가 낳은 '복지병'이다.

두 번째는 남미의 '베네수엘라'다. 석유 부자였던 이 나라는 국민에게 집과 가전을 공짜로 나눠주는 등 감당할 수 없는 복지 정책을 펼쳤다. 돈이 부족해지자 정부는 돈을 마구 찍어내서 뿌렸다. 그 결과 돈의 가치가 휴지 조각처럼 떨어지는 '초인플레이션'이 발생했다.

이런 일은 먼 옛날이나 가난한 나라만의 이야기가 아니다. 선진국인 프랑스조차 최근 감당할 수 없는 나라빚으로 유럽연합(EU)의 경고를 받았다. 정부가 지출을 줄이려 하자 시민들이 반발해 정부는 큰 어려움을 겪고 있다. 아무리 부자 나라라도 정부가 수입보다 지출을 방만하게 하면 언제든 경제 위기가 찾아올 수 있다는 것을 보여주는 생생한 증거다. 한 번 늘린 정부 지출은 줄이기 어렵다.

정부 실패는 돈 문제에서만 생기는 것이 아니다. 정부가 시장에 사

사건건 간섭해서 기업의 손발을 묶어버리는 것도 큰 문제다. 이것을 '과도한 규제'라고 한다. 예를 들어, 기업이 혁신적인 기술을 개발했는데 정부가 낡은 법을 들이대며 "이건 위험해 보이니 하지 마시오"라고 막는다면 어떻게 될까? 다른 나라 기업들은 규제 없이 자유롭게 뛰어가는데, 우리 기업만 다리에 무거운 모래주머니를 차고 달리는 꼴이 된다. 결국 산업 경쟁력이 뒤처져 일자리가 사라지게 된다.

또한, 정책의 방향이 틀렸을 때도 큰 피해가 발생한다. 집값을 잡겠다고 만든 법이 오히려 전세 물량을 사라지게 만들어 서민들을 더 힘들게 하거나, 일자리를 지키겠다고 만든 법 때문에 기업이 채용을 포기하는 경우가 그렇다. 이처럼 정부의 칼날이 잘못된 방향을 향하면 그 상처는 고스란히 국민들이 입게 된다.

혼합 경제 체제

정부가 너무 적게 개입하면 약자가 고통받고 환경이 파괴된다(시장 실패). 반대로 정부가 너무 많이 개입하면 사람들이 게을러지고 물가가 폭등한다(정부 실패). 그래서 오늘날 대부분의 나라는 어느 한쪽만 선택하지 않는다. 시장의 자유를 존중하되, 문제가 생기면 정부가 적절히 개입하는 '혼합 경제 체제'를 채택하고 있다.

자동차에 비유하자면 시장은 앞으로 힘차게 나아가는 '엔진'이고, 정부는 위험할 때 멈추는 '브레이크'이자 방향을 잡는 '운전대'다. 엔진이 없으면 차가 갈 수 없고, 브레이크가 없으면 차가 사고가 난다. 우리는 이제 시장도 정부도 완벽하지 않다는 것을 안다. 중요한 것은 균형이다. 현명한 시민은 시장의 효율성을 활용하면서도, 정부가 세금을 낭비하지 않고 제 역할을 잘하고 있는지 끊임없이 감시해야 한다. 시장과 정부라는 두 바퀴가 균형을 이룰 때 우리 경제는 가장 안전하고 빠르게 달릴 수 있다.

경제와 정치는 동전의 양면이다. 정치는 "누가, 무엇을, 얼마나 가질 것인가"를 결정하고, 경제는 그 결정에 따라 실제로 돌아간다. 정부가 세금을 올리거나 최저임금을 인상하면 기업과 소비자의 주머니 사정이 즉시 달라진다. 코로나19로 발생한 위기 때 각국 정부가 은행을 살리기 위해 수조 원을 쏟아부은 것처럼, 정치적 결단이 경제의 운명을 바꾼다.

반대로 경제도 정치를 흔든다. 경기가 나빠지고 실업률이 오르면 국민 불만이 쌓여 선거 결과로 이어진다. 유럽 경제 위기 때 여러 나라에서 정권이 교체된 것이 대표적이다. 정치인들이 선거를 앞두고 경기 부양책을 서둘러 내놓는 이유도 바로 경제가 표심을 좌우하기 때문이다.

최저임금 논쟁, 부동산 규제, 탄소세 도입 같은 정책은 모두 정치와 경제가 만나는 지점이다. 그래서 경제 뉴스를 따라가다 보면 결국 정치도 함께 보이기 시작한다.

7장

거시경제

: 경제의 사계절과 지휘자의 시선

앞서 우리는 돋보기를 들고 개인과 기업의 선택을 관찰하는 미시경제를 배웠다. 하지만 나무만 보고 숲을 보지 못하면 경제의 큰 흐름을 놓치기 쉽다. 때로는 개인이 부자가 되기 위해 한 합리적인 저축이 국가 전체로 합치면 경제를 가난하게 만드는 '구성의 오류'를 일으키기도 하기 때문이다.

거시경제학은 연주자 한 명이 아닌 오케스트라 전체를 지휘하는 관점이다. 개별 상품의 가격 대신 나라 전체의 물가를, 특정 회사의 이익 대신 국가 전체의 경제 성장을 다룬다. 내 월급은 그대로인데 왜 물가만 오르는지, 경기가 좋다는데 왜 취업은 여전히 어려운지 같은 거대한 질문들에 대한 답을 찾는 과정이다.

이 장에서는 국가 경제를 움직이는 핵심 지표와 원리를 다룬다. 국가의 경제 성적표인 GDP와 GNI의 차이를 이해하고, 호황과 불황이 반복되는 경기 순환의 사계절을 읽는 법을 배운다. 나아가 정부와 중앙은행이 세금과 금리라는 도구를 이용해 어떻게 경제의 위기를 조율하는지 살펴보자. 이러한 거시적 안목을 갖출 때 우리는 뉴스의 복잡한 숫자에 휘둘리지 않고 시장의 흐름과 기회를 잡을 수 있다.

미시경제와 거시경제 비교하기

1

오케스트라 공연을 보러 갔다고 상상해 보자. 무대 위에는 수십 명의 연주자가 앉아 있고, 맨 앞에는 지휘자가 서 있다. 여기서 바이올린을 켜는 연주자의 머릿속을 들여다보자. 그는 자신의 악보에 집중한다. 손가락을 얼마나 빠르게 움직일지, 활을 얼마나 부드럽게 잡을지 고민하며 자신이 맡은 파트에서 최고의 소리를 내기 위해 최선을 다한다. 이 때 옆에 있는 첼로 소리나 뒤에 있는 북소리까지 자세히 신경쓰긴 어렵다.

반면 지휘자의 시선은 다르다. 지휘자는 특정 연주자 한 명만 쳐다보지 않는다. 그는 오케스트라 전체를 본다. 바이올린 소리가 너무 크지 않은지, 첼로와 플루트의 화음이 잘 어울리는지, 전체 음악의 빠르기가 적당한지 판단한다. 지휘자의 목표는 개인의 연주가 아니라, 이 모든 소리가 합쳐져서 만들어내는 조화로운 음악이다.

경제를 바라보는 시선도 이와 비슷하다. 경제학자들은 세상을 이해하기 위해 두 가지 안경을 사용한다. 하나는 연주자 한 명을 관찰하는 '미시경제학'이고, 다른 하나는 오케스트라 전체를 지휘하는 '거시경제학'이다. 앞서 우리가 배운 내용이 연주자 개인의 기술이었다면 7장부터는 무대 전체를 조망하는 지휘자의 입장에서 경제를 살펴볼 것이다.

미시경제학

지금까지 우리가 공부했던 내용들은 대부분 '미시경제학(Microeconomics)'에 해당한다. 여기서 '미시(微視)'라는 단어는 '작게 본다'는 뜻이다. 오케스트라의 연주자 한 명 한 명에게 돋보기를 들이대고 관찰하는 것과 같다. 경제 활동의 가장 작은 단위인 개인(소비자)과 기업(생산자)이 주인공이다.

미시경제학의 관심사는 '개별적인 선택'이다. "철수는 용돈으로 로봇 장난감을 살까, 저축을 할까?", "삼성전자는 스마트폰 가격을 얼마로 정해야 이익이 가장 클까?", "사과 가격이 오르면 사람들은 사과를 덜 사 먹을까?" 같은 질문들에 답을 찾는다.

이 좁은 세상에서는 '수요와 공급'이 가장 핵심이다. 소비자와 기업이 시장이라는 무대에서 만나 줄다리기를 하며 가격을 정하는 과정이 가장 중요하다. 그래서 미시경제학을 다른 말로 '가격 이론'이라고도 부른다. 연주자 개개인이 실수를 하지 않고 자신의 악기를 얼마나 효율적으로 다루는지 확인하는 것이 미시경제학의 임무다.

거시경제학

하지만 연주자 한 명이 아무리 바이올린을 잘 켜도, 오케스트라 전체의 박자가 맞지 않거나 소리가 엉망이라면 그 공연은 실패한다. 또한 공연장에 불이 나거나 천장이 무너진다면, 명연주자도 소용이 없다. 그래서 경제학자들은 시야를 넓혀 국가 전체를 연구하기 시작했다. 이것이 바로 '거시경제학(Macroeconomics)'이다. '거시(巨視)'는 '크게 본다'는 뜻이다.

거시경제학은 철수네 가게나 영희네 회사의 자세한 사정에는 크게 관심이 없다. 대신 '대한민국'이라는 오케스트라 전체의 성적표를 본다. "우리나라 전체가 작년보다 얼마나 더 잘살게 되었나(경제성장률)?", "왜 요즘 나라 전체의 물건값이 다 같이 오를까(물가)?", "왜 일하고 싶은데 일자리를 못 구하는 사람이 많을까(실업률)?" 같은 거대한 질문을 던진다.

우리가 뉴스에서 듣는 환율, 금리, 수출 같은 단어들은 모두 거시경제의 영역이다. 거시경제학의 목표는 바이올린 하나를 잘 연주하는 것이 아니라, 음악 전체가 멈추지 않고 아름답게 흐르도록 날씨(경기 변동)를 예측하고 지휘(정부 정책)하는 것이다.

구성의 오류

어떤 친구들은 이렇게 생각할 수도 있다. "어차피 나라 전체의 경제도 개인들이 모여서 만든 거잖아요? 그럼 미시경제만 열심히 공부해서 다 합치면 그게 거시경제 아니에요?" 아주 똑똑한 질문이다. 하지만 경제학에는 수학 덧셈과는 다른 독특한 비밀이 숨어 있다. 개개인에게는 올바른 행동이 사회 전체로 합치면 오히려 나쁜 결과를 가져올 수 있다는 것이다. 이것을 '구성의 오류(Fallacy of Composition)'라고 부른다.

가장 유명한 예가 바로 '절약의 역설'이다. 미시적인 관점에서 생각해 보자. 개인이 돈을 펑펑 쓰지 않고 아껴서 저축하면 어떻게 될까? 통장에 돈이 쌓이고 부자가 된다. 아주 칭찬받을 훌륭한 행동이다. 그런데 이 논리를 거시적인 관점, 즉 대한민국 국민 5천만 명 모두에게 적용하면 끔찍한 일이 벌어진다.

모든 국민이 부자가 되기 위해 오늘부터 돈을 한 푼도 안 쓰고 저축만 한다고 상상해 보자. 물건을 사는 사람이 없으니 식당과 옷가게, 마트는 파리만 날리다 문을 닫는다. 물건이 안 팔리니 공장은 기계를 멈춘다. 공장이 멈추면 기업은 직원들을 해고한다. 결국 실업자가 된 국민들은 소득이 없어져서 더 가난해진다.

개인은 부자가 되기 위해 합리적인 선택(저축)을 했지만 그 선택이 모이자 나라 전체는 오히려 가난해지는 비극(경기 침체)이 일어난 것이다. 바이올린 연주자가 자기 소리만 잘 내겠다고 크게 연주하면 전체 음악의 균형이 깨지는 것과 같다. 이것이 우리가 미시경제와 별도로 거시경제를 따로 배워야만 하는 결정적인 이유다.

미시경제학과 거시경제학을 모두 알아야 하는 이유

경제 공부를 하는 목적은 우리가 현명한 선택을 하기 위해서다. 그러기 위해서는 미시경제학과 거시경제학 어느 하나도 놓쳐서는 안 된다.

만약 여러분이 투자를 한다고 가정해 보자. 미시경제학만 아는 사람은 기업의 재무제표를 분석해 물건을 잘 만들고 이익을 많이 내는 우량한 회사를 찾아낼 수 있다. 하지만 만약 그때가 국가 경제 전체가 무너지는 금융 위기 상황이라면 어떨까? 개별 회사가 아무리 튼튼해도 시장 전체의 돈줄이 마르고 소비가 끊기면 그 회사도 버티기 어렵다. 거시적인 위험을 보지 못하면 실패할 수 있다.

반대로 거시경제학만 아는 사람은 경제 성장률이 높고 경기가 좋다는 것만 믿고 아무 회사에나 투자할 수 있다. 하지만 그 회사가 경쟁력을 잃고 빚이 많은 부실 기업이라면 경기가 아무리 좋아도 그 회사는 망할 수 있다. 미시적인 가치를 보지 못하면 역시 실패한다.

따라서 성공적인 경제생활을 위해서는 미시경제학을 통해 '가치 있는 대상'을 선별하고, 거시경제학을 통해 '경제의 흐름과 기회'를 포착해야 한다. 두 가지 지식을 모두 갖출 때 비로소 우리는 내 자산을 지키고 불릴 수 있다.

GDP와 GNI : 국가대표 경제 성적표

학교에서 시험을 치면 며칠 뒤에 성적표를 받는다. 국어, 영어, 수학 점수를 합쳐서 내가 이번 학기에 공부를 얼마나 열심히 했는지, 반에서 몇 등인지 확인한다. 성적표는 나를 평가하는 중요한 기준이 된다. 그렇다면 나라는 어떨까? 국가도 학생처럼 경제 성적표를 받는다. 이 나라는 1년 동안 얼마나 열심히 물건을 만들었는지, 국민들은 얼마나 돈을 많이 벌었는지 숫자로 계산해서 전 세계 나라들과 등수를 매긴다.

뉴스에서 매일같이 듣지만 정확히 무슨 뜻인지 헷갈렸던 GDP와 GNI가 바로 그 주인공이다. 우리나라 경제의 체력과 수준을 보여주는 두 가지 핵심 지표에 대해 알아보자.

GDP

국가의 경제력을 측정하는 가장 대표적인 기준은 'GDP(국내총생산)'다. 영어 약자를 그대로 풀이하면 'Gross(합계)', 'Domestic(국내의)', 'Product(생산)'이다. 즉, '대한민국 땅덩어리 안에서 1년 동안 새롭게 생산한 모든 물건과 서비스의 가격을 합친 것'이다. 여기서 가장 중요한 단어는 바로 '국내(Domestic)'다. GDP를 계산할 때는 '누가' 만들었는지는 중요하지 않다. '어디서' 만들었는지가 핵심이다.

쉬운 예를 들어보자. 영국의 축구팀 토트넘에서 뛰고 있는 손흥민 선수는 돈을 아주 많이 번다. 그렇다면 손흥민 선수가 번 돈은 우리나라 GDP에 포함될까? 정답은 '아니요'다. 손흥민 선수는 한국 사람이지만 돈을 번 장소는 영국이기 때문이다. 반대로 미국 팝가수가 한국에 와서 콘서트를 열고 돈을 벌었다면 어떨까? 이것은 우리나라 GDP에 포함된다. 미국 사람이지만 한국 땅에서 경제 활동을 했기 때문이다.

이처럼 GDP는 국적을 따지지 않고 그 나라 영토 안에서 일어난 모든 생산 활동을 더한 것이다. 따라서 GDP가 높다는 것은 그 나라 안에 공장이 많고, 가게가 장사가 잘되며, 경제가 활발하게 돌아가고 있다는 뜻이다. 외국 기업들이 한국에 공장을 많이 지어도 우리나라의 GDP는 올라간다. 그래서 GDP는 한 나라의 경제 규모와 생산 능력을 보여주는 가장 확실한 지표로 쓰인다.

GNI

하지만 GDP만으로는 뭔가 부족하다. 손흥민 선수가 영국에서 돈을 벌었지만, 그 돈을 한국에 있는 가족에게 보내거나 한국에 집을 살 수도 있다. 한국인인 손흥민 선수의 부는 결국 우리나라의 부가 아닌가. 그래서 등장한 개념이 바로 'GNI(국민총소득)'다. 약자를 풀이하면 'National(국민의)', 'Income(소득)'이다.

GDP가 '땅(장소)'을 기준으로 한다면 GNI는 '사람(국적)'을 기준으로 한다. GNI는 세계 어디에 살든 상관없이 '대한민국 국민'이 벌어들인 소득을 모두 합친 것이다. 따라서 손흥민 선수가 영국에서 번 돈은 한국의 GDP에는 안 들어가지만, 한국의 GNI에는 포함된다. 반대로 한국에서 일하는 외국인 노동자가 번 돈은 한국의 GDP에는 포함되지만 GNI에서는 빠진다. 그 외국인의 고향 나라 GNI로 잡히기 때문이다.

과거에는 GDP와 GNI가 거의 비슷해서 구분할 필요가 없었다. 하지만 요즘처럼 세계화가 되어 외국에 나가서 일하는 사람이 많아지고, 해외 투자를 많이 하는 시대에는 두 숫자의 차이가 벌어진다. 경제학자들은 나라 전체의 생산 능력을 볼 때는 GDP를 쓰고, 국민들이 실제로 얼마나 돈을 벌어 주머니가 두둑한지 생활 수준을 볼 때는 GNI를 더 중요하게 본다.

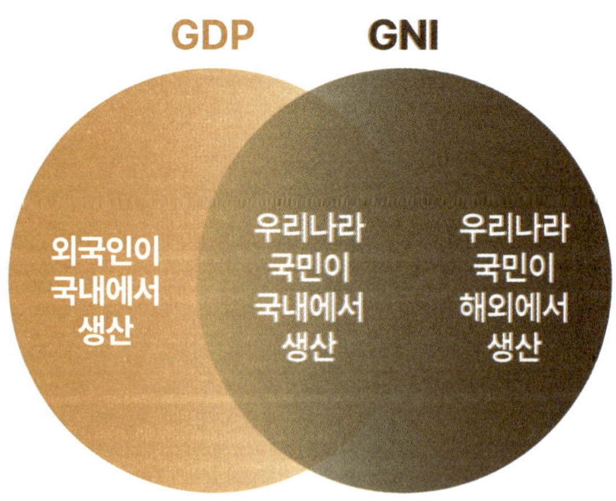

그림 7-1. GDP와 GNI

피자 크기와 조각의 크기

GDP를 볼 때 꼭 주의해야 할 점이 있다. 바로 '전체 크기'와 '1인당 크기'를 구분하는 것이다. 2024년 기준 세계에서 GDP가 가장 높은 나라는 미국이고 2위는 중국이다. 중국은 인구가 워낙 많고 공장이 많아서 나라 전체가 만든 부(GDP)는 어마어마하게 크다. 그렇다면 중국 사람들이 스위스나 룩셈부르크 사람보다 더 부자일까? 그렇지 않다.

이것은 피자에 비유하면 이해하기 쉽다. GDP는 '피자 한 판의 전체 크기'다. 중국은 초대형 피자를 만든다. 하지만 그 피자를 나눠 먹어야 할 사람(인구)이 14억 명이나 된다. 그래서 한 사람이 먹을 수 있는 피자 조각은 아주 작다. 반면 룩셈부르크는 피자 전체 크기는 중국보다 훨씬 작지만 인구가 적어서 한 사람이 가져가는 피자 조각은 크다.

그래서 선진국인지 아닌지를 판단할 때는 나라 전체의 성적인 '명목 GDP'보다는 국민 한 사람이 얼마나 잘사는지를 보여주는 '1인당 GDP'를 봐야 한다. 우리나라는 전체 GDP로는 세계 10위권의 경제 대국이고, 1인당 GDP로도 3만 달러가 넘는 선진국 반열에 올라 있다.

GDP와 GNI는 경제를 판단하는 훌륭한 도구지만 완벽하지는 않다. 이 숫자들이 잡아내지 못하는 숨겨진 가치들이 있기 때문이다. 가장 대표적인 것이 '집안일'이다. 어머니나 아버지가 집에서 청소하고 요리하고 아이를 돌보는 일은 엄청난 가치가 있는 노동이다. 하지만 돈을 주고받는 거래가 아니기 때문에 GDP에는 0원으로 기록된다. 반면 가사 도우미를 고용해서 똑같은 일을 시키고 월급을 주면 그때는 GDP가 올라간다. 이상한 일이다.

또한 GDP는 '삶의 질'을 보여주지 못한다. 공장에서 매연을 펑펑 뿜어내며 물건을 만들면 GDP는 올라간다. 하지만 공기는 나빠지고 사람들은 병에 걸린다. 교통사고가 나서 자동차를 수리하고 병원에 입원해도 수리비와 병원비 때문에 GDP는 올라간다. 범죄가 늘어나서 감옥을 더 지어도, 경비 업체를 고용해도 GDP는 올라간다.

이 한계를 가장 인상적으로 비판한 인물 중 한 사람이 바로 미국의 정치인 로버트 케네디다. 그는 존 F. 케네디 대통령의 동생으로, 미국 법무장관과 상원의원을 지냈고 1968년에는 대통령 후보로 나섰다. 당시 그는 한 연설에서 "국민총생산, 즉 우리가 흔히 말하는 GDP는 우리의 아이들의 건강, 교육의 질, 놀이의 즐거움은 세지 않으면서, 삶을 가치 있게 만드는 것을 제외한 거의 모든 것을 숫자로 계산한다"고 꼬집었다.

우리는 GDP라는 숫자를 통해 경제가 성장하는지 확인해야 하지만 그 숫자가 행복 순위와 똑같지는 않다는 사실을 기억해야 한다.

경기 순환 : 경제에도 봄, 여름, 가을, 겨울이 있다

3

경제가 매년 조금씩 성장하며 위로 올라가는 직선이라고 생각하기 쉽다. 어제보다 오늘이 더 잘살고, 올해보다 내년이 더 부유해질 것이라는 믿음이다. 하지만 실제 경제 그래프를 그려보면 매끈한 직선이 아니다. 마치 바다의 파도처럼 오르락 내리락을 반복하며 굽이치는 곡선이다. 산이 높으면 골짜기가 깊고, 밀물이 들어오면 반드시 썰물이 나가는 것이 자연의 이치다. 경제도 마찬가지다.

경제학에서는 경제가 성장과 후퇴를 주기적으로 반복하는 현상을 '경기 순환(Business Cycle)'이라고 부른다. 자연에 봄, 여름, 가을, 겨울이 있듯이 경제에도 사계절이 있다. 이 계절의 변화를 모르면 한겨울에 씨앗을 뿌리는 실수를 저지르거나, 태풍이 오는데 우산을 준비하지 못해 낭패를 볼 수 있다. 경제의 사계절이 어떤 모습으로 찾아오는지 그리고 각 계절마다 지표들은 어떻게 움직이는지 알아보자.

호황

경제의 계절 중 가장 뜨겁고 활기찬 시기를 '호황(Boom)'이라고 부른다. 계절로 치면 한여름이다. 이 시기에는 모든 것이 좋아 보인다.

기업들은 물건이 없어서 못 팔 정도로 장사가 잘된다. 공장은 24시간 쉴 새 없이 돌아가고, 물건을 더 만들기 위해 새로운 기계를 사고 공장을 짓는다. 기업이 바빠지니 사람을 더 많이 뽑아야 한다. 일자리가 넘쳐나서 실업률은 뚝 떨어진다.

사람들은 취직이 잘 되고 월급이 오르니 주머니가 두둑해진다. 기분이 좋아진 사람들은 지갑을 활짝 연다. 맛있는 것을 사 먹고, 좋은 옷을 사고, 여행을 떠난다. 소비가 늘어나니 기업은 돈을 더 잘 벌고, 다시 투자를 늘리는 선순환이 일어난다. 이때 우리가 앞서 배운 경제 성적표인 'GDP(국내총생산)' 성장률은 쑥쑥 올라간다.

하지만 여름이 너무 뜨거우면 더위를 먹듯이 경제도 너무 뜨거우면 부작용이 생긴다. 바로 '물가 상승(인플레이션)'이다. 너도나도 물건을 사려고 하니 가격이 오를 수밖에 없다. 원자재 가격도 오르고 임금도 오른다. 호황의 끝자락에는 항상 '비싼 물가'라는 경고등이 켜진다. 이것은 여름이 끝나가고 있다는 신호다.

후퇴

물가가 너무 비싸지면 사람들은 부담을 느끼기 시작한다. "너무 비싸서 못 사겠다"라며 지갑을 닫는다. 영원할 것 같던 소비가 줄어들기 시작하면 경제는 '후퇴(Recession)' 국면으로 접어든다. 계절로는 가을이다.

가게에는 팔리지 않은 물건들이 먼지를 뒤집어쓰고 쌓이기 시작한다. 이것을 '재고'라고 한다. 창고에 재고가 가득 차면 기업은 더 이상 공장을 돌릴 필요가 없다. 생산을 줄인다. 생산을 줄이면 일손이 남기 때문에 직원을 해고하거나 월급을 동결한다. 사람들은 소득이 줄어드니 허리띠를 더욱 졸라맨다. 소비가 줄어드니 기업은 더 어려워진다. 호황 때와는 정반대의 악순환이 시작되는 것이다. 이때부터 GDP 성장률은 떨어지고, 기업들의 실적은 나빠진다.

불황

후퇴가 깊어지면 경제는 꽁꽁 얼어붙은 '불황(Depression)'을 맞이한다. 매서운 겨울이다. 이 시기는 고통스럽다. 버티지 못한 기업들은 줄줄이 문을 닫고 부도가 난다. 거리에는 실업자가 넘쳐나고 실업률은 최고치를 찍는다. 사람들은 미래가 불안해서 돈을 쓰지 않고 저축만 하려고 한다. 주식이나 부동산 같은 자산 가격도 바닥으로 곤두박질친다.

하지만 겨울이 마냥 나쁜 것만은 아니다. 자연에서 겨울이 해충을 죽이고 땅을 쉬게 하듯, 경제의 겨울도 필요한 역할을 한다. 경쟁력이 없는데 빚으로만 버티던 '좀비 기업'들이 이때 정리된다. 비정상적으로 높았던 물가와 자산의 거품도 빠진다. 경제의 비효율적인 부분들이 청소되고 살아남은 튼튼한 기업들은 더 강한 체력을 갖게 된다. 불황은 고통스럽지만 경제의 체질을 바꾸는 구조조정의 시간이다.

회복

거울이 영원할 수는 없다. 거품이 빠지고 물가가 충분히 내려가면 사람들은 다시 소비를 꿈꾼다. "이제 가격이 좀 합리적이네?"라며 지갑을 열기 시작한다. 살아남은 기업들은 경쟁자들이 사라진 시장에서 다시 기회를 잡는다. 이때 정부와 중앙은행도 얼어붙은 경기를 녹이기 위해 금리를 낮추고 돈을 푼다.

따뜻한 햇살이 비치듯 경제 지표들이 조금씩 살아나는 이 시기를 '회복(Recovery)'이라고 한다. 봄이 오는 것이다. 낮은 금리를 이용해 기업은 다시 투자를 시작하고, 멈췄던 기계가 돌아간다. 줄어들었던 일자리가 조금씩 늘어나고 GDP도 다시 플러스로 돌아선다. 사람들의 표정이 밝아지고, 경제는 다시 뜨거운 여름을 향해 달려갈 준비를 한다.

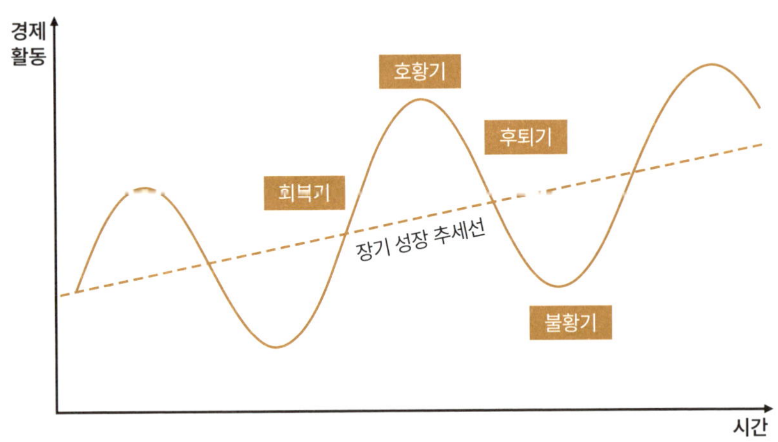

그림 7-2. 경기 순환

경기 순환을 알아야 하는 이유

우리가 경기 순환을 배워야 하는 이유는 명확하다. 현명한 농부는 겨울에 씨앗을 뿌리지 않고 여름에 털옷을 입지 않는다. 경제 활동도 마찬가지다.

지금이 경제의 여름(호황)이라면 들뜨지 말고 다가올 겨울을 대비해 저축을 늘려야 한다. 무리하게 빚을 내서 투자했다가 금리가 오르고 불황이 오면 버틸 수 없기 때문이다. 반대로 지금이 경제의 겨울(불황)이라면 공포에 떨지 말고 봄을 준비해야 한다. 남들이 다 도망갈 때가 오히려 튼튼한 기업의 주식이나 부동산을 싼값에 살 수 있는 기회일 수 있기 때문이다.

소비자물가지수 : 장바구니에 무엇을 담을까?

편의점에서 좋아하는 과자를 고를 때 가격표를 보고 깜짝 놀란 적이 있을 것이다. 분명 작년에는 1,000원이었는데 지금은 1,500원이 되었기 때문이다. 용돈은 그대로인데 과자 값만 오르니 사 먹을 수 있는 개수가 줄어든다. 속상한 마음에 집에 돌아와 뉴스를 켜니 앵커가 이렇게 말한다. "올해 물가 상승률은 3%로 아주 안정적인 모습을 보이고 있습니다."

도무지 이해할 수가 없다. 내 느낌으로는 물가가 50%나 폭등한 것 같은데 뉴스는 고작 3%라고 말한다. 도대체 정부는 물가를 어떻게 계산하는 것일까? 내가 사는 동네 마트와 정부가 조사하는 마트가 다른 세계에 있는 것일까? 이 미스터리를 풀기 위해서는 경제학자들이 사용하는 특별한 자, 바로 '소비자물가지수(CPI)'의 비밀을 알아야 한다.

458개의 대표 상품

세상에는 수만, 수억 가지의 물건이 있다. 사과, 연필, 자동차, 미용실 커트 비용, 학원비, 심지어 붕어빵까지 셀 수 없이 많다. 통계청 직원들이 매일 이 모든 물건의 가격을 일일이 조사하는 것은 불가능하다.

그래서 정부는 꾀를 냈다. 사람들이 일상생활에서 가장 자주 사고 중요하게 여기는 물건들만 따로 뽑기로 한 것이다. 이것을 물가 조사의 '대표 품목'이라고 부른다.

현재 한국에서는 약 458개의 품목을 대표 선수로 정해 두었다. 그리고 거대한 '가상의 장바구니'에 이 458개 물건을 담아두고 매달 가격이 얼마나 변했는지 체크한다. 이 장바구니 안에는 우리가 먹는 쌀, 라면, 치킨부터 시작해서 입는 옷, 전기요금, 버스요금, 스마트폰 요금, 심지어 장례식장 비용까지 들어있다. 소비자가 생활하는 데 필요한 거의 모든 종류의 물건과 서비스가 포함된다.

이 장바구니에 담긴 물건들의 가격 평균을 낸 것이 바로 '소비자물가지수(CPI, Consumer Price Index)'다. 2020년의 물가를 100이라고 기준을 잡고, 지금 물가가 110이라면 물가가 10% 올랐다고 계산하는 방식이다. 즉, 뉴스에서 말하는 물가는 모든 물건의 가격이 아니라 이 장바구니에 담긴 대표 선수들의 평균 성적표인 셈이다.

시대에 따라 변하는 장바구니

재미있는 사실은 이 가상의 장바구니에 담기는 물건이 영원하지 않다는 점이다. 시대가 변하면 사람들의 소비 습관도 변하기 때문이다. 통계청은 5년마다 장바구니를 검사해서 더 이상 안 쓰는 물건은 빼고 새로 유행하는 물건을 넣는다.

예를 들어 옛날에는 장바구니에 '연탄'이나 '공중전화 요금', '비디오 대여료'가 들어있었다. 하지만 지금은 아무도 쓰지 않기 때문에 장바구니에서 퇴출당했다. 대신 그 자리에 '스마트폰', '태블릿PC', '마스크', '알로에 주스' 같은 새로운 물건들이 들어왔다. 최근에는 혼자 밥을 먹는 사람이 늘어나면서 '편의점 도시락'도 대표 선수로 뽑혔다. 소비자물가지수는 단순히 가격만 보여주는 것이 아니라, 그 시대 사람들이 무엇을 먹고 쓰는지 보여주는 거울과도 같다.

가중치의 비밀

장바구니에 담긴 458개 물건이 모두 똑같이 중요한 것은 아니다. 예를 들어 소금 가격이 두 배로 올랐다고 가정해 보자. 소금은 1년에 몇 번 사지 않고 가격도 싸기 때문에 두 배가 올라도 우리 생활비에는 큰 타격이 없다. 하지만 매달 내야 하는 월세나 스마트폰 요금 혹은 자동차 휘발유 가격이 두 배로 오르면 우리 지갑은 순식간에 텅 비게 된다.

그래서 정부는 물가 지수를 계산할 때 사람들이 돈을 많이 쓰는 품목일수록 점수를 더 크게 매긴다. 이것을 '가중치'라고 한다. 전세 보증금이나 휘발유처럼 비중이 큰 물건의 가격이 오르면 물가 지수는 확 오르고, 소금이나 실내화처럼 잘 안 쓰는 물건 가격이 오르면 물가 지수는 아주 조금만 오른다. 많이 쓰는 물건의 가격 변화를 더 중요하게 반영하는 아주 합리적인 계산법이다.

그렇다면 처음의 질문으로 돌아가 보자. 왜 뉴스에서 발표하는 '공식 물가'와 내가 느끼는 '체감 물가'는 다를까?

첫째, 심리적인 이유다. 사람은 가격이 오른 것은 예민하게 기억하고, 내린 것은 금방 잊어버리거나 당연하게 생각한다. 점심값이 1,000원 오르면 "물가가 미쳤다"며 화를 내지만, 기술 발전으로 TV나 컴퓨터 성능이 좋아지고 가격이 떨어진 것은 물가가 내렸다고 생각하지 않는다. 오직 '오른 것'만 기억하기 때문에 내 느낌상의 물가는 항상 공식 물가보다 높다.

둘째, '구입 빈도'의 차이이다. 정부의 장바구니에는 냉장고나 자동차처럼 몇 년에 한 번 사는 비싼 물건도 포함된다. 이런 물건들은 가격이 잘 변하지 않거나 기술 발전으로 가격이 내리기도 한다. 이것들이 전체 평균을 깎아 먹는다. 하지만 우리가 매일 마트에서 사는 것은 콩나물, 두부, 과자 같은 신선식품이다. 날씨가 나빠서 채소 가격이 폭등하면 우리는 매일 장을 볼 때마다 충격을 받는다. "월급 빼고 다 올랐다"는 말이 나오는 이유는 우리가 자주 사는 물건들이 주로 많이 오르기 때문이다.

집값은 물가지수에 포함될까?

우리 생활에서 가장 큰돈이 들어가는 것은 '내 집 마련'이다. 아파트 가격이 5억 원에서 10억 원으로 오르면 집을 사려는 사람들은 큰 부담을 느낀다. 삶이 팍팍해지는 것이다. 그러면 물가 상승에도 집값 상승이 반영되어야 하지 않을까? 하지만 놀랍게도 집을 사는 비용(매매가)은 소비자물가지수에 포함되지 않는다. 경제학에서는 집을 사는 행위를 햄버거를 사 먹는 것과 같은 '소비'가 아니라, 주식이나 금을 사는 것과 같은 '자산 투자'로 보기 때문이다. 물가 지수는 말 그대로 '소비' 하는 물건의 가격을 재는 것이므로 투자의 대상인 집값은 계산에서 빠진다. 그래서 집값이 아무리 올랐어도 뉴스에 나오는 물가 상승률은 낮게 나올 수 있다.

그렇다면 주거비는 물가와 상관이 없을까? 그렇지 않다. 집을 소유하는 비용은 빠지지만 남의 집을 빌려 쓰는 '전세'와 '월세' 비용은 포함된다. 이것은 집주인에게 공간을 사용하는 대가를 지불하는 '소비'로 인정받기 때문이다. 따라서 집값(매매가)이 아무리 올라도 전세나 월세 가격이 그대로라면 물가지수는 변하지 않는다.

빅맥지수 : 햄버거로 세계 물가를 비교하다

그렇다면 여러 나라의 물가 수준을 비교할 방법은 없을까? 영국 경제 전문지《이코노미스트》는 1986년부터 '빅맥지수(Big Mac Index)'를 발표한다. 전 세계 맥도날드에서 똑같이 파는 빅맥 가격을 달러로 환산해 각국 통화의 실질 구매력을 비교하는 방식이다. 예를 들어 한국에서 빅맥이 5,000원, 미국에서 5달러라면, 환율이 1달러당 1,000원일 때 가격이 같다. 하지만 실제 환율이 1,300원이라면 한국 빅맥이 비싼 셈이고, 원화가 고평가되어 있다고 볼 수 있다.

빅맥지수가 인기를 끌자 비슷한 지표들이 등장했다. '스타벅스 라떼 지수'는 전 세계 스타벅스 라떼 가격을 비교하고, '아이폰 지수'는 각국에서 아이폰 하나를 사려면 며칠을 일해야 하는지 측정한다. '이케아 지수'는 대표 침대 가격으로 1시간 근무 대비 구매력을 비교하며, 한국에서는 '신라면 지수'가 발표된 적도 있다.

이런 지표들은 정식 통계는 아니지만, 복잡한 환율과 물가를 누구나 쉽게 이해하게 만든다. 물가를 재는 방법은 다양하고, 때로는 햄버거 한 개로도 세계 경제를 엿볼 수 있다. 중요한 것은 숫자가 아니라, 그 뒤에 숨은 '구매력'과 '삶의 질'을 읽어내는 눈이다.

숫자보다 흐름을 보자

소비자물가지수는 개개인의 살림살이를 완벽하게 보여주지는 못한다. 하지만 이 숫자는 여전히 중요하다. 이 지수를 기준으로 정부는 국민연금을 내년에 얼마나 더 줄지 정하고, 회사에서는 직원들의 월급을 얼마나 올려줄지 고민한다.

무엇보다 소비자물가지수는 한국은행이 금리를 결정하는 가장 중요한 나침반이 된다. 물가 지수가 위험할 정도로 오르면 한국은행은 금리를 올려서 시중의 돈을 빨아들이고, 물가가 너무 떨어지면 금리를 내려서 경기를 살린다. 비록 내 피부로 느끼는 물가와 조금 다를지라도, 소비자물가지수는 경제라는 거대한 배가 어디로 가고 있는지 알려주는 가장 믿을 만한 신호등이다. 우리는 이 숫자를 통해 앞으로 내 돈의 가치가 어떻게 변할지 예측하고 대비해야 한다.

실업

5

뉴스에서 "실업률이 낮아졌다"는 말을 들으면 우리는 경제가 좋아졌다고 생각한다. 일자리를 못 구한 사람이 줄어들었으니 좋은 소식처럼 들린다. 하지만 주변을 보면 여전히 취업이 안 돼서 힘들어하는 사람들이 많다. 왜 뉴스의 숫자와 현실은 다를까?

단순히 놀고 있다고 해서 모두가 실업자는 아니다. 경제학에서는 '일할 능력'과 '일할 의지'가 있는데도 일자리를 구하지 못한 상태만 엄격하게 '실업(Unemployment)'이라고 부른다. 갓난아기나 은퇴해서 쉬고 계신 할아버지 그리고 일할 생각이 없는 사람은 실업자가 아니다. 통계 속에 숨겨진 실업의 비밀과 왜 실업률 0%인 완벽한 세상은 불가능한지 알아보자.

실업률의 함정

대한민국 국민 중 일할 수 있는 나이(15세 이상)의 사람들은 크게 두 부류로 나뉜다. 일할 마음이 있는 '경제활동인구'와 일할 마음이 없는 '비경제활동인구'다.

우리가 흔히 뉴스에서 접하는 실업률은 오직 '경제활동인구' 중에서 일자리를 못 구한 사람의 비율만 계산한다. 여기서 큰 함정이 생긴다. 취업이 너무 안 돼서 "에라, 그냥 집에서 쉴래"하고 구직을 포기한 사람을 생각해 보자. 이 사람은 일할 마음을 접었기 때문에 통계청은 이 사람을 실업자가 아닌 '비경제활동인구'로 분류한다. 계산에서 아예 빼버리는 것이다.

실제 체감 경기는 악화되고 있는데 통계 수치만 좋아지는 '착시 현상'이 일어나는 이유가 바로 여기에 있다. 이 함정을 피하기 위해 우리는 숫자를 직접 뜯어봐야 한다.

인구가 1만 명인 '상식 마을'을 예로 들어 숫자를 계산해 보자.

전체 인구 : 10,000명

- (A) 15세 미만 : 2,000명 (통계 제외)
- (B) 15세 이상(생산가능인구) : 8,000명
  - (C) 비경제활동인구 : 3,000명
    (학생, 주부 그리고 구직 단념자)
  - (D) 경제활동인구 : 5,000명
    - (E) 취업자 : 4,500명
    - (F) 실업자 : 500명

상식 마을의 실업률은 경제활동 인구 중 실업자의 비율이므로 500/ 5000=10%다. 이 결과를 보고 "일하려는 사람 10명 중 1명만 실업자네? 나쁘지 않네?"라고 생각하기 쉽다. 하지만 여기엔 맹점이 있다. 아예 구직을 포기하고 쉬고 있는 3,000명(비경제활동인구)은 이 계산에 포함조차 되지 않았다는 점이다.

고용률

그래서 경제 전문가들은 실업률만 믿지 않는다. 대신 '고용률'을 함께 본다. 고용률은 우리나라 전체 인구(15세 이상) 중에서 실제로 일을 하고 있는 사람이 몇 퍼센트인지 따지는 것이다.

이 차이는 '시험'으로 비유하면 이해하기 쉽다.

- **실업률** : "시험을 본 사람(경제활동인구) 중에서 떨어진 사람"만 계산한다. 아예 시험장에 안 나타난 사람은 실패자로 치지 않는다.

그림 7-3. 상식 마을의 실업률과 고용률

- **고용률** : "우리 반 전체 학생(15세 이상 인구) 중에서 합격한 사람"을 계산한다.

이제 '상식 마을'의 진짜 성적표인 고용률을 계산해 보자. 분모가 '경제활동인구'에서 '15세 이상 전체 인구'로 커진다. 생산가능인구 중 취업자를 계산해 보면

4,500/8,000=56.25%

결과는 56.25%로 절반을 갓 넘는 수준만 고용됐다고 파악할 수 있다. 만약 실업률이 낮아지는데 고용률도 함께 오르지 않는다면? 그것은 경제가 좋아진 게 아니라 일자리를 찾다 지쳐 포기한 사람이 늘어났다는 슬픈 신호다. 그래서 숨어버린 사람들까지 포함한 진짜 경제 체력을 보려면 실업률보다 고용률이 더 정직한 지표다.

마찰적 실업

그렇다면 실업은 무조건 나쁜 것일까? 그렇지 않다. 경제가 아무리 좋아도 피할 수 없는 실업이 있다. 바로 '마찰적 실업'이다. 이것은 더 좋은 직장을 찾아가는 과정에서 생기는 일시적인 실업이다.

회사를 다니다가 "내 적성에 안 맞아"하고 그만두거나, 대학을 졸업하고 "어떤 회사가 나랑 잘 맞을까"하고 탐색하는 기간이 여기에 해당한다. 마치 더 좋은 짝을 만나기 위해 소개팅을 하고 기다리는 시간

과 같다. 이 사람들은 능력이 없어서가 아니라 더 나은 조건을 찾기 위해 스스로 잠시 실업 상태를 선택한 것이다.

그래서 경제학에서는 '실업률 0%'는 불가능하다고 말한다. 모든 사람이 한순간도 쉬지 않고 일한다는 것은 더 좋은 직장으로 옮길 자유가 없다는 뜻과 같기 때문이다. 약 3~4% 정도의 실업률은 사람들이 활발하게 움직이는 건강한 상태인 '완전 고용'으로 본다.

경기적 실업

하지만 우리가 진짜 걱정해야 할 실업은 따로 있다. 첫째는 '경기적 실업'이다. 앞서 배운 경기 순환의 '겨울(불황)'이 찾아왔을 때 생기는 실업이다.

경기가 나빠져서 물건이 안 팔리면 기업은 공장 문을 닫고 직원을 해고한다. 내가 일을 잘해도 회사가 망하면 어쩔 수 없이 실업자가 된다. 이것은 개인의 잘못이 아니라 경제 전체가 아픈 것이 원인이다. 이 때는 정부가 돈을 풀거나 금리를 내려서 경기를 다시 '봄(회복)'으로 돌려놓아야 해결된다.

구조적 실업

둘째는 가장 무섭고 해결하기 힘든 '구조적 실업'이다. 이것은 경제 구조나 기술이 변해서 내 기술이 쓸모없어졌을 때 발생한다.

과거에는 버스 안내양이나 전화 교환원이라는 직업이 있었지만 기술 발전으로 사라졌다. 요즘은 식당의 키오스크가 아르바이트생을 대신하고, 인공지능(AI)이 번역가나 은행원의 일을 대신한다. 로봇은 월급도 안 받고 24시간 일하기 때문에 기업은 사람 대신 기계를 쓴다.

이 경우 경기가 좋아져도 일자리는 다시 생기지 않는다. 내가 가진 기술이 낡은 것이 되었기 때문이다. 구조적 실업을 피하려면 끊임없이 새로운 기술을 배우고 로봇이 할 수 없는 나만의 능력을 키워야만 한다.

일자리 창출이 최고의 복지다

실업은 개인에게는 월급이 끊기는 고통이지만 국가 전체로 봐도 큰 손해다. 일할 수 있는 훌륭한 인재들이 아무것도 생산하지 않고 쉬고 있는 것은 자원의 낭비기 때문이다.

그래서 정부는 세금을 써서 실업 급여를 주기도 하지만 가장 근본적인 해결책은 기업이 성장해서 새로운 일자리를 만들게 돕는 것이다. 일자리가 많아야 고용률이 오르고, 사람들의 지갑이 채워지며 경제가 튼튼해진다. 결국 최고의 복지는 '일자리'다.

국가부채 :
나라가 빚을 져도
될까?

6

뉴스에서 "우리나라의 국가부채가 1,000조 원을 넘었습니다!"라는 보도를 들으면 덜컥 겁이 난다. 1,000조 원이라니 상상조차 할 수 없는 큰돈이다. 만약 우리 부모님이 은행 빚을 갚지 못해 허덕인다면 우리 가족은 큰 위기에 빠질 것이다. 집이 경매로 넘어가고 길거리에 나앉을 수도 있다.

그렇다면 나라는 어떨까? 빚이 이렇게 많은데 우리나라는 당장 망하는 것일까? 결론부터 말하면 꼭 그렇지는 않다. 국가의 빚은 가정의 빚과는 성격이 완전히 다르기 때문이다. 나라가 돈을 빌리는 독특한 방법인 '국채'와 국채를 발행할 때 미국과 우리나라의 차이에 대해 알아보자.

국채

집을 살 때 은행에서 대출을 받듯이 정부도 나라 살림을 하다 보면 세금만으로는 부족할 때가 있다. 도로나 공항을 짓거나, 전염병이 돌아 지원금이 필요할 때다. 이때 정부는 은행에 가서 손을 벌리는 대신 '국채(Government Bond)'라는 것을 발행한다.

국채는 쉽게 말해 '나라가 발행하는 차용증'이다. "돈을 빌려주시면 10년 뒤에 이자를 쳐서 갚겠습니다. 대한민국 정부가 보증합니다"라고 적힌 종이를 시장에 파는 것이다. 이 종이는 상대적으로 안전하다. 친구가 돈을 빌려 달라고 하면 떼일까봐 걱정되지만 국가는 웬만해서는 망하지 않기 때문이다. 그래서 개인, 기업 그리고 다른 나라의 정부가 이 국채를 사간다. 정부는 국채를 판 돈으로 필요한 곳에 돈을 쓰고 나중에 약속한 날짜가 되면 이자와 원금을 갚는다. 이것이 국가부채가 생기는 과정이다.

부모님의 빚 vs 나라의 빚

많은 사람이 국가부채를 가정의 빚과 똑같이 생각해서 걱정한다. 하지만 둘 사이에는 결정적인 차이가 있다.

첫째, '수명'이다. 개인은 늙어서 은퇴하면 돈을 벌 수 없고, 언젠가는 죽는다. 그래서 빚을 갚을 수 있는 기간이 정해져 있다. 하지만 국가는 수명이 길다. 대한민국은 100년 뒤에도 존재할 가능성이 높다. 그래서 나라는 돈을 당장 갚기 힘들면 또 다른 국채를 발행해서 빚을 돌려막으며 만기를 계속 연장할 수 있다.

둘째, '강제 징수권'이다. 개인은 돈이 없으면 빚을 못 갚지만 국가는 '세금'을 걷을 수 있는 강력한 권한이 있다. 정 급하면 세금을 더 걷어서 빚을 갚으면 된다. 이처럼 국가는 개인보다 훨씬 튼튼한 신용과 능력을 갖추고 있기에 개인보다 훨씬 더 많은 빚을 져도 버틸 수 있는 것이다.

좋은 빚 vs 나쁜 빚

우리는 앞서 '레버리지(Leverage)'를 배웠다. 빚을 내서 더 큰 수익을 올린다면 그것은 '좋은 빚'이라고 했다. 국가부채도 마찬가지다.

만약 정부가 국채를 발행해서 빌린 돈으로 도로를 뚫고, 항만을 짓고, 첨단 과학 기술에 투자했다고 가정해 보자. 덕분에 기업들이 물건을 더 잘 만들고 수출을 많이 해서 돈을 번다면 나중에 정부는 더 많은 세금을 걷을 수 있다. 빚(이자)보다 더 큰 경제 성장(수익)을 만들어낸 것이다. 이것은 국가의 미래를 위한 '좋은 빚'이다.

반면, 선거에서 표를 얻기 위해 국민들에게 무작정 현금을 나눠주거나, 아무도 이용하지 않을 엉터리 공사를 하는 데 돈을 썼다면 어떨까? 돈은 사라지고 남는 게 없다. 경제는 성장하지 않았는데 갚아야 할 빚만 산더미처럼 남는다. 이것은 '나쁜 빚'이다. 나쁜 빚은 결국 미래의 우리(자녀 세대)가 힘들게 일해서 낸 세금으로 갚아야 한다. 이것은 미래 세대의 지갑을 미리 털어 쓰는 도둑질이나 다름없다.

기축통화국의 특권

여기서 아주 중요한 질문이 생긴다. "그럼 국가는 망하지 않으니까 계속 빚을 져도 되나요?" 아니다. 빚이 너무 많아지면 '국가 부도'가 날 수도 있다. 하지만 세상에는 빚을 무제한으로 져도 절대 망하지 않는 특별한 나라가 있다. 바로 '미국'이다.

미국의 돈인 '달러'는 전 세계가 사용하는 '기축통화(Key Currency)'다. 미국은 돈이 부족하면 그냥 달러를 찍어내서 빚을 갚으면 된다. 다른 나라들이 "너네 빚이 너무 많잖아!"라고 항의해도, "싫으면 달러 쓰지 마"라고 배짱을 부릴 수 있다. 이것이 기축통화국이 가진 엄청난 특권이다.

하지만 우리나라는 다르다. 한국의 '원화'는 기축통화가 아닌 '비기축통화'다. 우리가 빚을 갚으려고 한국은행에서 원화를 마구 찍어내면 어떻게 될까? 외국 투자자들은 "한국 돈은 휴지 조각이네"라며 한국을 떠나버린다. 그러면 환율이 폭등하고 경제 위기가 닥친다. 1997년 IMF 외환위기가 바로 그렇게 찾아왔다.

그래서 한국 같은 비기축통화국은 미국처럼 빚을 펑펑 쓰면 안 된다. 항상 "우리는 빚을 갚을 능력이 충분해요"라고 전 세계에 증명해야 한다. 이것을 '재정 건전성'이라고 한다. 미국이 빚잔치를 한다고 해서 우리도 똑같이 따라 했다가는 큰코다칠 수 있다.

국가부채는 마냥 나쁜 것도, 마냥 좋은 것도 아니다. 부채를 잘 써서 경제라는 엔진을 힘차게 돌리면 우리는 빚을 갚고도 남을 만큼 부유해질 수 있다. 하지만 흥청망청 써버린다면 미래 세대에게 갚을 수 없는 짐만 남기게 된다.

현명한 국민은 뉴스를 볼 때 단순히 "나라 빚이 늘었다"고 걱정만 하지 않는다. "그 빚을 어디에 썼는가?"를 감시한다. 정부가 빌린 돈을 미래를 위한 투자에 쓰고 있는지, 아니면 낭비하고 있는지 두 눈 부릅

뜨고 지켜보는 것이 나라 살림을 지키는 첫걸음이다.

국가는 개인보다 오래 살고 세금을 걷을 수 있어서 망하지 않을 것 같지만, 역사는 그렇지 않다는 것을 증명한다. 빚을 함부로 쓴 나라들은 결국 파산했고, 그 고통은 고스란히 국민들이 떠안았다.

● 그리스 재정위기(2010년대)

2010년, 유럽의 작은 나라 그리스가 "우리 빚을 못 갚겠다"고 선언하며 세계를 충격에 빠뜨렸다. 그리스는 유로존에 가입한 뒤 낮은 금리로 마구 빚을 냈지만, 생산성을 높이는 투자 대신 공무원 월급과 과도한 복지에만 썼다. GDP 대비 국가부채 비율이 180%를 넘어서자 더 이상 버틸 수 없었다. 결국 유럽연합(EU)과 국제통화기금(IMF)이 구제금융을 제공했지만, 대가는 혹독했다. 연금은 40% 삭감되고, 공무원은 대량 해고되었으며, 실업률은 27%까지 치솟았다. 거리에는 시위와 폭동이 끊이지 않았고, 젊은이들은 일자리를 찾아 나라를 떠났다.

● 아르헨티나 디폴트(2001년)

남미의 아르헨티나는 무려 9번이나 국가 부도를 낸 나라다. 2001년 디폴트 당시, 정부는 환율을 달러에 고정시킨 채 방만한 재정을 운용했다. 빚은 눈덩이처럼 불어났고, 결국 "우리는 빚을 갚을 수 없다"고 선언했다. 그 순간 국민들은 은행에서 자기 돈을 찾지 못했다. 은행 앞에는 돈을 찾으려는 시민들의 긴 줄이 늘어섰고, 화가 난 시민들이 은행 유리창을 깨부수는 사태까지 벌어졌다. 실업률은 20%를 넘어섰고, 빈곤율은 50%에 육박했다. 중산층이 하루아침에 거지가 되는 비극이 펼쳐졌다.

재정정책과 통화정책

7

앞서 경제가 오르막(호황)과 내리막(불황)을 반복한다는 것을 배웠다. 이것을 '험난한 산길을 달리는 자동차'에 비유해 보자. 경제라는 자동차가 내리막길에서 너무 속도를 내면(경기 과열) 낭떠러지로 떨어질 수 있고, 반대로 가파른 오르막길에서 힘이 빠지면(경기 침체) 뒤로 밀리거나 시동이 꺼질 수 있다.

그래서 이 자동차가 사고 없이 안전하게 목적지까지 갈 수 있도록 조종하는 두 명의 베테랑 운전사가 필요하다. 바로 '정부'와 '중앙은행'이다. 이들은 각자 다른 페달과 핸들을 사용하여 경제의 속도를 조절한다. 경제를 안정시키기 위해 사용하는 가장 강력한 두 가지 도구, '재정정책'과 '통화정책'에 대해 알아보자.

정부의 무기 재정정책

첫 번째 운전사는 정부다. 정부가 사용하는 무기를 '재정정책(Fiscal Policy)'이라고 부른다. 재정(財政)이란 나라의 살림살이를 뜻한다. 정부는 '세금'을 걷어서 수입을 만들고, 그 돈을 공공사업이나 복지에 '지출'한다. 이 세금과 지출의 양을 조절해서 자동차의 속도를 맞춘다.

먼저 경제가 힘을 못 쓰는 오르막길(불황)을 만났다고 가정해 보자. 공장이 멈추고 사람들이 일자리를 잃어 차가 멈추려 한다. 이때 정부는 '액셀'을 밟는다. 세금을 깎아줘서 사람들이 쓸 돈을 늘려주고, 정부가 직접 빚을 내서라도 도로를 닦거나 건물을 짓는다. 정부가 돈을 쓰면 공사장에 일자리가 생기고, 월급을 받은 노동자들은 식당에서 밥을 먹는다. 엔진에 연료가 공급되며 경제가 다시 힘차게 올라간다. 이것을 '확장 재정 정책'이라고 한다.

반대로 내리막길에서 속도가 너무 빨라진(호황) 경우다. 물가가 미친 듯이 오르면 위험하다. 이때 정부는 '브레이크'를 밟는다. 세금을 더 많이 걷어서 사람들의 소비를 줄이고, 정부가 쓰던 돈도 줄인다. 시중에 넘쳐나는 돈을 정부가 세금으로 거둬들여 과열된 속도를 늦추는 것이다. 이것을 '긴축 재정 정책'이라고 한다.

중앙은행의 무기 통화정책

두 번째 운전사는 한국은행 같은 중앙은행이다. 이들이 사용하는 무기를 '통화정책(Monetary Policy)'이라고 부른다. 정부가 세금을 건드린다면, 중앙은행은 '돈의 양(통화량)'과 '돈의 가격(금리)'을 직접 건드린다. 경제라는 엔진에 오일(돈)이 적당히 흐르도록 수도꼭지를 틀었다 잠갔다 하는 것과 같다.

경기가 나쁠 때 중앙은행은 수도꼭지를 콸콸 튼다. 가장 쉬운 방법은 '기준금리'를 내리는 것이다. 금리가 낮아지면 이자 부담이 적어지니 기업은 돈을 빌려 공장을 짓고, 사람들은 대출을 받아 집을 산다. 시중에 돈이 흔해지면서 경기가 살아난다.

반대로 물가가 너무 오를 때는 수도꼭지를 잠근다. 기준금리를 올리는 것이다. 이자가 비싸지면 사람들은 돈을 빌리지 않고, 오히려 은행에 저축을 한다. 시중에 돌아다니던 돈이 은행 금고로 다시 빨려 들어간다. 돈이 귀해지니 물가는 내려가고 경제의 거품이 꺼진다.

정책이 잘 먹히지 않는 이유

과거에는 정부나 중앙은행이 정책을 발표하면 경제가 비교적 빠르게 반응하는 편이었다. 하지만 요즘은 이 정책들이 예전만큼 강력한 힘을 쓰지 못하는 경우가 종종 생긴다. 금융 시장이 과거와 비교할 수 없을 정도로 거대해지고 복잡하게 얽혀 있어, 정책의 효과가 나타나기까지 더 많은 변수가 작용하기 때문이다.

과거에는 돈이 갈 곳이 은행 예금이나 주식, 부동산 정도밖에 없었다. 하지만 지금은 수천, 수만 가지의 '파생 금융 상품'이 존재한다. 중앙은행이 실물 경제를 살리려고 돈을 풀어도, 그 돈이 공장이나 시장으로 흘러가는 대신 주식, 코인, 복잡한 금융 투자 상품 같은 투기판으로 몰려가 버리기도 한다. 실물 경제는 그대로인데 자산 가격만 폭등하는 엉뚱한 부작용이 생기는 것이다.

또한 금융 생태계가 전 세계로 연결되어 있다. 한국은행이 금리를 조절해도, 사람들이 스마트폰 하나로 미국 주식을 사거나 해외로 돈을 순식간에 옮겨버리면 효과가 떨어진다. 게다가 은행이 아닌데도 은행처럼 돈을 굴리는 거대한 투자 회사들이 너무 많아져서, 중앙은행의 감시망을 피해 돈이 숨어버리기도 한다. 경제 규모가 너무 커지고 돈이 흐르는 길이 미로처럼 복잡해져서, 운전사의 핸들 조작이 바퀴까지 전달되는 데 시간이 오래 걸리거나 엉뚱한 방향으로 가기도 하는 것이다.

목표는 골디락스

그럼에도 불구하고 재정정책과 통화정책은 여전히 경제를 지키는 최후의 안전장치다. 두 운전사의 목표는 하나다. 경제가 너무 느리지도, 너무 빠르지도 않은 딱 적당한 속도인 '골디락스(Goldilocks)' 상태를 유지하는 것이다.

정부는 세금과 지출로, 중앙은행은 금리로 경제의 속도를 조절한다. 우리는 뉴스를 볼 때 이들이 지금 액셀을 밟고 있는지, 브레이크를 밟고 있는지 확인해야 한다.